2017年第2辑

北京金融评论
BEIJING JINRONG PINGLUN

《北京金融评论》编辑部 编

中国金融出版社

责任编辑：张翠华
责任校对：孙　蕊
责任印制：陈晓川

图书在版编目（CIP）数据

北京金融评论（Beijing Jinrong Pinglun）. 2017年. 第2辑/《北京金融评论》编辑部编. —北京：中国金融出版社，2017.7
ISBN 978-7-5049-9130-0

Ⅰ. ①北… Ⅱ. ①北… Ⅲ. ①金融—文集 Ⅳ. ①F83-53

中国版本图书馆CIP数据核字（2017）第184466号

出版发行 中国金融出版社
社址 北京市丰台区益泽路2号
市场开发部 （010）63266347，63805472，63439533（传真）
网上书店 http://www.chinafph.com
（010）63286832，63365686（传真）
读者服务部 （010）66070833，62568380
邮编 100071
经销 新华书店
印刷 北京市松源印刷有限公司
尺寸 185毫米×260毫米
印张 14
字数 255千
版次 2017年7月第1版
印次 2017年7月第1次印刷
定价 38.00元
ISBN 978-7-5049-9130-0
如出现印装错误本社负责调换 联系电话（010）63263947

学术委员会及编委会名单

Academic Committee and Editorial List

目　录

Contents

金融监管

业务前沿

互联网

高管论坛

我国信贷资产证券化统计存在的问题与建议

刘玉苓①

近年来，我国信贷资产证券化历经试点、暂停、重启并逐步扩大试点规模，业务迅速发展，构建科学有效的统计制度对于监测分析信贷资产证券化的发展及其对金融市场的影响具有重要意义。本文通过与美国信贷资产证券化统计体系的对比，分析我国信贷资产证券化统计中存在的问题，并提出完善信贷资产证券化统计的相关建议。

一、我国信贷资产证券化统计现状及存在的问题

随着信贷资产证券化产品发行规模的不断扩大，我国金融统计体系中逐步建立了一些信贷资产证券化统计指标，但存在统计内容不全面、标准不统一、衔接性不强等问题，无法准确反映信贷资产证券化的全貌及该项业务对金融市场与宏观调控的影响。

（一）统计现状

1. 监管统计内容不完整

2015 年人民银行新建了贷款变动因素统计表，以反映核销、资产证券化、转让

① 作者简介：刘玉苓，现任中国人民银行营业管理部副主任。

等因素对贷款余额的影响，该表能够从总量上反映当年证券化的贷款流量情况。另外在资产负债项目统计表中，金融机构将发行的信贷资产支持证券自持部分或投资持有部分记入债券资产中，体现为债券投资的增加。这两部分统计只能反映金融机构当期因开展信贷资产证券化业务减少的贷款额，不能反映信贷资产支持证券的发行存量、投资持有情况以及发行利率等。

银监会对信贷资产证券化的统计分散于各类报表中，主要包括非现场监管报表、现场检查分析系统（EAST）以及全要素报表。信贷资产支持证券投资持有情况在非现场监管报表资产负债信息中体现，证券化情况在现场检查分析系统以及全要素报表体系中反映，报表侧重于监管，相关信息较为分散，且难以关联与汇总，不能系统反映信贷资产证券化情况。

2. 市场统计数据不详细

中央国债登记结算公司为我国国债和国内其他债券的统一登记、托管和结算机构，拥有详细的公募型信贷资产证券化基础数据，目前发布的数据包含按期限分类的资产支持证券发行情况、资产支持证券余额以及分期限情况，但缺少信贷资产证券化细分项信息。另外，银行业协会、信托业协会也采集发布一些信息，但单独涉及信贷资产证券化的信息不多。

（二）存在的问题

1. 现行统计影响贷款总量和社会融资规模统计的准确性和真实性

信贷资产证券化后，金融机构的贷款出表。人民银行目前的“贷款变动因素专项统计表”只统计因证券化造成的贷款减少额，无法反映企业正常归还贷款后证券化贷款本金的回收情况，按此表数据还原贷款，会使贷款总量及社会融资规模统计数据虚增；若不还原，则会造成贷款总量与社会融资规模统计出现遗漏。

2. 信贷资产证券化分类及统计标准不统一导致统计数据不准确

一是私募型信贷资产证券化未纳入统计范围。信贷资产证券化按发行方式可分为公募型与私募型，前者需要在人民银行报备并可在银行间市场公开发行，后者则视为收益权信托，通过各种销售渠道发行，现行的统计制度未明确信贷资产证券化的统计范围，私募型统计无标准可依。二是不出表的信贷资产证券化统计业务分类不明确。信贷资产证券化按发行目的和计账方式的不同可分为出表与不出表两种业务模式，现行统计制度对计账方式不同的两种业务模式没有明确如何进行统计分类，如对不出表的信贷资产证券化是视为抵押融资在回购贷款中统计还是归为信贷资产证券化业务放在债券发行中统计，在统计分类时尚存在分歧，没有明确规定。三是统计账务处理不明确影响数据的准确性。按监管部门要求，金融机构开展的信贷资产证券化业务无论是否出表都要自持部分资产支持证券。对于不出表信贷资产证券化业务，贷款不出表而自持部分又要计入债券投资，会导致发行机构自持部分重复统计，虚增了债券投资金额与资产总额。

3. 信贷资产支持证券分类线条较粗不能满足金融稳定监测分析的需要

在人民银行现有的资产负债项目统计的债券投资分类中，银行自持或购买的信贷资产支持证券均记入债券资产项，无法按持有目的区分其自持或投资属性，也无法反映信贷资产支持证券与其他债券的区别。而信贷资产证券化通过将信贷资产打包、分层及出售发行等成为跨机构、跨市场的金融产品，其风险也随着债券在信贷、货币、债券、资本等各相关市场间传递甚至放大。因此，粗线条的统计也会影响金融稳定监测分析的准确性。

二、美国信贷资产证券化统计制度

信贷资产证券化发源于美国，其信贷资产证券化业务的规模与占比相对较高，统计制度也较为完善，监管统计具有权威性，可信度高，市场统计反映了市场需求，可用性强，监管与市场统计相互印证，充分满足了社会的数据需求。

（一）监管统计

1. 数据采集

联邦金融机构审查委员会是美国国会为协调与统一各金融监管机构而设立的组织，成员由美联储、联邦存款保险公司、全国信用协会管理局等5家行政机构组成，主要任务是为金融监管制定统一的准则、标准与数据报送要求，并负责收集、发布一些重要数据。联邦金融机构审查委员会牵头制定的资产负债表（FFIEC002）涵盖内容全面。在资产负债（RAL）部分，项目1（c）和1（f）是债券持有情况统计，反映了美国其他证券的持有情况。1（c）主要反映持有至到期的其他债券持有情况，1（f）是交易性证券资产。债券细分类包括外国政府和机构证券、分期抵押贷款支持证券、其他资产支持证券等。项目S—服务、证券化和资产销售活动项目表中详细统计了出表的信贷资产证券化情况。列上是基础资产的分类情况，分别为以1～4人家庭房地产为抵押的持有至到期贷款、以1～4人家庭房地产为抵押的循环信用贷款、信用卡贷款、汽车贷款、其他消费贷款、工商业贷款、其他贷款、其他租赁业务及其他资产。行上分别列示了证券化活动和其他证券化工具，每类业务都无遗漏地被统计进去。金融机构需要将此报表报送当地美联储，加入存款保险的银行还同时报送联邦存款保险公司。

2. 数据发布

信贷资产证券化统计数据主要由美联储在相关数据发布时一并披露。美联储定期发布消费信贷与金融性公司报表（G. 19 \ G. 20），其中在消费信贷表（G. 19）资产证券化项目中（Pools of securitized assets）公布了消费贷款资产证券化情况；在金融性公司报表（G. 20）自有和管理的证券化资产（Securitized asset）中列示了消费贷款的资产证券化情况。在美联储公布的住房抵押贷款存量表中，包括国家分期贷款协会、联邦住房贷款公司等政府支持贷款机构在内的各部门的信贷资产证券化情况。

3. 监管统计的特点

美国的监管统计制度较为完善。一是在资产负债表中可以体现贷款证券化信息，这些附加信息满足了监管部门准确掌握信贷资产证券化情况的需要。二是监管部门统计协调性较高，统计内容高度标准化。三是多部门采用一套表满足其不同的需求，提高了统计效率，避免数据重复和过度采集，减轻了金融机构的报数负担。

（二）市场统计

1. 债券与金融市场协会的数据统计

债券与金融市场协会（以下简称协会）系统整理发布美国信贷资产证券化统计信息，其原始数据来源于政府支持贷款机构、彭博、迪罗基金融数据库、汤姆森·路透、惠誉、穆迪与标普等市场统计机构，协会收集整理并定期在其网站上发布信贷资产证券化统计数据。协会目前公布的信贷资产证券化相关数据及信息十分全面。一是总量数据统计。协会按月分产品类别提供美国证券市场的发行、存量与交易情况数据，包括住房抵押分期贷款相关支持债券（Mortgage - related）和资产支持证券（Asset - backed）等类别。二是产品结构统计。资产支持证券（ABS）主要包括发行情况、存量情况、存量附表及按评级统计的各类证券余额情况等 4 张报表，并提供按基础产品进一步分类的明细统计信息。住房抵押贷款支持证券（MBS）包括住房分期抵押贷款发行统计表、住房分期抵押贷款存量统计表等 7 张表。三是欧洲资产证券化数据。协会还定期发布欧洲资产证券化数据，主要包括按产品类型发行的情况统计表、按国别发行的情况表等 6 张表以及 14 张补充报表，统计了欧洲按产品类型发行情况、欧洲证券发行持有情况等，并从产品、国别、信用级别等方面进一步分类统计。

2. 市场统计的特点

相比监管数据，债券与金融市场协会从多部门获得信贷资产证券化统计数据并进行整理加工，数据丰富、重点突出，能够多角度展示信贷资产证券化情况，成为研究信贷资产证券化的重要数据来源。

三、政策建议

根据我国信贷资产证券化统计现状并借鉴美国的统计经验，建议完善我国信贷资产证券化监管统计制度，明确统计标准、分类方法和指标体系，同时鼓励发展市场统计作为监管统计的有效补充。

（一）完善监管统计制度

1. 加强金融监管协调和金融统计标准建设。尽快制定我国信贷资产证券化分类标准及统计标准，促进金融统计制度的完善。

2. 完善人民银行现行的资产负债项目统计。一是在统计方法上，明确不出表的信贷资产证券化统计标准，在进行资产负债统计时轧差反映，扣除自持部分债券资产与负债，仅反映发行信贷资产支持证券引起的资产与负债净增加。二是在统计指标上，将债券及股权投资和债券资产两项相近指标合并统计，细化债券资产统计，增设信贷资产证券化相关指标，以反映金融机构投资持有的信贷资产支持证券状况与风险。

3. 增设信贷资产证券化专项统计制度。借鉴金融统计标准化实践中取得的成果和经验，建立信贷资产证券化专项统计制度，从发行到持有环节全面监测信贷资产证券化业务的开展情况。

（二）加强市场统计体系建设

中央结算公司作为信贷资产支持证券的统一登记、托管和结算机构，具有收集信息全、统计成本低的优势，中央结算公司新成立的银行业理财登记托管中心业务范围包括理财业务风险监测与分析、理财大数据库建设等，预计未来其拥有的信息将更为全面。人民银行统计部门可以从中央结算公司获得公募型信贷资产支持证券的发行、交易与持有信息，并鼓励指导中央结算公司等市场化机构参照美国债券与金融市场协会统计指标体系建设的经验构建我国的市场化统计指标体系，加强信贷资产证券化的市场统计工作。

理论实践

货币政策在甘肃省传导效应研究

——基于 VAR 模型的实证检验

中国人民银行兰州中心支行课题组①

摘要： 由于现实经济难以满足最优货币区理论标准，货币政策在不同区域的传导效应存在差异。本文基于向量自回归（VAR）模型，运用脉冲响应和方差分解分析方法，对货币政策在甘肃省的传导效应进行了实证研究。分析结果表明，货币政策在甘肃省通过信贷渠道的传导效应，在经济增长方面存在 2 个季度的时滞，在物价水平方面存在 5 个季度的时滞；通过利率渠道的传导效应，在经济增长方面存在 2 个季度的时滞，在物价水平方面存在 3 个季度的时滞。本文的研究结论对优化货币信贷政策在甘肃省的实施效果具有重要意义。

关键词： 货币政策　传导效应　甘肃省

一、引言

货币政策作为重要的宏观调控工具，对经济增长和物价水平具有显著影响。传统上，货币政策的效应一般被认为是总量型的，其对政策范围内各经济主体、各经济区域的影响是趋同的。然而由于现实经济往往无法满足最优货币区理论的标准，单一货币政策的区域效应会出现差异，货币政策冲击在不同区域间会表现出不对称性。这种差异化区域效应的存在对货币政策实现统一目标具有显著影响。

1961 年，蒙代尔首次提出最优货币区理论。最优货币区是指在满足一定的标准和条件下，某一经济区域（可以在一国国界之内也可超越国界）由于内部经济的同质性，可通过单一的货币政策实现货币政策效果的最优化，不存在内部货币政策的

① 课题组组长：姜再勇；课题组成员：蒋润祥，魏长江，赵经涛。
本文仅代表作者个人观点，不代表作者所在单位意见。

区域差异。S. Rehman（1997）总结了最优货币区的五个标准：跨国境劳动力和资本的高流动性，经济的高开放度和较小的经济规模，价格和工资的灵活性，商品市场一体化和财政一体化①。从实践层面来讲，最优货币区理论是欧元区诞生的理论基础，是独立经济体在其内部实施单一货币政策效果的检验标准。

最优货币区理论的标准是苛刻的。从国外实证文献看，即便是美国、加拿大、欧元区这样的成熟市场经济体，也难以满足最优货币区标准，其内部存在货币政策的区域效应差异，单一的货币政策在不同区域会产生不同效果（Taylor，1995；Dornbusch，Fave 和 Giavazzi，1998；Carlino 和 DeFina，1999；Georgopoulos，2001；Owyang 和 Wall，2004）。

从国内实证文献看，对我国是否满足最优货币区标准、货币政策是否存在区域差异效应的检验，已经有大量文献进行了论证。代表性的文献有：宋旺、钟正生（2006）利用 VAR 模型和 IRF 检验证实我国货币政策存在显著的区域效应，并指出信贷渠道和利率渠道是导致我国货币政策区域效应的主要原因。于则（2006）发现，我国东北地区和中部地区对于货币政策的反应与全国水平的平均反应接近，东部地区反应十分强烈，京津冀地区对于货币政策反应轻微，西部地区对于货币政策反应持续时间较短。曹永琴（2007）的研究表明我国货币政策效应存在区域差异的主要原因在于货币政策传导机制的差异。黄国妍（2009）检验了我国东、中、西部的经济金融情况无法满足最优货币区理论标准，因此统一货币政策存在明显的区域效应，且长期会拉大地区经济差距。从货币政策传导的利率渠道和信贷渠道看，货币政策对东部地区影响最强，而中西部地区和东北地区相应效果就会弱化一些。张辉、王征（2013）研究发现，在东北和南部沿海地区，利率对投资的影响比较明显；在黄河中游、长江中游、大西南和大西北四个内陆地区，信贷规模对投资的影响比较明显；在东北、北部沿海和南部沿海地区，利率对物价的影响比较明显；在北部沿海和南部沿海地区，信贷规模对物价的影响比较明显。企业结构差异、政府行为差异和金融结构差异是影响货币政策区域不对称性的三个重要因素。王东明、黄飞鸣（2013）指出金融生态环境中微观主体的异质性和主体所处环境的差异决定了货币政策存在区域效应。郭小卉、邢美慧（2016）的实证研究发现我国东、中、西三大地区对货币政策冲击的反应大小不同，且这种差异在一定程度上扩大了我国的区域经济差距。蔡婉华、叶阿忠（2016）的研究也表明我国货币政策冲击对区域经济和信贷规模存在显著影响并呈现出区域性差异。但张劲波等（2015）基于最优货币区理论的研究表明，包括两岸四地在内的“大中华区”已经具备组建最优货币

① 黄国妍．最优货币区视角下我国货币政策区域效应研究［J］．上海金融，2009（6）：28.

区的宏观经济基础，在“大中华区”内部组建货币联盟是一个可行的经济目标。然而该研究结论也只是证明了一种未来的可能性，而非现实性。从实证分析方法看，卞志村、杨全年（2010）在其综述性文章中总结，VAR模型及脉冲响应函数是目前国内外实证研究货币政策区域效应问题最常用的方法。

综上所述，由于现实经济中难以满足最优货币区理论标准，货币政策的区域效应存在差异，单一货币政策在不同区域的实施效果具有差异。对此的实证检验可谓汗牛充栋，结论基本一致肯定货币政策区域效应差异性的存在。但大量文献仅是证实了这种差异性的存在，并未研究差异性的表现形式。本文认为，货币政策区域效应的差异主要表现在两个方面：一是在实施效果上存在程度上的差异，即在不同区域可能存在松与紧的差异；二是在传导机制上存在时间上的差异，即在不同区域可能存在快与慢的差异。

为此，我们以甘肃省为研究样本进行了实证研究。前期的研究表明，2008年以来货币政策在甘肃省的实施效果相对偏宽松，但偏宽松的货币政策实施状况在促进经济增长方面，却存在不同效果的前后两个时期①。本文在此基础上，进一步研究货币政策在甘肃省的传导效应。结合甘肃省省情实际并参考已有文献研究成果，着重研究货币政策在甘肃省通过信贷渠道和利率渠道的传导效应。

二、模型设定与变量选择

（一）货币政策的传导渠道

关于货币政策的传导渠道，米什金（S. Mishkin）在《货币金融学（第九版）》中着重提到了利率、资产价格和信用三大传导渠道②。张晓慧（2012）指出，货币政策的传导渠道主要有信贷、利率、资产价格、汇率和预期五大传导渠道。其中，信贷传导是在金融市场不甚发达的条件下货币政策的主要传导渠道，利率传导是发达金融市场条件下货币政策的重要传导渠道，汇率渠道则对开放经济体意义更为重大，资产价格和预期传导是在资本市场快速发展情况下日益凸显的传导渠道③。

传统上，我国的货币政策调控模式以数量型调控为主，注重货币供应量、信贷总量等数量型中间目标对货币政策的传导。近年来，随着经济金融新形势的变化和

① 参见中国人民银行兰州中心支行课题组．货币政策在甘肃省实施状况的一个分析框架［D］．工作论文。

② 参见【美】米什金著．郑艳文，等译．货币金融学（第九版）［M］．北京：中国人民大学出版社，2011.

③ 参见张晓慧．中国货币政策［M］．北京：中国金融出版社，2012.

改革的日益深化和推进，我国货币政策调控模式正处于从数量型调控为主向价格型调控为主转型的关键时期，利率、汇率等价格型中间目标的作用开始凸显。具体到甘肃省，作为一个内陆欠发达省份，资本市场发展水平还相对落后，信贷在货币政策的传导渠道方面仍占据着重要地位。为此，本文对货币政策在甘肃省传导效应的研究着重关注于信贷渠道和利率渠道。

（二）货币政策的时滞效应

货币政策传导效应在时间上的表现形式主要体现为货币政策的时滞效应。广义的货币政策时滞效应包括内部时滞和外部时滞，内部时滞主要是指从政策制定到中央银行采取行动的这段时间，主要包括认识时滞、决策时滞和行动时滞。内部时滞主要和中央银行的决策机制有关。外部时滞主要是指从中央银行采取行动到对最终目标产生影响的这段时间，主要包括操作时滞和市场时滞。其中，操作时滞主要是指从调整货币政策工具到对中间目标产生影响这段时间，市场时滞主要是指从中间目标发生反应到对最终目标产生影响这段时间。市场时滞是货币政策时滞的核心，是狭义上的货币政策时滞。货币政策传导效应在时间上的表现形式主要涉及市场时滞。总体而言，文献研究的重点也主要集中在市场时滞上。

在对我国货币政策时滞的实证研究方面，郝雁（2004）的分析表明，货币供应量对经济增长和物价水平的作用存在5个月的时滞，信贷对经济增长和物价水平的作用存在4个月的时滞。卞志村（2004）根据1995年1月至2003年3月的月度数据测算得，狭义货币供应量、信贷规模和利率对国内生产总值GDP的作用时滞分别为7个月、4个月和8个月，对物价水平CPI的作用时滞分别为3个月、5个月和6个月。董刚（2008）运用VAR模型、脉冲响应函数，利用1996年至2006年的季度数据，得出我国货币政策由利率引起的时滞为3个季度，由货币供应量引起的时滞为2个季度。肖文伟、杨小娟（2010）研究发现我国货币供应量变化对产出的作用时滞大约为8~10个月。苗杨等（2015）的模型分析表明我国M1对GDP影响的平均滞后长度为6个月。总结起来，大量文献的基本结论是我国货币政策的时滞效应大约在2~3个季度。本文对货币政策通过信贷渠道和利率渠道在甘肃省的传导效应的研究，主要分析其时滞效应。通过对货币政策在甘肃省的时滞效应与在全国层面的时滞效应的对比分析，进而得出货币政策在甘肃省的传导快慢。

（三）实证分析方法

本文着重研究货币政策通过信贷渠道和利率渠道在甘肃省的传导效应，重点关注信贷、利率对货币政策的两大最终目标——经济增长和物价水平的影响，实证分析方法选用经典的向量自回归模型（VAR）。

建立如下 VAR 模型：

$$F(X,Y,P,e) = 0 \tag{1}$$

其中，X 为信贷或利率，Y 为经济增长率，P 为通货膨胀率，e 为扰动项，各变量均为其 n 阶滞后值的向量。

很明显，在由 X，Y，P 三个变量建立的 *VAR* 模型中并未囊括其他一些可能与之有密切关系的解释变量，这些解释变量被当做遗漏变量包含在了扰动项 e 当中。由于运用最小二乘法（OLS）得到 VAR 模型的一致估计量只需要求扰动项 e 不存在自相关性①，因此只要估计出的 VAR 模型的残差项可以通过无自相关性检验，我们就可认定由 X，Y，P 三个变量建立的 VAR 模型是自洽的。

（四）变量选择与统计性描述

本文有关甘肃省的数据均来源于中国人民银行兰州中心支行县域经济金融数据库，样本期为 2008 年 1 季度至 2016 年 4 季度。变量的描述性统计结果见表 1。

表 1　　变量的描述性统计

变量	变量解释	样本量	均值	标准差	最小值	最大值
D	甘肃省金融机构本外币各项贷款同比增长率（%）	36	22.90	4.81	13.08	35.09
R	甘肃省银行承兑汇票贴现利率（%）②	36	5.13	2.01	1.90	10.70
Y	甘肃省地区生产总值同比增长率（%）	36	10.06	2.44	4.20	15.90
P	甘肃省居民消费价格指数同比增长率（%）	36	3.30	2.34	0.20	10.10

三、实证分析结果

（一）变量的单位根检验

基于 ADF 方法的单位根检验结果表明，D，R，Y，P 均为非平稳序列，其一阶

① 参见陈强．高级计量经济学及 STATA 应用（第二版）[J]．北京：高等教育出版社，2014.

② 在利率指标的选取上，之所以选用银行承兑汇票贴现利率，是基于本研究团队先前的研究成果（参见中国人民银行兰州中心支行课题组：货币政策在甘肃省实施状况的一个分析框架，待发表）。

差分为平稳序列。单位根检验结果见表2。

表2 单位根检验

变量	检验形式	ADF值	AIC值	MacKinnon 单边检验P值	结论
D	(C, 0, 5)	-1.439	4.449	0.550	非平稳
R	(C, 0, 1)	-2.432	2.786	0.141	非平稳
Y	(C, 0, 0)	-2.160	3.984	0.223	非平稳
P	(C, 0, 8)	0.162	2.193	0.965	非平稳
DD	(C, 0, 4)	-6.016	4.467	0.000	平稳
DR	(C, 0, 0)	-3.771	2.904	0.007	平稳
DY	(C, 0, 1)	-6.392	4.132	0.000	平稳
DP	(C, 0, 7)	-6.053	2.121	0.000	平稳

注：1. (C, 0, n) 表示变量是在有常数项、无趋势项、n阶滞后的条件下进行单位根检验，滞后阶数n为Eviews8.0软件自动根据AIC信息准则得到。

2. 单位根检验的结论为在1%的显著性水平下得出。

（二）信贷渠道的时滞

建立DD，DY，DP三个变量间的VAR模型，以研究货币政策在甘肃省通过信贷渠道对经济增长和物价水平的传导效应。根据相关信息准则，建立4阶VAR模型。相关检验结果见表3～表4和图1，检验结果表明，模型的各阶系数联合显著性显著，残差无自相关，模型整体稳定。

表3 信贷渠道VAR模型各阶系数联合显著性检验

滞后阶数	卡方检验统计量	自由度	P值
1	32.887	9	0.000
2	18.118	9	0.034
3	17.202	9	0.046
4	77.463	9	0.000

表4 信贷渠道VAR模型残差无自相关性检验

滞后阶数	卡方检验统计量	自由度	P值
1	7.002	9	0.637
2	5.494	9	0.789

注：原假设为残差无自相关性。

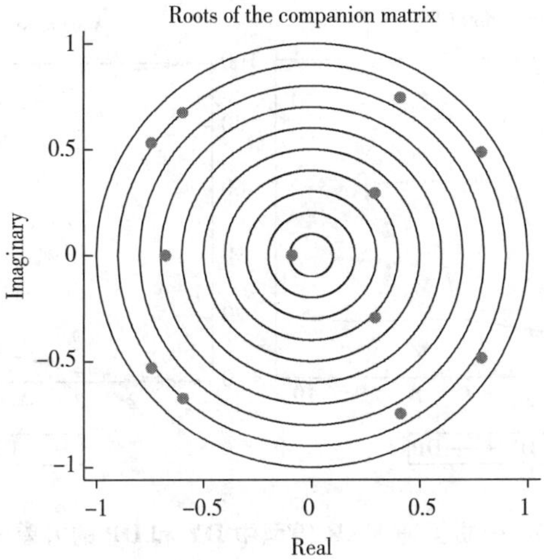

图 1 信贷渠道 VAR 模型稳定性检验

图2 显示的是 DY、DP 对 DD 的脉冲响应结果。可以看出，当 DD 产生一个正向的脉冲时，DY 在 1 期作出正向响应，在 2 期正向响应达到最大，在 3 期产生较明显的负向响应，之后则振荡性减弱；DP 在初期作出的响应较弱，在 3 期产生较明显的负向响应，在 5 期正向响应达到最大，之后则振荡性减弱。

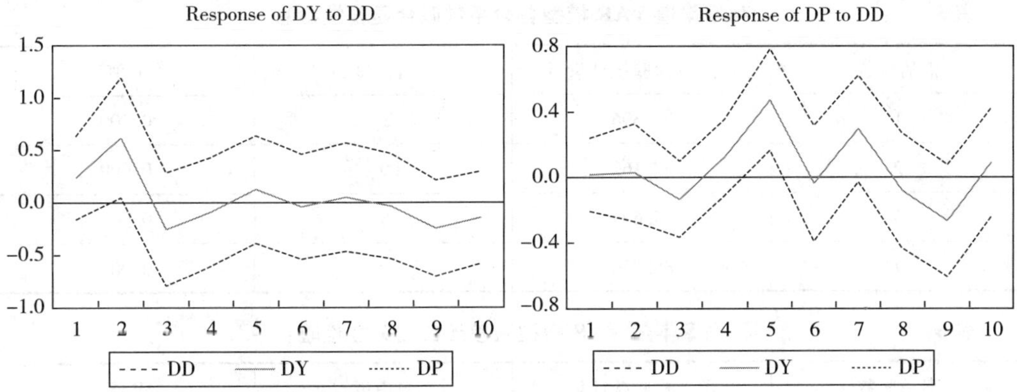

图 2 DY 和 DP 对 DD 的脉冲响应

图 3 显示的是 DY 和 DP 的方差分解结果。可以看出，DY 在对 DD 的反应在 2 期即达到最大，之后则维持平稳。DP 对 DD 的反应在 5 期达到较明显的效果，之后还略有上升。

综合脉冲响应分析和方差分解结果，可以看出，货币政策在甘肃省通过信贷渠道的传导效应，在经济增长方面存在 2 个季度的时滞，在物价水平方面存在 5 个季度的时滞。

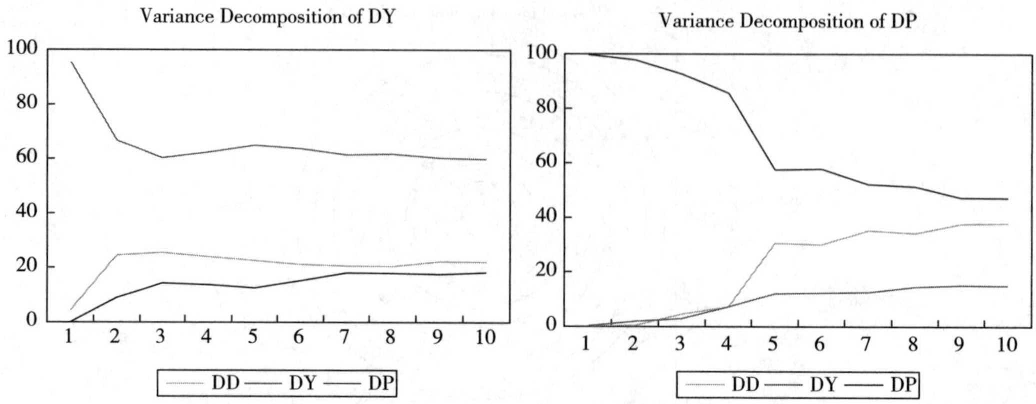

图3 信贷渠道 VAR 模型中 DY 和 DP 的方差分解

（三）利率渠道的时滞

建立 DR，DY，DP 三个变量间的 VAR 模型，以研究货币政策在甘肃省通过利率渠道对经济增长和物价水平的传导效应。根据相关信息准则，建立 4 阶 VAR 模型。相关检验结果见表 5、表 6 和图 4，检验结果表明，模型的各阶系数联合显著性显著，残差无自相关，模型整体稳定。

表 5 利率渠道 VAR 模型各阶系数联合显著性检验

滞后阶数	卡方检验统计量	自由度	P 值
1	67. 396	9	0. 000
2	57. 162	9	0. 000
3	45. 699	9	0. 000
4	85. 776	9	0. 000

表 6 利率渠道 VAR 模型残差无自相关性检验

滞后阶数	卡方检验统计量	自由度	P 值
1	9. 450	9	0. 397
2	5. 636	9	0. 776

注：原假设为残差无自相关性。

图 5 显示的是 DY、DP 对 DR 的脉冲响应结果。可以看出，当 DR 产生一个正向的脉冲时，DY 在 1 期作出微弱的负向响应，在 2 期正向响应达到最大，之后则振荡性减弱；DP 在 1 期作出负向响应，在 2 期负向响应达到最大，在 3 期出现较明显的正向响应，之后则振荡性减弱。

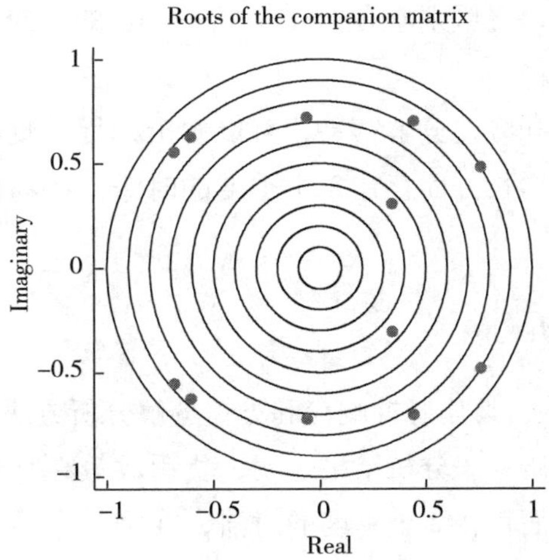

图4 利率渠道 VAR 模型稳定性检验

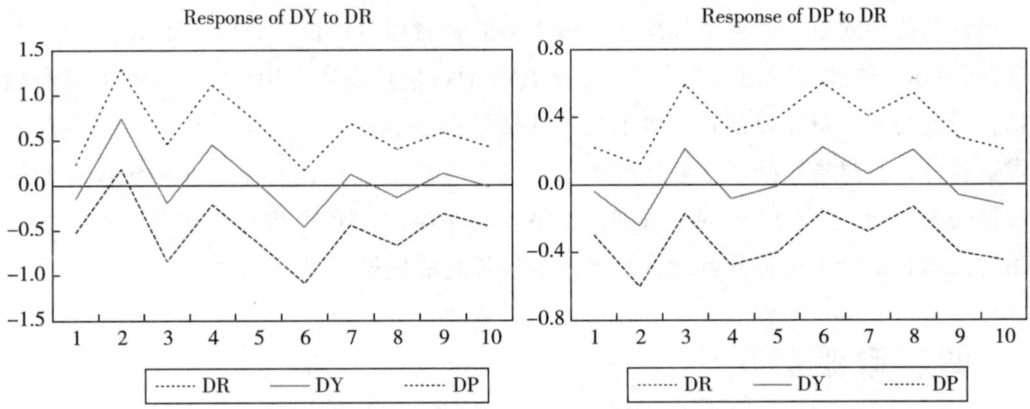

图5 DY 和 DP 对 DR 的脉冲响应

图6显示的是 DY 和 DP 的方差分解结果。可以看出，DY 在对 DR 的反应在2

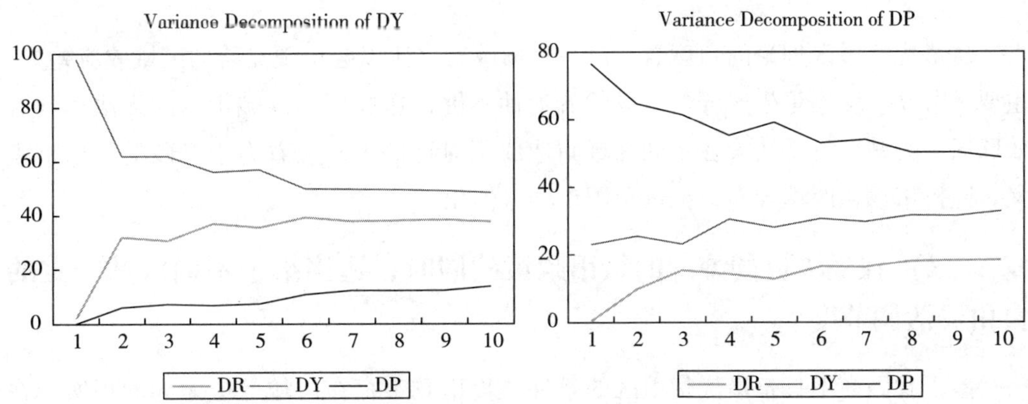

图6 利率渠道 VAR 模型中 DY 和 DP 的方差分解

期即达到较明显的效果，之后则略有上升。DP 对 DR 的反应在 3 期达到较明显的效果，之后则基本维持平稳。

综合脉冲响应分析和方差分解结果，可以看出，货币政策在甘肃省通过利率渠道的传导效应，在经济增长方面存在 2 个季度的时滞，在物价水平方面存在 3 个季度的时滞。

（四）结论与分析

以上基于 VAR 模型，运用脉冲响应和方差分解分析方法，对货币政策在甘肃省的传导效应进行了实证研究。分析结果表明，货币政策在甘肃省通过信贷渠道的传导效应，在经济增长方面存在 2 个季度的时滞，在物价水平方面存在 5 个季度的时滞；通过利率渠道的传导效应，在经济增长方面存在 2 个季度的时滞，在物价水平方面存在 3 个季度的时滞。相比于货币政策在全国范围内的传导效应，货币政策在甘肃省的传导通过信贷渠道作用于物价水平的时滞相对较长，其他方面则基本相同，都在 2～3 个季度。货币政策在甘肃省的传导通过信贷渠道作用于物价水平的时滞较长，主要与从信贷投放到物价水平之间的传导链条相对较长有关。作为一个西部欠发达省份，甘肃省正处于工业化的中期，经济增长对投资尤其是工业领域投资的依赖性较大，而从生产领域的上游到产品消费的下游之间存在较长的链条，这就为货币政策通过信贷渠道传导到物价水平需要较长时滞提供了物理基础。

四、政策启示

基于本文的实证分析，可以得出以下几点政策启示。

（一）坚持市场化改革方向，推进全国市场一体化

从最优货币区理论的角度看，单一货币政策之所以会出现显著的区域效应差异，主要是劳动、资本等生产要素市场的流动性不够，造成不同区域市场间无法达到有效联通。为减少货币政策在不同区域间造成不对称冲击，应着力于打破地方保护主义，坚持市场化改革方向，推进全国市场一体化。

（二）在坚决贯彻统一的货币政策的同时，适当给予不同区域一定的自由灵活调节度

鉴于我国尚不具备最优货币区的条件、货币政策存在区域效应差异的现实，在要求各地坚决贯彻执行统一的货币政策的同时，建议适当给予不同区域人民银行分

支机构在再贷款、再贴现、窗口指导等方面的自由灵活调节度，在基准利率浮动上下限方面允许不同区域有所差异。

（三）货币政策的调节效果应充分考虑时滞因素的存在

时滞因素的存在无疑对货币政策发挥好宏观调控作用增加了难度，这就要求货币政策的调节必须在把握和研判经济金融形势方面具有前瞻性，不能单纯根据当前形势作出决策。在对货币政策的调节效果的期待方面，不可认为货币政策的调节效果会马上见效，需要认识到货币政策的效果有一个传导的过程。

参考文献

[1] 卞志村．我国货币政策外部时滞的经验分析［J］．数量经济技术经济研究，2004（3）：38－41.

[2] 卞志村，杨全年．货币政策区域效应的研究现状及评述［J］．财经问题研究，2010（1）：10－18.

[3] 曹永琴．中国货币政策效应的区域差异研究［J］．数量经济技术经济研究，2007（9）：37－47.

[4] 蔡婉华，叶阿忠．统一货币政策的区域差异化效应研究——基于 GVAR 模型的实证检验．云南财经大学学报，2016（5）：94－101.

[5] 陈强．高级计量经济学及 STATA 应用（第二版）［M］．北京：高等教育出版社，2014 年.

[6] 董刚．我国货币政策时滞效应实证分析［J］．统计教育，2008（8）：45－56.

[7] 郭小卉，邢美慧．我国货币政策对东中西部影响的差异分析［J］．武汉金融，2016（9）：13　19.

[8] 郝雁．对中国货币政策效应时滞的实证分析［J］．南开经济研究，2004（3）：109－112.

[9] 黄国妍．最优货币区视角下我国货币政策区域效应研究［J］．上海金融，2009（6）：27－30.

[10] 苗杨，李庆华，蒋毅．我国货币政策传导机制的效率与时滞［J］．财经问题研究，2015（3）：46－52.

[11]【美】米什金著，郑艳文等译．货币金融学（第九版）［M］．中国人民大学出版社，2011 年.

[12] 宋旺，钟正生．我国货币政策区域效应的存在性及原因［J］．经济研究，

2006 (3): 46 - 58.

[13] 王东明，黄飞鸣. 基于金融生态环境主体异质性对货币政策区域效应的分析 [J]. 经济评论，2013 (6): 89 - 97.

[14] 肖文伟，杨小娟. 货币政策时滞问题实证分析 [J]. 系统工程，2010 (7): 97 - 101.

[15] 于则. 我国货币政策的区域效应分析 [J]. 管理世界，2006 (2): 18 - 22.

[16] 张辉，王征. 我国货币政策传导变量的区域效应：2005 - 2010 [J]. 经济学动态，2013 (4): 58 - 63.

[17] 张劲波，周翔翼，张富详. "大中华区"是一个最优货币区吗? ——基于多变量 SVAR 模型的视角 [J]. 经济问题探索，2015 (2): 151 - 158.

[18] 张晓慧. 中国货币政策 [M]. 北京：中国金融出版社，2012.

[19] 中国人民银行兰州中心支行课题组. 货币政策在甘肃省实施状况的一个分析框架 [R]. 工作论文.

[20] Carlino, G., and R. DeFina, 1999, "The Differential Regional Effects of Monetary Policy: Evidence from the U. S.", *Journal of Regional Science*, 39, 339 - 358.

[21] Dornbusch, R., C. Favero, and F. Giavazzi, 1998, "Immediate Chall - enges for the ECB", *Economic Policy*, 21, 17 - 63.

[22] Gergopoulos, G., 2001, "Measuring Regional Effects of Monetary Policy in Canada", University of Toronto Working Paper, 2001.

[23] Owyang, M. T., and H. J. Wall, 2004, "Structural Breaks and Regional Disparities in the Transmission of Monetary Policy", Federal Reserve Bank of St. Louis, Working Papers 2003 - 008.

[24] Taylor, J. 1995, "The Monetary Transmission Mechanism: an Empirical Framework", *Journal of Economic Perspectives*, l. 9, 11 - 26.

互联网金融时代商业银行发展个人信贷业务探究

崔 勇 穆乐华 景士晶 佟翠英
郝 静 徐 琳 林 更[①]

摘要： 互联网金融时代商业银行如何在分析、利用自身优势的基础上，融合互联网技术继续保持个人信贷业务的市场领先地位具有重要意义。本文对我国互联网金融业务的发展现状，以及商业银行在新时代继续开展个人信贷业务优劣势、机遇和挑战等情况进行分析研究，以期能够对商业银行个人信贷业务在互联网金融时代继续保持竞争优势提出建议。

关键词： 互联网金融 商业银行 个人信贷 发展

互联网金融在我国的发展经历了网上银行、第三方支付、个人企业融资等相对独立的阶段，随着近年来互联网核心价值与传统金融的逐步渗透，在资金融通、资金供需匹配等方面已深入传统金融的业务核心，这种新兴模式给政府、业界及学术界带来了较大的机会和挑战。互联网金融的发展，给商业银行发展传统金融业务带来机会和挑战，因此研究商业银行如何利用移动互联、大数据、云计算等互联网技术，结合自身的优劣势，制定个人信贷业务的有效发展战略，获取竞争优势具有重要意义。

一、我国互联网金融的发展概况

（一）互联网金融的发展历程

近年来，移动通信技术和网络技术的飞速发展和普及极大地推动了我国互联金

① 作者简介：崔勇、穆乐华、景士晶、佟翠英、郝静、徐琳、林更，均供职于中国工商银行北京市分行。

融的迅猛发展。丰富的互联网金融产品、良好的客户体验，使人们逐渐从传统的金融观念禁锢中脱离出来，越来越多的人开始喜欢并且使用互联网金融产品和办理互联网金融业务。总体来说，我国互联网金融的发展大致可分为三个阶段，见表1。

表1　　互联网金融发展的三个阶段

阶段	时间	特点
第一阶段	1997—2003年	自1997年招商银行率先推出第一家网络银行——招商银行一网通以来，网上银行业务在全国获得了迅猛发展。
第二阶段	2003—2012年	传统金融机构不断利用互联网技术发展业务，而互联网企业则利用先天优势涉足金融业。除了第一阶段的网上金融以外，第二阶段更多的是互联网企业利用电子商务、社交网络、移动支付、大数据、云计算、搜索引擎等新技术形式将其业务范围渗透到金融领域。
第三阶段	2012年至今	在这个阶段互联网金融如火如荼，传统金融机构包括银行、证券、保险开始纷纷涉足互联网金融，而传统互联网企业更是发挥技术、商务等优势开始全面布局互联网金融。无论传统金融业还是互联网企业都开始涉足互联网金融并将其提升为企业的发展战略，互联网金融正成为企业抢占未来金融业制高点的关键。

（二）互联网金融模式及发展情况

目前，我国互联网金融主要呈现七种模式：互联网银行、P2P网络小贷、电商小贷、第三方支付、众筹融资、大数据金融及互联网金融门户等。由于本文的研究重点是个人信贷业务，故仅围绕互联网金融业务中的个人信贷业务展开分析。

个人信贷业务在互联网金融业务中方兴未艾，是各金融机构和互联网企业的必争之地，且呈愈演愈烈之势。

1. 银行业针对网络个人信贷业务主要集中在信用卡和个人消费贷款领域，银行通过搭建自助银行、电话银行、手机银行、微信银行和网上银行的立体化电子银行服务体系，为客户提供融资、汇款、理财等全方位的金融服务，从而最大程度地满足客户多元化的金融服务需求，进而持续提升社会及市场对银行网络金融产品的认知度与美誉度。

截至2015年末，银行业信用卡发卡数量为4.32亿张，人均持有0.29张；授信总额为7.08万亿元，余额为3.09万亿元，见图1①。除信用卡外，各家银行的互联网金融产品也不断推陈出新，如工行的逸贷、网贷通以及个人自助质押贷款；

① 数据来源：人民银行发布的各年度支付体系运行总体情况报告。

建行的快贷等。其中工行的网络融资产品截至 2015 年末累计发放超过 1600 亿元[①]。

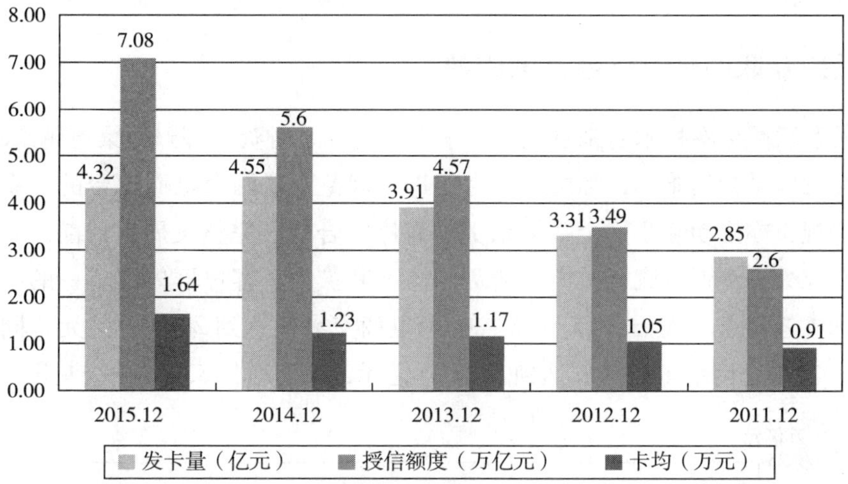

图 1　2011—2015 年我国商业银行信用卡发放及授信情况

2. 互联网企业针对网络个人信贷业务的模式主要有 P2P 网络小贷、众筹融资、阿里小贷、腾讯微粒贷、京东白条、蚂蚁花呗等。互联网企业凭借自身在互联网领域的优势，扬长避短，全力拼抢互联网金融业务。

截至 2015 年末，我国 P2P 网贷平台约 2 595 家，历史累计成交金额约 13 652 亿元，贷款余额约 4 394. 61 亿元，投资人数超 2 000 万人，借款人数约为 1 000 万人[②]，见表 3；众筹融资 114. 24 亿元，增长 429. 38%[③]。

表 2　2010—2015 年 P2P 信贷行业发展情况

项目	2015. 12	2014. 12	2013. 12	2012. 12	2011. 12	2010. 12
平台数量（家）	3 844	1 854	523	148	50	15
成交金额（亿元）	10 021. 00	3 058. 20	897. 10	228. 60	84. 20	13. 70
成交额增长率（%）	228	241	292	171	515	—

数据来源：网贷之家发布的 2010—2016 年 P2P 网贷行业发展年报。

截至 2015 年 6 月末，阿里小贷（现并入网商银行）贷款余额达 230 亿元，累计服务 170 万小微用户；从历史统计看，网商银行（包括之前的阿里小贷、蚂蚁小

① 数据来源：《金融时报》2016 年 1 月 18 日的《工行网络融资规模超 5000 亿元》报道。
② 数据来源：网贷之家发布的 2015 中国网贷行业年报。
③ 数据来源：盈灿咨询发布的 2015 年众筹行业相关数据。

贷）已累计提供信贷服务超过1 400亿元。①

截至2015年末，腾讯微粒贷用户约66万人，累计发放线上贷款约128.17亿元，贷款余额74.95亿元；京东白条2015年前三季度余额约53亿元②。

（三）互联网金融体系日渐成熟

随着互联网金融技术越来越成熟，消费、结算、融资、理财等渠道越来越健全，互联网金融体系初见雏形；加之国家为促进、规范互联网金融而出台的一系列政策和法律法规，亦推动互联网金融体系更加有序、合规、完整发展。目前，互联网金融已逐渐成为一个消费流行时尚，消费群体不断扩大，客户群体由单一的年轻人逐渐扩展到中老年人。截至2015年末，我国电商交易额达到20.8万亿元，同比增长约27%；其中，网络零售总额达到3.88万亿元，同比增长33.3%③，见图2。

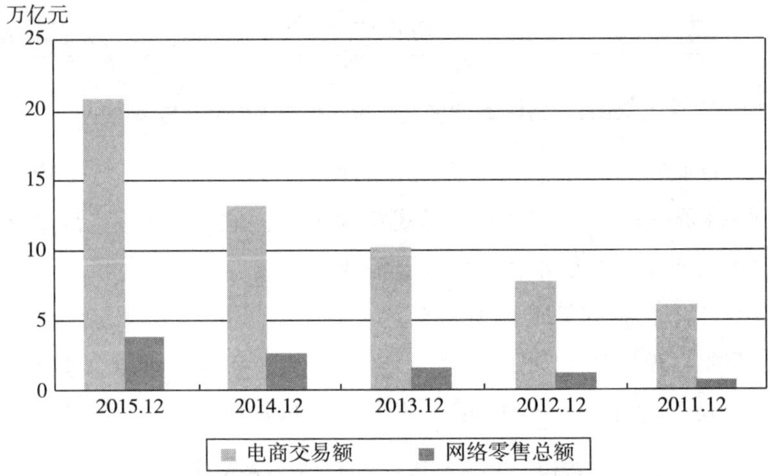

图2 2011—2015年我国电商交易情况

二、互联网金融时代商业银行发展个人信贷业务的分析

随着互联网技术的发展，互联网企业、电商平台、第三方支付公司等纷纷发力，大举进军网络融资业务领域，且取得不俗业绩，此举不仅分流了商业银行部分年轻

① 数据来源：信息时报2016年6月30日的《网商银行开业一年贷款资金余额230亿》的报道。

② 数据来源：深圳银监局及蚂蚁金服研究院发布的《中国消费金融趋势报告（2016）》。

③ 数据来源：中国电子商务中心研究院发布的各年度中国电子商务报告。

客户，而且对商业银行传统个人信贷业务经营模式带来新的挑战。商业银行若要在互联网金融时代夺得先机，则须在深入分析自身优劣势的基础上，充分发挥商业银行的核心竞争力，积极应对机遇和挑战。

（一）商业银行发展个人信贷业务的优势

1. 品牌认可度高，客户资源丰富。

截至2015年末，我国商业银行资产总规模达150.94万亿元，总负债139.46万亿元①；商业银行不仅拥有较高的资产规模，而且较早建立个人信贷产品体系、塑造个人信贷品牌，在客户心中有较高的品牌信任度，市场优势明显。加之经过近三十年的业务拓展，商业银行积累了丰富的客户资源，截至2015年末我国商业银行实体网点约22.40万个，个人客户约9.09亿户②。

2. 大数据的归集为业务发展提供更多机会。

商业银行在业务办理过程中，积累了大量的客户资金存储、借贷交易、代缴水电纳税、代发工资等数据，这些都是商业银行应对互联网金融发展的宝贵数据财富，也成为商业银行在互联网金融时代的核心竞争力。商业银行若能够较好与互联网技术融合，通过研究、整合、分析、重构等逐步完善庞大的客户信息流、资金流等数据，而全面、精确、有效的数据，必定会为个人信贷网络融资业务的发展奠定良好的业务基础。

3. 网点覆盖区域广，落地服务能力强。

我国商业银行尤其是大型国有商业银行拥有众多的物理网点，柜面服务能力强，能够较好地为线上客户提供业务咨询、贷后服务等，可有效满足客户专业化、个性化和综合化的金融服务需求，进而实现个人信贷业务线上体验、线下服务的“特色O2O模式。”

（二）商业银行发展个人信贷业务的劣势

1. 以客户为中心的理念仍需强化。

当前，商业银行虽然仍将“以客户为中心”作为经营发展的第一理念，但“理想很丰满、现实很骨感”，在实际操作中往往存在较大差距，特别在机构人员配置、产品设计、政策延续性等方面表现尤为明显，亟待进一步加强。

一是商业银行缺乏一支稳定且高质量的个贷队伍。受传统“重法人轻个贷”的

---

① 数据来源：银监会2016年1月25日发布的《银行业监管统计指标月度情况表（2015年）》。

② 数据来源：中国银行业协会2016年3月15日发布的《2015年度中国银行业服务改进情况报告》。

思维惯式影响，基层个人信贷客户经理的归属感、待遇以及职业发展前景等均不尽如人意，人员流失较为严重；同时，客户经理“坐、等、靠、要”的思想比较严重，主动性、积极性和专业性等方面均有待提高。

二是在个人信贷产品设计时，商业银行对客户的消费行为、市场需求等的调研广度和深度有所欠缺，加之更多的时候首要考虑的还是企业利益和风险控制，对产品的便捷性以及客户体验的重视程度不够，设计的产品往往与市场的需求契合度不高，有待进一步提升。

三是受国家宏观政策调控及部分地区局部性业务风险影响，商业银行个人信贷业务的产品政策、制度等起伏变化较大，缺乏持续性和稳定性，容易出现停滞或大规模压缩的情形。

2. 科技支持能力有待提升。

目前，各商业银行均建立了自己的个人信贷管理系统，基本能够满足现有个人信贷业务发展的需要。但在互联网金融时代，客户对业务办理的便捷、高效以及界面友好性等方面均有较高要求，商业银行现有的科技开发力量很难完全满足其需求。商业银行亟须引入新鲜的科技力量，强化对数据信息进行结构重设和整合，同时加大在信息数量、信息质量、数据整合利用程度以及电子渠道功能等方面的建设力度，方能应对消费金融公司和互联网企业的激烈竞争，满足客户对业务快速、高效、自助的要求。

3. 鼓励业务创新的环境亟待完善。

与互联网企业、消费金融公司和网络融资平台灵活的经营体制相比，商业银行特别是大型商业银行的创新面临较大约束。究其原因，一方面是商业银行的稳定对金融体系乃至国家宏观经济具有举足轻重的作用，因而面临更为严格的外部监管；另一方面，由于商业银行复杂的业务创新流程、严格的风险管理考核、激烈的部门利益之争以及业务发展偏于保守等内部问题，使得商业银行创新力度和效率在互联网金融时代不具竞争优势，个人信贷业务创新环境亟待完善。

（三）商业银行发展个人信贷业务的机会

1. 技术发展为产品创新奠定良好的基础。

商业银行的历史数据繁多无序、相似度不高，在分析整合时由于技术手段相对有限，整合难度较大而且使用性不强。互联网金融时代，大数据、移动支付、云计算等技术的发展，使得商业银行能够较好地利用此类技术进行内部数据分析、挖掘，进而在深入研究客户购买习惯、消费行为、支付偏好、消费心理等信息的基础上，有针对性地设计个人信贷创新产品和业务流程，从而真正满足客户多元化和个性化的融资需求。

2. 互联网金融为个人信贷业务带来巨大的发展空间。

目前，互联网金融主要介入的领域是风险相对较高的业务领域，而该领域是商业银行不想亦不愿进入的领域，因此现阶段互联网金融尚未对商业银行产生实质性影响，但对民间借贷领域有较大冲击，对整个借贷市场形成了有效补充。互联网企业期待利用自身的技术优势与商业银行寻求合作，共同拓展这一领域；对商业银行而言，这是一块新兴市场，是新的业务增长点和盈利点，各商业银行纷纷使出浑身解数力求在这一领域抢占更多份额。由此可见，互联网时代的个人信贷业务具有巨大的发展潜力，发展前景十分广阔。

3. 商业银行自身潜力将得到不断的强化。

在互联网时代，商业银行的品牌信誉、资金实力、风控水平、人员团队以及资金价格等优势，仍是互联网企业无法匹敌的。目前，互联网金融的消费群体主要集中在青年客户中，但从整个金融业务消费群体来看则主要集中在中年客户中，这一群体的特征是资质好、融资倾向略趋保守，但若商业银行利用互联网对其产品和服务进行创新，并推出符合线上业务线下要求的个人信贷业务新模式和新流程，从而带动并改变此类客户的行为习惯，进而有效拓展自身的业务发展空间。综上，互联网时代为商业银行拓宽思路、发挥科技力量及渠道优势，创新个人信贷业务带来前所未有的机遇。

（四）商业银行发展个人信贷业务面临的威胁

1. 互联网金融对传统业务模式带来巨大冲击。

互联网时代，一方面互联网金融参与者利用技术优势逐步蚕食商业银行部分传统个人信贷业务，在互联网融资模式下，良好的客户体验、快捷的授信效率、独特的准入条件等，将促进客户转向网络融资模式；加之，互联网企业往往对客户的需求更为关注，产品设计更为贴心且契合度高，更易被市场与客户所接受，进而对商业银行的业务发展及创新带来较大冲击。此外，电子商务中的场景化平台及与之匹配的业务模式不断推陈出新，使得互联网企业不仅拥有客户的消费、支付信息，而且还掌握着客户的资金流、物流和信息流，这些新特征是互联网时代商业银行所缺失的，未来将对商业银行个人信贷业务创新、客户筛选、授信条件等带来较大影响。

2. 商业银行的融资主体优势逐渐缩小。

在互联网时代，一方面随着征信信息介入和支付牌照的准入条件不断放宽，商业银行将无法垄断客户的信息和信用，行业壁垒和监管门槛逐渐降低，互联网企业利用其掌握的信息流、资金流和物流等数据优势，对商业银行个人信贷业务形成分流之势。另一方面，互联网金融信息服务中介凭借其低廉的人力成本、多样的宣传渠道及熟悉掌握各家银行产品功能的信息资源优势，协助客户向银行申请贷款。此类机构的业务人员素质普遍不高、流动性较大，且逐利愿望强烈，为了获取更高收益，其不惜替客户包装贷款申请资料、甚至协助客户作假，为商业银行贷款埋下风险隐患，这种劣币驱逐良币的做法可能导致商业银行停办部分个人信贷产品，从而导致主体优势地位的进一步丧失。

3. 征信体系及法律制度建设有待进一步完善。

当前，我国个人征信体系还不完善，各企业之间的数据独立性较强，共享情况较少，与发达国家相比有较大的差距，征信体系以及法律制度建设还需要进一步完善。一方面，商业银行拥有的数据主要是人行征信信息以及公安、司法等处罚记录信息，对客户的交易履约、购买习惯、消费行为等信息缺乏，难以查询。另一方面，我国互联网金融的法律制度还比较滞后，缺少约束个人信用行为的专门法律，《合同法》、《担保法》等现有法律法规涉及互联网金融业务的条款较少，违约行为的惩罚力度和方式尚不明确，对商业银行发展互联网个人信贷业务也带来较大的法律障碍。

三、互联网金融时代商业银行发展个人信贷业务的建议

互联网时代，商业银行的地位虽然是互联网企业无法撼动的，但应当意识到互联网对现有业务模式的冲击以及对经营模式的改变。因此，商业银行应该以审慎和开放的思维，坚持“有所为有所不为”的经营原则，充分利用大数据、移动互联和云计算等技术，提前研究和布局个人信贷业务经营模式、服务模式、业务流程和产品制度的变革，才能在激烈的市场竞争中取得领先地位，引领新兴金融业务的稳健发展。

（一）再造传统个人信贷业务流程，提升客户体验

互联网相关数据显示，2015 年末我国智能手机用户约 5.74 亿户，平台电脑用户约 3.28 亿户，智能移动终端的普及以及用户的增多，将为互联网金融快速发展奠定良好的基础。商业银行应该运用移动互联网技术，以智能移动终端为依托，整合业务渠道，加大产品和服务创新，打造新金融生态链，提升业务的便捷度及客户的体验。

一是搭建弹性运营终端。随着互联网金融的不断深化，人们的生活习惯和日常

消费行为在发生着日新月异的变化，为了获取有效的交易、物流等数据记录，各商业银行纷纷开发自有的电子商务平台，如工行的融e购、建行的善融商务等，积极构建场景化购物体验模式。在此基础上，商业银行应充分发挥自身优势，着力打造开放式、专业化、模块化的流程和产品架构，实现产品制度、业务流程和系统渠道（手机银行、网上银行、微信银行、自助终端等）的灵活组合、随意调整，既可嵌入消费场景又可满足客户个性化融资需求，使商业银行产品和客户需求完美配对。

二是构建智能社区平台。随着互联网对线下实体经济的渗透，消费者的消费行为日渐可记录性、可数据化，因此，商业银行首先应有效突破内部网络与外部网络、自助终端的隔阂，逐步树立线上线下同步发展的思路，打造物理网点与周边商圈的线上线下联动渠道，利用智能银行、社区银行等构建各类消费金融的生态圈，改变原来只能通过柜面渠道办理业务的限制，实现客户业务受理渠道的多元化，见图3。其次，应通过政策、资源方面的倾斜，逐步引导客户将业务从线下转移到线上，为客户提供全天候、无地域限制的金融服务。第三，进一步提高个人信贷业务电子化处理程度，提供多重业务信息的相互校验功能，以融资推动各类金融服务，着力增强互联网金融时代个人信贷业务的核心竞争力。

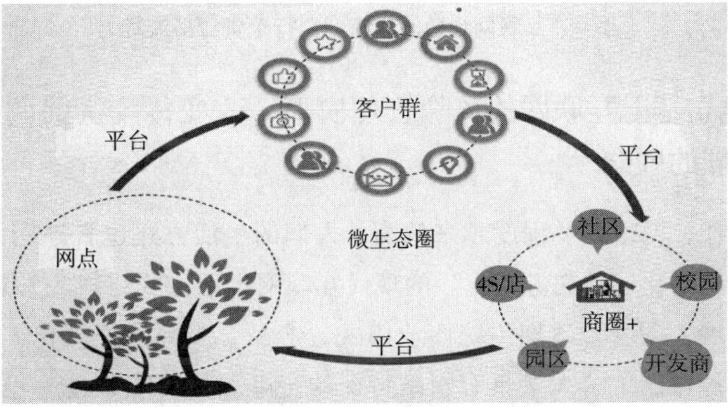

图3　互联网金融时代构建各类消费金融生态圈

三是借助互联网技术，再造传统个人信贷业务流程。互联网时代，商业银行个人信贷业务流程要结合“贷前调查、贷中审查和贷后检查”的传统信贷制度，建立客户筛选标准模型库、实行制度标签化和实现实时共享的客户统一画像，利用借款人互联网留下的各类痕迹进行交叉验证和辅助决策。

首先，基于客户的信用信息、购物交易、履约记录、资产情况、纳税等信息及消费行为数据，创新信息采集方式，完善数据加工转化功能，分析、筛选并确定最终目标客户，并对目标客户实施评级授信，形成目标客户群。

其次，目标客户群的客户通过网上银行、手机银行、自助终端等渠道办理贷款时候，自动触发指纹、视网膜、人脸或 VR 身份认证系统，验证通过后按照客户的需求自动发放贷款，实现多渠道信息全流程无缝对接，在跨专业、跨部门、跨线上线下基础上实现客户特征和业务需求的信息共享。

最后，建立资金流、信息流、物流"三流合一"信息交互和融合应用系统，结合资金账户监控、信息收集，利用云技术、物联网传感、智能监控、图像设备等信息技术及手机等移动终端完成客户经营场所、押品、仓库的定位识别、跟踪监测以及物流资产的控制，对借款人及担保物等实施相应的贷后管理措施，见图 4。

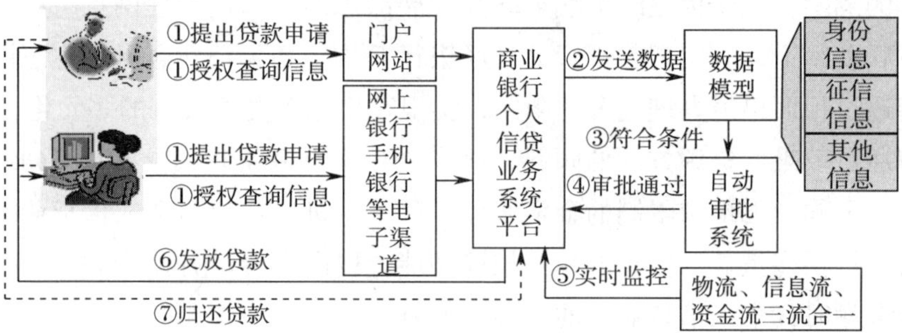

图 4　互联网金融时代商业银行个贷业务流程

（二）建立基于互联网的风险管理模型，改变传统贷前调查、贷中审批和贷后管理的理念

互联网时代，网络普及程度越来越高，人们的生活方式也日渐网络化，"在线常态化、购物网络化、社交虚拟化"的现代互联网生活方式将成为常态。虚拟网络经济的蓬勃发展，深度渗透到传统商业模式，产品、服务向虚拟化、个性化发展，服务对象的碎片化催生了大量具有网络特征的金融服务需求，进一步促进大数据、云计算及移动互联等系统技术的融合和深度应用，实现了传统信息采集、处理和利用的再造，对商业银行的业务渠道、信息处理和风险管理产生了重要影响，"大数据 +"模型能够帮助商业银行创新信贷风险管理模式，有助于提高风险识别能力，强化业务风险的可审查性和管理力度，也为商业银行在互联网时代发展个人信贷业务创造良好的条件。

一是创新客户筛选方法。在互联网金融时代，客户的消费习惯和交易行为越来越数据化，网络化痕迹越来越明显，消费场景与金融需求融合越来越贴切，商业银行可以利用这些可记录化、可数据化的消费行为特征，通过构建、创新客户筛选模型，完善自动化处理功能，梳理分析具有明显表象特征、异常行为指向性明确、操作环节比较容易界定的业务场景和风险特征，通过构建模型指标自动化处理，实现客户准入、额度预授信、自动审批的数据驱动，聚焦客户个性化融资需求，开发与消费者消费行为、场景紧密结合的定制化、个性化的融资产品。

二是健全线上风险管理体系。商业银行应该借助互联网技术的应用，建立客户筛选、风险管理和贷后监控等模型库，促进个人信贷业务风险管理由人工、被动、粗放向主动、智能、精细化的管理转变；建立与互联网特征相适应的风险管理和控制技术，加强客户的资金用途、异常行为、可疑交易等的监测和行为风险，创新客户信用评级和贷后监测模型，构建并不断完善个人信贷业务风险的量化评估和风险监测体系，推进业务风险高发地区和产品的风险预警、缓释、提前化解等工作，实现了信贷风险监控的自动化、业务预警的智能化、风险处置的流程化，见图5。

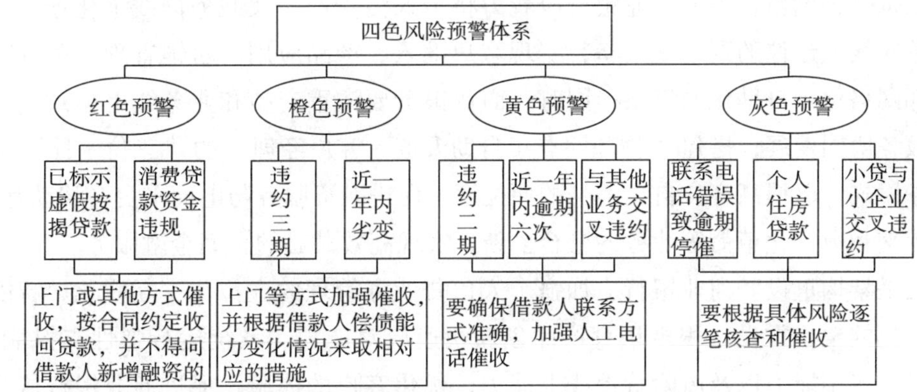

图5　个人信贷业务四色清单风险预警体系

三是强化贷后管理水平。商业银行个人信贷业务贷后管理应改变单一的不良指标管理，实现关注类和不良贷款的双重指标管理，加大风险预警和防范能力，研究建立大额风险贷款监控机制，强化贷款用途、虚假按揭和操作等风险管理，实现个人不良贷款的压降和清收。同时，商业银行应制定多位一体的个人信贷风险评价体系模型，完善可量化的信贷作业考评，构建自上而下、上下统一、导向清晰、全面覆盖的贷前、贷中、贷后信贷作业量化考评全景视图，通过系统化方式为信贷战略管理和运营机制修正提供有效管理手段，及时发现和释放经营风险，提升个人信贷业务的风险管理水平。

（三）创新理念，构建个人信贷业务发展新战略

互联网时代，商业银行应直面互联网兴起和同业互联网化经营所带来的挑战，创新业务发展理念，充分依托现在个人信贷业务的客户基础、技术能力及产品制度，

加快实施互联网金融业务发展战略，深度融入互联网金融态势，推动客户准入、产品创新、流程设计以及新技术的应用等变革，逐步实现个人信贷业务网络化转型，建设线上线下一体化、网络与实体结合的新型零售银行。

一是分步实施。随着消费主权时代的来临，包括支付方式、消费场景都发生根本性的变化，增加了消费者的话语权，商业银行个人信贷业务应先业务后管理、先迁移后创新，采取先业务网络化、互联网金融、新型零售银行的策略，综合考虑数据获取难易、业务改造缓急、风险收益匹配、推进成本等分步实施步骤，在消费渠道、服务内容、产品模式和业务方式等方面有突破性的创新，提高服务效率和提升消费便捷度，确定个人信贷业务互联网化的创新发展路径，才能满足客户日趋严格、日渐苛刻的消费体验。

二是融合创新。先期商业银行应着力将个人信贷产品及服务向线上化迁移、业务渠道向线上延伸的网络化策略，实现客户准入、产品应用、营销管理和服务渠道的全部网络化、自助化的策略；同时，商业银行要注重产品和业务线上模式创新与线下服务协同发展，搭建“物理网点＋自助渠道＋客户经理”的“三位一体”的金融服务模式，以提高客户自主消费的便捷度，促进融资服务与电商平台、移动互联、虚拟社交和数字化革命等业务的融合创新，实现高效贴心的全面金融服务。

三是架构重设。商业银行应加强个人信贷业务管理的虚拟化、互联化、智能化和数字化的架构重设，积极培育产品创新快速应对能力、系统运行弹性支撑能力、技术灵活应用能力以及风险管控线上能力，优化客户的体验，促进商业银行传统业务模式向互联网融时代的新型零售银行的转变。

（四）加强监管，突出监管的时代性、差异性

在我国，互联网金融刚刚起步，参与各方的经验还比较少，很多业务模式和操作流程还在摸索当中，在充分肯定互联网金融业务对信贷市场带来的影响的同时，监管部门应在适当时机介入，采取合适的监管办法和策略，突出监管的时代性和差异性。互联网时代，商业银行个人信贷业务的创新产品或者业务创新模式必须符合监管的要求，建立风险防控机制，确保个人信贷业务运行过程中能有效剔除风险因素，筛除风险客户。

一是强化与政府部门的合作。互联网时代，如何强化互联网金融的监督管理，目前全球各个国家仍在探索中，立法工作也仍在有条不紊的进行中，这就要求商业银行在发展业务的同时须强化与政府部门的合作，积极参与政府的互联网金融立法工作，促进互联网金融的监管经验和程序进一步完善，规范个人信贷产品和制度流程，提升竞争水平。

二是积极与互联网金融行业协会开展业务合作。目前，互联网金融企业发展参差不齐，信用数据由不同机构掌握，尚未对信用数据进行统一的整合与加工，风险与收益完全不匹配；加上政府监管政策不完备，导致行业自律以及行业协助的作用就显得尤为明显，商业银行应加强与互联网金融行业协会的沟通和交流，了解互联网金融的发展规则以及行业自律等。

三是积极推动征信体系完善及法律制度建设。商业银行应当积极履行社会责任，加大信息收集整理力度，为信用信息建设提供数据支持；同时，在充分研究论证的基础上向相关部门建言献策，逐步将互联网金融企业中的借贷交易记录纳入统一管理范畴，整合银行、非银行金融机构、法律部门、公安部门、社会保障部门等数据，逐步打通征信系统与互联网金融企业间的信息通道，建立全国范围的征信体系，实现互联网金融时代最大程度上的信息整合和共享。另外，商业银行要积极参与互联网金融的法律法规建设，积极反映互联网金融业务司法实践中面临的问题和困难，推进互联网金融信贷法律的建设，创造有利于互联网金融业务健康发展的法律环境。

参考文献

［1］陈红梅：互联网信贷风险与大数据［M］. 北京：清华大学出版社，2015.

［2］谢平，邹传伟. 互联网金融模式研究［J］. 金融研究，2012（12）：11－22.

［3］聂广礼，纪啸天. 互联网信贷模式研究及商业银行应对建议［J］. 农村金融研究，2015（2）：18－23.

［4］徐细雄，林丁健. 基于互联网金融的小微企业融资模式创新研究［J］. 经济体制改革，2014（6）：144－148.

［5］成都社信财富股权投资基金中心. 2014 年中国互联网金融行业深度研究报告，2014（6）.

［6］徐岚，徐青松. 从美国经验看“互联网金融”对于国内传统银行业的冲击［J］. 上海经济研究，2014（7）：97－101.

［7］孙杰，贺晨. 大数据时代的互联网金融创新及传统银行转型［J］. 财经科学，2015（1）：11－16.

［8］李鑫，徐唯燊. 对当前我国互联网金融若干问题的辨析［J］. 财经科学，2014（9）：1－9.

［9］阎庆民. 新金融发展对金融监管政策的挑战［N］. 21 世纪经济报道，2013. 7. 29（19）.

［10］马云. 金融行业需要搅局者［N］. 人民日报，2013－6－21.

[11] 吴晓求. 中国金融的深度变革与互联网金融 [J]. 财贸经济，2014 (1) : 14 - 23.

[12] 陶震. 关于互联网金融法律监管问题的探讨 [J]. 中国政法大学学报，2014 (6): 74 - 78.

[13] 孙国茂. 互联网金融：本质、现状与趋势 [J]. 理论学刊，2015 (3): 44 - 57.

[14] 余薇，秦英. 互联网金融背景下小微企业融资模式研究 [J]. 企业经济，2014 (12): 151 - 154.

[15] 戴东红. 互联网金融对小微企业融资支持的理论与实践 [J]. 经济论坛，2014 (4): 91 - 96.

[16] 巴曙松. 大数据可解小微企业融资瓶颈 [J]. 中国经济报告，2013 (06): 29 - 31.

[17] 李二亮. 互联网金融经济学解析：基于阿里巴巴的案例研究 [J]. 中央财经大学学报，2015 (2): 33 - 39.

[18] 梁璋，沈凡. 国有商业银行如何应对互联网金融模式带来的挑战 [J]. 新金融，2013 (7): 47 - 51.

[19] 张玉明，王洪生. 复杂适应系统视角下的互联网金融特征及运作机制研究 [J]. 山东大学学报，2014 (5): 23 - 32.

观察思考

国际大都市房地产市场运行影响因素研究

雷晓阳　王　瑞　肖　静　彭伊立　李　媛①

摘要：为更好地把握北京房地产市场发展的趋势，本文通过研究纽约、伦敦、东京、中国香港等国际大都市房地产市场发展的规律及特点，从而得出对促进房地产市场健康发展的一些启示。

关键词：大都市　房地产　影响

一、国际大都市房地产市场运行规律研究

（一）房地产业与宏观经济的关系

一是房地产业增加值呈持续扩张态势。随着经济发展水平的提升和产业结构的升级调整，国际大都市房地产业规模均呈现出持续扩张趋势。1997—2012 年，伦敦房地产业增加值增长近 3 倍，远高于地区生产总值 1.2 倍的增长率；纽约房地产业增加值增长 75.4%，接近地区生产总值 82.4% 的增长率。2001—2013 年，东京在地区生产总值整体下降 2.2% 的情况下，房地产业增加值规模仍扩大了 19.6%。中国香港虽然房地产业增加值在地区生产总值中的占比由 2000 年超过两成的高位逐步降至 2015 年 14.9% 的水平，但其房地产业增加值规模仍然扩大了 22.9%。

二是从长期趋势看房地产业的支柱地位有升有降，但对地区经济的贡献保持在 10% 以上。从房地产业增加值在地区生产总值中的比重看，目前房地产业在都市经济中均占有重要地位。自 1997—2015 年，纽约、伦敦、东京、中国香港四个典型国际大都市的房地产业增加值占比由 6% ~22% 的区间，逐步收敛趋向 12% ~15% 的

① 作者简介：雷晓阳、王瑞、肖静、彭伊立、李媛，现均供职于中国人民银行营业管理部

区间。

（二）房价周期与经济周期的关系

一是房价存在周期性特征，且上升期普遍长于下降期、呈长期上升态势。从国际大都市的历史经验看，其房价表现出一定的周期性规律，都经历了一个或几个上升、下降的阶段，反映出房地产市场存在类似经济周期繁荣与萧条交替往复的周期性。数据显示，除东京在经历90年代的非正常经济周期波动后房地产市场长期处于低迷状态外，纽约和中国香港在近30余年的时间中，出现了约2～3轮的完整周期波动，且上升期远长于下降期。而土地存量的长期不变性和稀缺性，则决定了房地产价格的长期上涨趋势很难改变，尤其是稀缺性和不可替代性更强的国际大都市的房地产。数据显示，纽约、伦敦、中国香港房价均呈现出长期上升态势（见表1）。

表1　　部分国际大都市房价周期波动情况

	时间段	上升期	持续时间	下降期	持续时间
纽约	1978年以来	1978—1989年	大于11年	1990—1994年	约5年
		1995—2006年	约12年	2007—2012年	约6年
		2013至今			
中国香港	1982年以来			1982—1984年	约3年
		1985—1997年	约13年	1998—2002年	约5年
		2003年至今	大于12年		
东京	1985年以来	1985—1989年	约5年	1990至今	大于26年

数据来源：CEIC数据库、Wind数据库。

二是房价的复苏普遍滞后于经济复苏，而房价的衰退一般同步或先行于经济衰退。通过Granger因果检验及建立线性回归模型发现，纽约和中国香港的房价变动均受到了GDP变动的影响，且现期影响不如前期影响显著，说明房价周期或滞后于经济周期。但线性回归模型未发现房价增长与滞后的GDP增长变量间具有明显的线性关系，究其原因，可能因为多数情况下，房价景气周期要短于经济景气周期，即房价的复苏一般滞后于宏观经济，而房价的衰退一般同步或先行于宏观经济。可以理解为，当经济出现好转后，在需求、资金以及价格的刺激作用下，房地产市场才会加速发展，而当外部条件稍有变化，房地产业则会更为敏感地表现出衰退迹象。

（三）房价周期与城镇化进程的关系

从美国、英国的历史数据看，每当城镇化进程进入一个新的平台，房价随即启动，并形成新一轮上升周期，并在城镇化阶段的最后几年进入下降周期，房价周期波长近似于城镇化周期波长。通过引入虚拟变量进行线性回归分析亦可得出类似结论，美国城镇化率增速指标对房价指数影响显著。这主要是因为，一国的城镇化进程将产生大量对房地产的刚性需求，支撑房地产业快速成长，但城镇化后期，这种支撑效应的边际作用递减，且房地产作为虚拟资产的特征大大增加，房价持续增长的动力逐步减弱。

（四）政府调控与房地产市场的关系

1. 重视保障房建设，满足中低收入阶层住房需求

（1）发展福利性住房。这是发达国家解决中低收入居民住房问题的重要途径之一。早期的福利住房一般由政府直接出资建设，并以低廉的租金提供给中低收入户和困难户使用。但是，这种模式很容易使政府背上沉重的财政负担，因此，在后期实践中，一些国家采取了通过社会团体、专门的非营利组织建造或者给予房地产开发商减免税费等优惠政策吸引市场中流通的资金参与福利住房建设。政府提供的福利住房主要有出租和出售两种形式。前者以法国的廉租房为代表，后者以新加坡组屋为代表。法国廉租房的基准租金约为普通私人住宅的一半左右，新加坡一手组屋的价格约为商品房价格的 30% ~40%。此外，发达国家还普遍利用政策性金融体系，对中低收入阶层进入房地产市场提供支持，如德国的住宅储蓄体系、美国的联邦住房管理局及房地美和房利美等。

（2）鼓励中低收入人群租房并对租赁市场进行调控。中低收入者没有能力承担住宅的购置成本，租赁市场可以缓解这部分居民的住房需求。政府通过调控住房租赁市场，控制租金过快上涨，可在满足中低收入阶层住房需求的同时，减少房地产市场中的需求尤其是投机性需求。德国政府通过无息或低息贷款鼓励房地产开发商建房用于出租，且用于租赁的住房须达到一定比例。2008 年数据显示，德国自有住房率仅为42%，而租赁住房率为58%。德国科隆市每年新建3 800 套房，其中1 000 套必须用于廉价出租房。美国亦通过政策性金融机构的低息贷款、税收优惠等政策吸引房地产商开发更多用于租赁的住房。此外，发达国家还普遍为低收入者提供租房补贴。2005 年，英国政府提出“租金补贴”计划，将低收入家庭用于住房支出的比例限定在其收入的20%，差额部分由财政提供补助。

2. 政府采用多种手段调控房地产市场

（1）土地管理政策。适当的土地控制政策可以起到调控房地产市场的作用。尽管发达国家私有土地的比例较高，但政府除直接调节土地供给外，仍可通过城市规划、颁布土地法规、规定土地用途、征收土地使用转让税等途径来调节商业用地的供给，进而影响房地产市场。美国每年均会根据本地城市化进程和人口增速来测算

划定用于房地产建设的土地面积。中国香港则通过《香港房地产法》、《土地征用法令》、《地契条款》、《拍卖地产条例》等一系列法律法规对土地使用、开发、转让进行严格管理，从而实现控制土地供应的目标。在新加坡，私人购买国家土地的价格需根据多种指标来确定，由市场公开招标拍卖决定，而政府有土地的强制征收权，且征用价格由政府单方面决定。这种私人有限制地从政府手中购买土地、且政府又能够强制性地从私人手中征收土地的制度，使得新加坡政府对其土地流转时刻进行着严密监管，进一步减少了市场中土地的投机活动并且有效地打击了房地产商囤积土地的行为。

（2）税收政策。美国、日本、英国、中国香港等发达国家和地区均对个人住房征收房产税（见表2），且各国和地区实践证明，房产税的实施可较好地抑制房地产市场投机行为，有效调控房地产市场。

表2 部分发达国家和地区房产税的基本情况

	美国		日本	韩国		新加坡	中国香港
主要税种	不动产税（房产税）	所得税	固定资产税、城市规划税	财产税	所得税	财产税	差饷税、物业税、印花税
征税范围	所有州都对不动产征税、部分州对动产征税	公司净利润、个人出租房屋的租金收入	土地、房屋	住宅、法人建筑物	不动产转让利得	所有住房、土地、建筑物	土地、房屋
计税依据	房地产评估价值		房地产评估价值	房地产评估价值		估算的年租值	估算的年租值
税率	各地方政府自行决定，大致为1%～3%	超额累进税率	固定资产税统一为1.4%，城市规划税税率最高不超过0.3%	固定比例税率和累进税率相结合	超额累进税率	自住住宅实行0.4%、0.6%的累进税率；其他10%	差饷税5%、物业税16%

征税环节方面，主要在房地产保有环节征税，开发经营环节税负相对较轻，以此来提升房地产的持有成本，减少炒房囤房行为，提高房产流转效率，优化整个房产市场的供需关系。同时，因地制宜地制定不同税收优惠政策。如英国的房产税对只由学生、未成年人、外交人员或残疾人居住的房产完全免税。日本对估价低于30万日元的土地和估价低于20万日元的建筑免征物业税。加拿大对65岁以上的老人、下岗失业人员减免房产税。

此外，特殊时期政府亦可通过实行差别税率，对房地产市场进行有力调控。为遏制房地产市场泡沫的出现，2010 年 11 月香港特区政府推出“额外印花税”（如新购房产在 6 个月内出售，则需缴纳交易金额的 15% 作为额外印花税；如新购房产在 6 个月至 12 个月内出售，则需缴纳 10%；如新购房产在 12 个月至 24 个月内出售，则只需缴纳 5%），让投机商人无利可图，有效遏制房产投机行为。

（3）完善法律法规，对扰乱市场秩序的行为进行处罚。德国房地产市场一直相对平稳，且居民住房问题解决较好，其重要原因之一就是相关法律体系不仅健全，而且细致又严格，有效控制了房地产投机行为，使得德国房地产市场很难出现过多泡沫。《地上权条例》、《经济犯罪法》、《建筑法》、《租房法》等一系列法律法规共同构成了抑制房地产投机的紧密法网，对违反市场秩序高价出售、出租谋取暴利的行为予以惩罚。如《经济犯罪法》规定，如果房东所定房租超出“合理房租”的 20%，就视为“房租超高”，超出 40% 即可进行一定的经济处罚，情节严重的还可追究刑事责任。

（4）地产价格评估机制。德国的房地产交易价格不是由房地产商或者政府决定，而是由房地产评估师来评估认定的，且为了防止房地产评估师暗箱操作出现不公平不合理的现象，政府规定其对所定房价须承担 30 年的法律责任。法国政府则让产权人自己申报住房价格，如果估价过低，明显低于市价，有逃税企图，政府可优先购买，申报人不得反悔。加拿大建有计算机辅助批量评估系统和房地产税评估争端解决机制。各国也对估价师设立信用档案，保障整个行业的社会公信力。

（5）货币政策。货币政策虽不以调控房地产市场为目标，但其通过利率渠道对房地产市场有较大影响。为提振经济，2001—2003 年，美联储连续 13 次降息，从 6.5% 直接降至 1%。受宽松政策影响，房地产投资迅速增加，供给量大增，同时，由于贷款利率下降，美国居民的购房需求也得到了极大的释放。虽然宏观经济被激活，但连带的负效应也很快显现，市场流动性过剩，助推房价一路攀升。为了抑制房价，2005—2007 年间，美联储又连续 17 次加息至 5.25%，直接导致美国住房市场销售量直线回落，刺破房地产泡沫的同时亦为危机埋下了导火索。

二、北京市房地产价格走势及影响因素

（一）北京市房地产价格的波动情况

近年来，北京市房地产价格总体呈上升态势，但仍表现出一定的阶段性。从平均价格的走势来看，2004 年前北京市住宅房屋销售平均价格基本保持在 5000 元以下，随着经济的快速发展，2004 年之后房价开始快速上涨，一直持续到 2010 年。

2010 年国家实行严格的房地产调控政策，导致 2011 年房价出现小幅回落，此后，房价回暖并开启了新一轮上涨，至 2014 年再次企稳（见图 1）。

数据来源：Wind 数据库。

图 1　北京市房屋平均销售价格

从价格指数的走势来看，北京市住宅价格的变化也经历了周期性波动（见图 2）。2007 年以前，北京市住宅销售价格指数基本保持平稳，2007 年下半年价格增幅开始扩大；2008 年受金融危机影响，住宅价格指数出现下滑，直到 2009 年下半年重拾涨势，且涨幅迅速扩大。2010 年下半年，住宅价格指数再次出现大幅下滑，直到 2012 年底再次发生反转，并在 2013 年大幅上涨，同比涨幅一度超过 20%。2014 年，新建和二手住宅价格指数有所回调，价格涨幅持续回落。2015 年以来，北京市

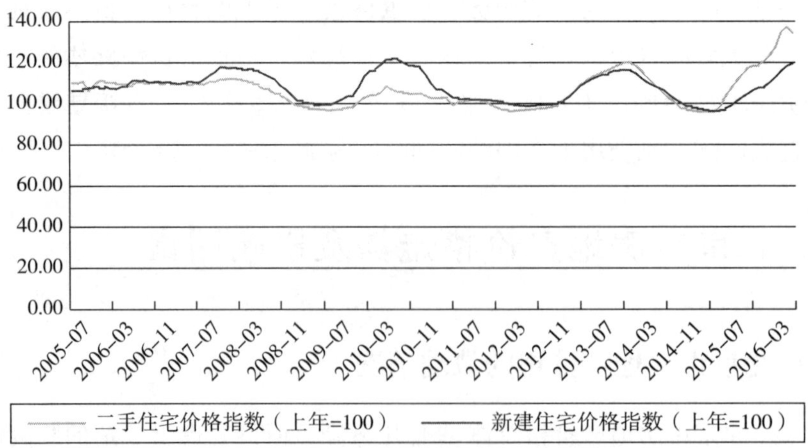

数据来源：Wind 数据库。

图 2　北京市新建住宅和二手住宅价格指数

住房市场呈现触底反弹的局面，尤其是二手房价格涨势突出。

（二）北京市房地产价格波动的影响因素分析

1. 宏观经济增长的影响

长期来看，与前述几个国际大都市类似，北京市住房价格与GDP增速的波动趋势基本一致，房地产业增加值扩张速度略快于地区生产总值。21世纪以来，北京房地产业增加值增长5.6倍，高于地区生产总值4.3倍的增长率。北京市2015年房地产业增加值在地区生产总值中的比重仅为6.3%，即便在近20年比重最高的年份（2009年），该比重也仅为8.7%，即使考虑到统计口径上的差异，仍远低于国际水平。但近年来，北京市住房价格与GDP增速的相关性和联动性有所减弱。尤其是2015年以来，随着我国经济发展步入新常态，北京市的GDP增速也有所放缓，而住房价格却持续走高（见图3）。

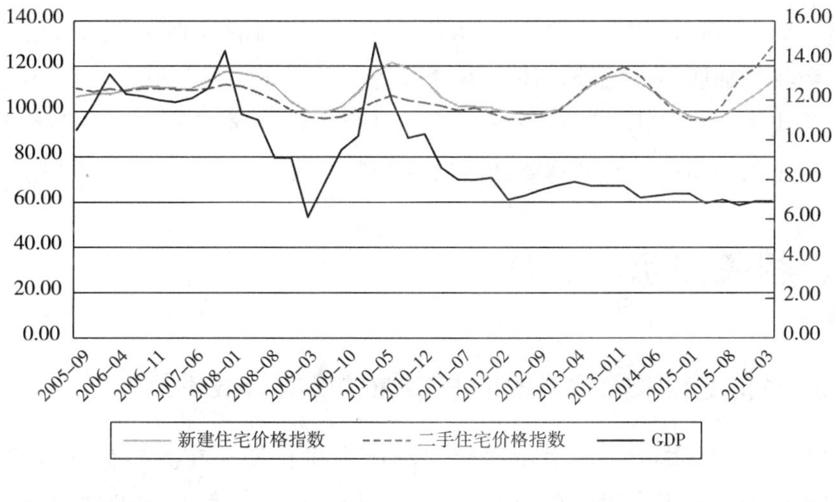

数据来源：Wind数据库。

图3 北京市GDP增速与住宅价格指数

2. 需求侧因素的影响

一是丰富的公共资源（如就业机会以及教育、医疗、社会保障等）吸引人口持续净流入，支撑北京房价持续上涨。2005—2015年，北京市常住人口由1 538万增至2 170万，涨幅达41%，年均增长约3.2%。常住人口逐年递增，产生了大量购房刚性需求，给北京房地产市场带来了较大价格上涨压力。

二是城镇化的不断推进是支撑北京房价上涨的基础因素。国际经验表明，当一国城镇化率超过50%时，人口流动以小城市进入大城市为主。2015年，我国城镇化率为56.1%，随着该进程的持续推进，再加上独特的首都效应，向北京集聚的常住人口数仍将持续增长。受此影响，北京市的刚性住房需求和改善性住房需求依然强烈，进而支撑房价上涨。为缓解城市压力，北京市通过加强城市副中心建设，疏解非首都功能，将产业及教育、医疗等基础配套设施向近郊城区转移，进而带动主城区人口逐步向郊区迁移，将推高郊区的住房价格，进而推高全市平均房价水平。

三是资产配置的高端需求和投资性需求助推了房价的上涨。北京作为首都，拥有独特的政治经济优势，高端住宅作为资产配置的一项重要构成，在住宅市场中占有一定的份额。此外，我国金融体系尚不完善，投资渠道有限，房价上涨的预期使房地产成为了居民资产保值增值的最佳渠道之一，而这种投资性购房需求又进一步助推了北京住房价格的上涨。

3. 供给侧因素的影响

土地资源的稀缺性在北京这样的大都市体现得尤其明显。近年来，北京住宅用地供应紧张，制约了住宅开工建设的增长。受此影响，商品住房潜在供给减少，由此产生的供求失衡，成为房地产价格上涨的主要推手。而住宅土地供给的减少，也导致地价不断上涨。伴随着土地资源的减少和土地价格的升高，北京房地产市场的高端化趋势将更加明显。此外，住房供给结构矛盾突出，新增住房供给多分布于远郊区县，而集中了更多优质医疗教育等公共资源的城六区则主要以二手房为主，新增住房供给难以满足追求宜居感受的改善性购房需求。

三、相关启示与建议

（一）坚持现行限购政策的同时增加住房的有效供给

受供需两侧因素影响，北京市房价上涨压力将长期存在。为有效抑制非理性、投机性的购房需求，现行限购政策不宜放松。但为解决居民自住型住房需求，仍需继续增加住宅用地有效供应，且需注意保证各类保障性住房及中小套型商品房用地的供应量。借鉴发达国家经验，创新和完善土地出让方式，对可能出现的高价地及时调整竞价方式，转变单纯“价高者得”为“综合条件最优者得”。鼓励各类符合条件的闲置房源进入二手房市场，有效增加房源供应。

（二）大力推动住房租赁市场健康稳定发展

租赁市场作为房地产市场的重要组成部分，与交易市场存在相互渗透、相互作用的关系。发达国家的经验表明，租赁市场的成熟完善，可以有效解决中低收入人群的住房需求。因此，建议根据《国务院办公厅关于加快培育和发展住房租赁市场的若干意见》（国办发〔2016〕39 号），细化促进住房租赁市场的相关政策措施，培育市场供应主体，鼓励住房租赁消费，完善公共租赁住房体系，支持租赁住房建设，加强住房租赁监管。

（三）关注货币政策调整对房地产市场预期的影响

从美国和日本的历史经验来看，宽松货币环境和居民“加杠杆”是美国和日本楼市向上的主要动力，而货币政策的变化引起住房供需发生逆转，也是90 年代日本房价下跌和2007 年美国房地产市场崩盘的直接诱因。当前，房地产等资产价格虽不是我国货币政策制定需要考量的主要因素，但考虑到房地产市场的震荡将对整个宏观经济都有较大影响，仍需密切关注政策调整对预期的影响，并在关键时点及时引导市场预期。

参考文献

［1］袁韶华．中国房地产市场调控效果分析及房地产健康发展的建议［J］．现代城市研究，2014（2）．

［2］徐淑一，殷明明，陈平．央行货币政策工具调控房地产价格的可行性［J］．国际金融研究，2015（2）．

［3］杜保锋．浅析金融政策对房地产市场的调控效应［J］．经济研究导刊，2015（1）．

［4］郑宇劼，张欢欢．发达国家居民住房租赁市场的经验及借——以德国、日本、美国为例［J］．开放导报，2012（2）．

［5］朱美玉．我国村镇银行与美国社区银行对比分析及建议［J］．金融会计，2011（12）．

［6］杭东．各具特色的国外房地产调控经验分析［J］．中国房地产金融，2013（3）．

［7］李正全．发达国家政府干预房地产市场的政策、演变趋势及其借鉴意义［J］．世界经济研究，2005（5）．

［8］王志铭．中国住房市场分层次调控体系研究［D］．江西财经大学．博士论文，2012.

［9］郭兆利．我国房地产市场调控政策对房地产价格的影响研究［D］．财政部财政科学研究所．硕士论文，2015.

［10］高赠．中国房地产税收制度改革研究［D］．山东财经大学．硕士论文，2015.

[11] 张海宁．西方住宅房地产政策衍变及启示初探［D］．天津大学．硕士论文，2014.

[12] 郝爱博．我国房地产税税制优化及其税收效应分析［D］．北京交通大学．硕士论文，2015.

关于场景金融的思考

林　勇[①]

2015年李克强总理在政府工作报告中提出了"互联网+"的概念，2017年的政府工作报告中没有强调这个概念，但在防控金融风险中提到了注意防控包括互联网金融方面的一些风险。一些人开始说互联网金融要慢下来，有的人说互联网金融已经进入拐点。但我们实际看到的一方面是国家对互联网金融的监管政策的不断出台，另一方面是移动金融的蓬勃发展，支付业务从线上走到了线下，大数据开始应用到更多领域，人工智能技术不仅体现在埃尔法狗战胜李世石，而且开始运用到语音识别和人像识别中，仿佛互联网开始加快进入各个领域，各种基于场景的业务在蓬勃发展。在互联网公司一路高歌猛进的同时，传统的金融企业也在加快调整，在网点智能化的同时，主动和外部公司合作，进入线上的各种场景中，吸引客户，拓展业务，我们进入到了场景金融的时代。

一、场景金融时代的到来

1. 技术进步推动金融发展

场景金融不是一蹴而就、凭空产生的，相反它是科技进步的成果，是伴随着科技变革一步步发展出来的。要想弄清楚这个问题，我们需要简单回顾一下近二十年来技术进步带动金融发展的情况。

第一阶段：互联网时代（1999—2010）。这个时期正是互联网技术快速普及的时期。电脑通过网络开始相互联通。期间电子商务开始兴起，银行基于互联网的网上银行产生并逐步实现线上业务处理。

第二阶段：移动互联网时代（2010—2015）。这个时期4G网络开始推广并普及，智能手机成为主流移动设备。社交网络逐渐兴起，从博客发展到微博和微信。

① 作者简介：林勇，现任中国银行北京市分行渠道管理部总经理。

银行推出各种电子支付产品，手机银行产生并逐步替代网上银行。

第三阶段：场景金融时代（2015—至今）：大数据、云计算和人工智能技术开始兴起。互联网公司和金融企业开始合作融合。大型的互联网公司加快介入金融领域。金融企业开始网点变革，进行智能化改造，业务渠道拓展到网点外和其他线上场景。

可以看出，场景金融是科技进步的产物，是技术和金融发展结合的结果。在中国，由于移动技术的快速普及和新技术的不断应用，场景金融将成为今后几年互联网金融的主要发展方向。

2. 场景金融对银行经营带来的变化

银行的经营场所是物理网点。随着银行业务的线上化，以及互联网公司对金融领域的介入，近几年银行到店客户迅速下降，银行网点面临着转型和调整。银行网点正在从操作型向营销型转变。以后银行网点的职能主要是营销职能，需要线上和线下业务协同发展。所以场景金融首先就是对银行网点业务经营模式的改造。

一是银行业务的柜外化处理，就是将非现金业务尽量自助化处理，即由客户在自助机具上发起，银行人员在柜台外进行审核，或是客户自己发起，自助机具自动处理方式；二是网点外银行业务的展业经营，就是银行人员通过移动设备，在网点以外开展柜台业务拓展；三是线上业务和线下业务的协同，就是在线上进行预约或业务申请，在网点进行确认、鉴权和最终的业务达成。

二是基于互联网场景与其他公司开展合作。据统计，我国适龄人群的上网人数和上网时间经历快速增长后，已经进入缓慢增长期。这意味着我们今后竞争的重点不是增量问题，而是存量问题。现在银行经营面临的问题是业绩增长和客户增量不足的双重压力，如何吸引客户到银行来办业务已经越来越困难，必须寻求新的渠道。利用线上的各种场景进行客户引流、渠道互换和业务整合是今后业务拓展的重要途径。利用银行的手机银行、微信银行或各类专门的APP可以实现与其他公司电子渠道的互换，毕竟银行的客户总体质量是比较高的。此外，一些公司的线上应用中需要引入银行的产品，比如支付、贷款等，银行可以利用这些渠道进行客户拓展和引流，延伸和创新业务拓展的触角。

三是利用新技术的应用对传统业务模式进行变革。银行与外部公司开展线上合作会面临客户身份确认、客户准入和业务风险管理等问题。目前人民银行和银监会已经相继出台了一些制度，如线上开立二三类账户和线上业务风险管控的指导意见等，为银行拓展业务提供了一定的政策支持。通过技术的引入，比如人脸识别技术对客户身份的识别、数据的交互和互用对授信类客户准入和后期管理、区块链技术的确认机制可以帮助银行对票据和抵押物流转进行登记和跟踪，这些都可以帮助银行更好地拓展业务，其中许多是对现有传统业务模式的创新。

二、如何推进场景金融的施行

场景金融的发展已经迫在眉睫。2017 年初工商银行与腾讯在微信中推出微黄金业务，率先实现基于微信的业务拓展，之后在 4 月宣布与微信实现二维码的互扫和互信。4 月，建行和支付宝签署战略合作协议，计划全面开展业务合作。招商银行和联通公司在 2015 年成立招联公司，同时打通了支付宝上的拓客渠道，实现了个人消费贷款业务的快速拓展。银行不仅面临同业的竞争压力，更面临着与所有场景争夺时间的巨大压力，需要我们一方面把自己的线上和线下渠道打造好，同时尽快进行场景金融布局。

1. 把自己的场景打造好、利用好

银行的物理渠道和线上渠道就是银行赖以拓展客户、发展业务的最重要的场景，把自己的金融场景打造好、利用好是当务之急。在物理渠道方面，大型银行已经全面开始了智能化建设，包括自助机具的投入、业务流程的设计、网络的铺设等，之后随着业务结构的发展还会涉及网点人员队伍建设调整，业务流程整合，基于移动设备的外拓业务也会越来越多。

线上业务是银行场景建设的另一个重要方面。各行近两年来加大对手机银行的建设，将手机银行作为移动金融的入口。手机银行客户已经快速覆盖到个人的所有重点客群，成为联系个人客户，达成业务的主要线上渠道。在企业电子银行方面，进一步提升企业网银在有效客户中的覆盖率，针对大型客户加强银企对接的业务推广，提升客户个性化服务能力。加强功能建设，逐步增加对公资管、供应链和跨境等业务功能，突出银行经营特色。

2. 积极开展外部合作

加快与互联网公司的合作，拓展业务场景。前两年的金融互联网和互联网金融争论逐渐减弱，原因是不管是互联网公司，还是金融机构都具有自身无法替代的优势，融合和合作变成未来发展的趋势。具体到银行，在产品和风险管理方面存在优势，但金融交易是低频交易，与客户的接触机会较少；互联网公司在技术和客户流量方面具有优势，但在产品设计和风险管理方面存在先天不足。利用互联网公司的技术能力、平台积累的客户数据和客户资源可以使银行的金融服务接近客户，扩大金融客户群，降低客户使用金融产品的门槛。

通过场景合作可以进行大数据的深度合作，拓展业务机会。场景合作是双方业务整合的过程，具体包括业务流程、数据交互和技术对接三方面。通过场景合作，可以增加许多银行客户的行为数据，完善银行本身的客户画像。由于我国还没有形成统一的对社会各类数据进行数据收集、整合的机构，金融、民生、消费等有关数据掌握在各相关方，存在数据孤岛现象。银行通过与电子商务、政府部门和运营商等相关方的场景合作，可以取得客户行为的重要特征数据，提升对客户识别的准确性，为场景业务合作创新提供新的可能。

发挥银行与对公客户合作的优势，做好基于客户群的新场景的经营。由于银行在对公业务方面的优势，银行在基于学校、园区、医院、社区等特定场景打造成为可能。因为学校、医院、社区客户对合作方的选择方面较为严格，银行通过为这些客户提供线上的服务平台，解决客户金融和非金融一揽子服务，不仅可以加深对公业务合作的深度，同时这些场景又是个人客户聚集的领域，对延伸个人服务触角，拓展个人业务提供了新机会。

三、场景金融发展中面临的问题

场景金融是银行面对信息化社会巨变的新的竞争形态。在当下中国，随着互联网人口红利的大幅减少，银行不仅要面对同业的竞争，更面临所有后续参与者的竞争，需要通过各种方式争取多接触客户，加强场景建设和场景合作，增加与客户接触的机会，积极面对挑战。做好场景金融重点需要业务的介入和技术的支持，这是场景金融能否成功的两个关键点。

1. 业务介入

首先，场景金融对接的是场景，场景下的金融服务实际是银行经营的各种业务，需要业务部门、技术部门、渠道部门全面的介入，其中尤其以业务部门的介入最为重要。场景金融首先面临的是业务模式的调整问题。这不是对线下业务或传统业务的简单线上复制，而是重新按照互联网的方式梳理和建立新的业务模式的过程。其次，场景金融不仅涉及业务的开办，更涉及业务的后续风险管理和运营，是全面的业务管理问题。最后，场景金融涉及与场景提供方的合作模式确认问题，需要建立共赢的经营思路，包括渠道费用的支付，盈利的分润和渠道资源的互换等问题。这与银行传统的盈利模式存在许多不同，需要银行研究新的盈利模式和资源配置方法。

2. 技术的支持

针对外部公司的场景金融合作主要依托电子渠道的对接，这需要技术部门的支持。主要要解决好两个问题：一是标准化、个性化和场景化问题。银行的科技体系是以标准化为基础的，但由于场景的不同，会面临不同地区和客户的不同需求，需要银行在产品系统实现方面平衡好标准化和个性化之间的关系。对特色业务给予分行个性化开发建设的支持。此外，场景化的业务面临同类业务多平台对接合作问题，需要业务的接口化设计，对于基于传统和银行内部系统的线上业务进行接口化的改造，实现场景的对接，这对银行的科技体系是很大的挑战。二是由于外部平台公司许多是技术公司，他们重视客户体验，对平台的升级和完善能力较强，需要银行改变传统开发流程，引入快速迭代的方式，缩短开发周期。

现代人工作生活在各种场景中，尽管互联网给了我们进入各种场景的便利，但不能改变人们需要场景的事实。随着互联网人口红利的减少，场景之间的竞争也会日益激烈，场景的服务体验和完善的功能是今后吸引客户、赢得客户的关键，银行只有在逐步打造好自己的金融服务场景的基础上，勇敢地走出去，加强与各种场景的合作，把金融服务融入各类场景中，才有可能在今后的竞争中处于有利地位，取得不断的发展。

新常态下服务管理体系建设研究

王耀红　牛瑞金　李惠卿　陈朝政[①]

摘要：在当前“新常态”的发展背景下，商业银行的核心工作是运用科学有效的发展模式去适应“新常态”、服务“新常态”，抓住“新常态”，商业银行基层网点服务质效的水平已经成为衡量银行客户关系质量的重要标准，也提升为商业银行的核心竞争力之一。这就需要商业银行加快服务转型，完善服务管理体系，以综合服务水平的提升来完成“新常态”的挑战。

关键词：新常态　服务管理体系　服务转型

一、经济“新常态”下商业银行外部环境的五大运行特征

经济发展和金融发展互相影响和制约，经济发展“新常态”的出现，金融业“新常态”也必将逐步到来，并显现出这个阶段的特征。

（一）“新常态”下显现发展降速的特征

根据《证券日报》的数据统计，2016 年第二季度四大国有控股银行净利润增长 228.89 亿元，而 2016 年第一季度增长仅为 35.7 亿元，不及 2015 年同期的 20%。而 2015 年我国银行业贷款增幅约 13%，这一数字比 2010—2014 年五年间的平均增幅下降了近一半。

（二）“新常态”下显现风险上升的特征

经济增速的放缓导致商业银行的资产质量在一段时期内会承受较大压力，房地产、“两高一剩”、影子银行等领域的金融风险持续发酵，生产主体面临成本上升、

① 作者简介：王耀红、牛瑞金、李惠卿、陈朝政，现均供职于中国工商银行北京石景山支行。

现金流紧张、库存增加、利润下降等问题，商业银行的经营风险可能会不断提升。

（三）“新常态”下显现金融脱媒的特征

随着我国金融市场和资本市场的发展，社会融资总量上升的同时，人民币贷款占比却显著下降，而人民币除贷款外的其他融资方式的占比在不断攀升，也就是说，在“新常态”下，企业客户在融资方面的选择逐渐呈现多元化的趋势，除了传统的银行授信外，还增加了通过财务公司、资本市场、债券市场等途径，而积极参与到融资过程中的机构也出现了券商、保险公司、信托公司，甚至民间资本管理公司和互联网金融企业的身影。从数据上看，虽然2015年人民币贷款在我国社会融资总量中的占比有小幅回升，但不及60%的占比与21世纪初的90%相比还是呈现出明显下降的趋势。

（四）“新常态”下显现成本增加的特征

我国金融市场的不断开放和金融脱媒在丰富了企业和居民投融资渠道的同时，在一定程度上分流了商业银行的存款，而储蓄向消费的倾斜又将导致储蓄率的下降，这些都无疑会进一步加剧低成本存款资源的稀缺性。据《21世纪经济报道》的数据，我国16家上市银行2015年的平均付息负债成本为2.9%，同比上升23个基点，已逼近3%的大关。其中，中行、农行、工行、建行2015年的存款付息率分别为2.02%、1.85%、2.04%、1.92%，同比分别上涨0.15、0.11、0.06、0.03、0.21个百分点。

（五）“新常态”下显现利差收紧的特征

随着我国利率市场化改革的深入和存款保险制度的实施，商业银行传统的盈利空间将不断缩小，完全依赖资产规模增长和存贷利差的传统经营模式将难以持续，这就需要商业银行加快创新转型，拓展盈利方式。

银行转型，服务先行。银行业是典型的窗口服务行业，服务是银行一切活动的基础，作为全行的门户和银行在同业竞争中的主战场，商业银行基层网点服务质效的水平已经成为衡量银行客户关系质量的重要标准，也提升为商业银行的核心竞争力之一。

二、当前我国商业银行服务体系内涵

（一）传统柜面服务体系

传统的柜面服务是按照业务种类分设柜台，分为现金、非现金柜台。这是一种专门化、分散式的服务模式。由于客户需求不同，而某一柜台职能单一，易造成某些柜台客户很多，有些却较空闲。于是操作人员忙闲不均、工作效率不高，目前柜台服务模式正逐步淡出商业银行服务核心供给力量的范畴，转型和变革刻不容缓。

（二）智能化服务体系

中国银行是最早加入建设新型网点这场“战争”的银行之一。网点智能化转型升级是中行出于战略考虑所下的一盘大棋，中行目前已建成智能化网点400余家。中行智能化网点建设的核心理念是“智能化、网络化、互动化和综合化”，打造智能网点2.0版。在加强流程上的改造和优化方面，农业银行使用了“超级柜台”，“超级柜台”是农业银行首创研发的新型运营服务模式，有4种不同形态：大堂式、桌面式、环岛式及便携式“超级柜台”。建行智慧银行是将宽带网络、无线WiFi、近场通信、智能设备等新技术应用于金融服务的全新银行网点模式，与传统网点的最大区别就是依托智能设备、数字媒体和人机交互技术，突出网点“自助、智能、智慧”的全新客户体验。

（三）业态创新服务体系

网点服务业态创新及网点差异化定位已经成为银行服务模式创新的重要手段。例如咖啡银行、书香银行，汽车银行等，将特色商业元素注入银行的日常经营中，往往能起到意想不到的效果。

（四）直销银行服务体系

直销银行是互联网时代应运而生的一种新型银行服务模式，在这一经营模式下，银行没有营业网点，不发放实体银行卡，客户主要通过电脑、电子邮件、手机、电话等远程渠道获取银行服务。例如工行直销银行，各大银行的手机直销银行APP。

（五）线上线下一体化服务体系（O2O服务模式）

O2O的含义是Online to Offline，也就是将线下的商务机会与互联网相结合。它是互联网金融发展到一定阶段的产物，是打通线上线下融资、消费的交易渠道，是商业银行应对金融脱媒和互联网金融的新型有力武器。O2O模式的核心是把线上的消费者带到现实的商店中去，在线支付线下商品、服务，之后再到线下享受服务。此种模式通过预定服务、提供信息、团购、打折等方式，将线下商店的消息推送给网络用户，从而将这部分客户转变为自己的线下客户。整个 O2O 过程的核心为线上线下的价值传递，从而打通实体与虚拟之间的界限。只有当线上的价值和线下的价值实现传递，形成闭环后，此笔交易的价值才能产生。也就是说，只有打通商户和用户，才能真正体现 O2O 的价值。

三、商业银行服务效率影响因素实证分析

随着互联网金融的兴起，网络新技术突破了物理网点时间和空间的限制，深刻地影响了人们的生活形态和行为方式，也同步改变甚至颠覆了传统的商业服务模式。互联网对信息获取和传递有着巨大的推动作用，互联网金融应运而生。商业银行的传统优势也在逐步发生蜕化。

传统服务模式正在影响着客户服务体验，排队难、客户多，等候时间长是国有商业银行服务的痛点和通病。服务效率是重构服务管理体系的有效切入点，是影响客户对工行服务认知的核心因素。因此，研究服务效率影响因素对于剖析服务管理体系建设路径有着深刻的指导意义。

本文以工行石景山支行为数据样本，通过研究商业银行服务体系中的核心问题，即服务效率的影响因素，结合当前石景山支行服务现状和特点，对工行服务工作及服务模式转型和服务体系建设路径提出建议。

（一）工商银行石景山支行服务模式现状

石景山支行地处北京城市重点发展的西部区域，近年来在区域打造 CRD 的大背景下，支行经营结构调整和发展方式转变取得了初步成果，并且随着区域服务型经济结构的初步形成，功能区建设的有序推进，金融需求的增强，石景山支行也迎来了难得的发展机遇。石景山区面积 85.74 平方公里，辖区跨度东起西五环，西至永定河，北起八大处，南至莲石东路附近，中心区距天安门 16 公里，是本市继东城、西城之后第三个没有农业户籍人口的城区，下辖八宝山街道、老山街道、八角街道、古城街道、苹果园街道、金顶街街道、广宁街道、五里坨街道及鲁谷街道等 9 个街道办事处，全区有 46 个民族，常住人口 64.4 万。

石景山支行现有 497 名从业人员，其中一线网点员工 339 人，销售类人员 102 人，占比 30%，营销部室员工 61 人，中后台部室员工 44 人，附属机构 34 人，为辖内 6 500 余户对公客户、70 万余户个人客户提供了千余种金融服务产品。石景山支行紧紧围绕区域发展定位，在辖内共设 19 家网点（其中东南部 6 家、中部 7 家、西北部 6 家），25 家自助银行（附行式 14 家、离行式 11 家），近 200 台自助机具，遍

布了石景山区的各个区域。我行大部分网点已实现了网点智能化改造。

（二）近年客户服务工作面临的趋势

1. 客户业务办理逐步向自助渠道和网银渠道迁移

表 1　　2014—2015 年度各渠道服务占比

年度	网点柜面服务渠道	自助渠道	电子渠道	批量渠道
2014	17. 10%	37. 71%	33. 15%	12. 04%
2015	14. 57%	38. 73%	39. 94%	11. 74%
变化	-2. 53%	1. 02%	1. 79%	-0. 30%

表 1 可以看出，自助渠道业务量的上升和网点柜面渠道业务量的下降是近两年网点业务运营的整体趋势。

2. 到店客户的逐渐萎缩和减少

支行到店客户在 2014 年第四季度出现一定反弹之后，呈现出逐季大福减少的趋势（见图 1）。

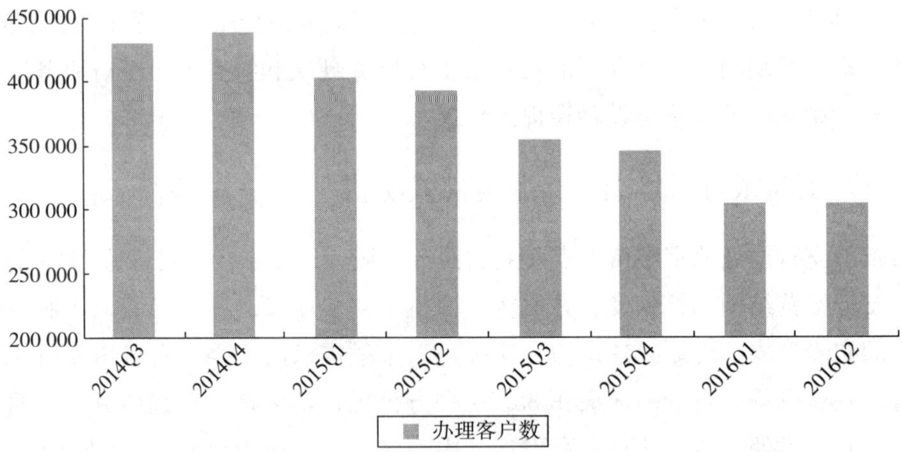

图 1　到店客户情况

3. 网点柜面业务总量呈现逐步减少趋势

网点业务总量在 2015 年二季度出现一定反弹之后，呈现逐季度较少的趋势（见图 2）。

4. 高端客户对于柜面服务渠道的依赖性大于普通客户

由图 3 可以看出，高星级客户户均交易笔数远远高于低星级客户，但低星级客户交易总量占到柜面交易总量的 80% 以上，极大地占用了柜面资源。

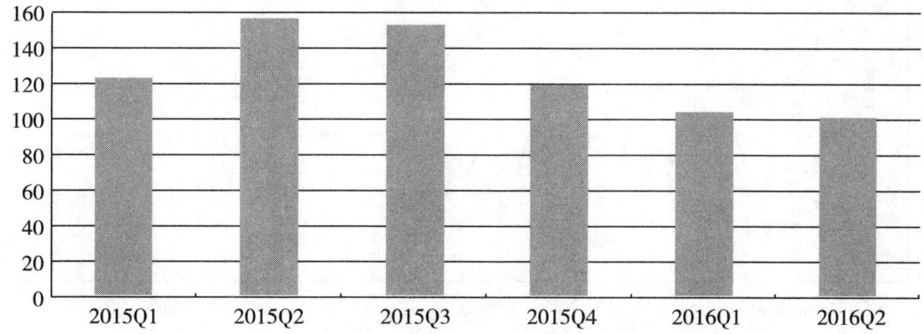

图2 业务总量变化

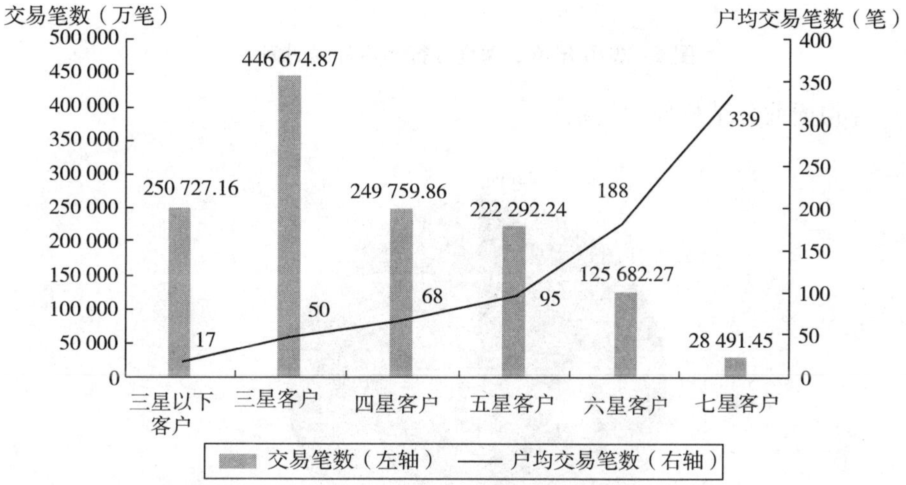

图3 星级客户柜面交易情况

由以上分析可以得出四个结论：到店客户的减少，尤其是普通低端客户的减少是未来银行发展的趋势。到店客户中高端客户占比会逐渐提升，高端客户对物理渠道的依赖性逐步增加，物理渠道更为专注于高端客户的服务是未来银行发展的趋势。客户由柜面向自助渠道和线上渠道迁移是未来银行发展的趋势。网点业务处理功能将逐步淡化，网点由业务处理型向营销服务型转变，柜员走出柜面是未来银行发展的趋势。

（三）当前支行服务工作面临的挑战

1. 客户等候时间较长

石景山支行地处新兴人口涌入区，服务压力较大，因此等候时间一直处于分行下游水平（见图4）。

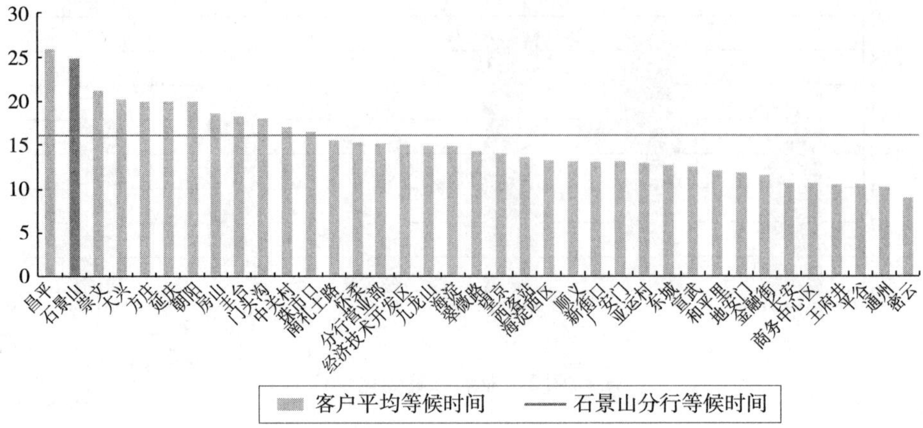

图4　2016 年第二季度分行客户等候时间

2. 网点柜面业务结构较为传统

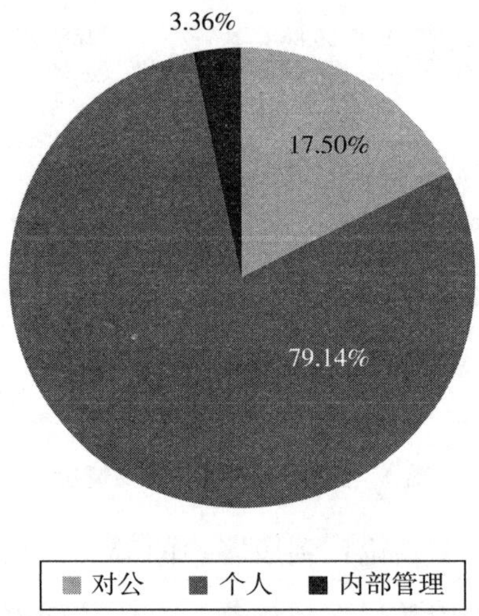

图5　2016 年第二季度石景山支行网点柜面业务结构

从图 5 可以看出，柜面业务结构中个人业务占据了 79. 14% 的比重，个人业务是柜面服务压力的主要源头。支行现有柜员 155 人，其中个金柜员 90 名，对公柜员 40 名，综合柜员 25 名。全行共 412 类业务，个人 217 种，业务量占比 79. 14%，对公 177 种，业务量占比 17. 5%。1% 以上的业务合计 71%，种类为 29 种。

从个人业务结构来看，个人折类账户取款占比最高，达到了 8%，占比前 20 名的业务品种均为常见传统的个人业务（见图 6）。其中能通过分流实现柜面迁移的业务粗略统计大概达到 50% 左右。

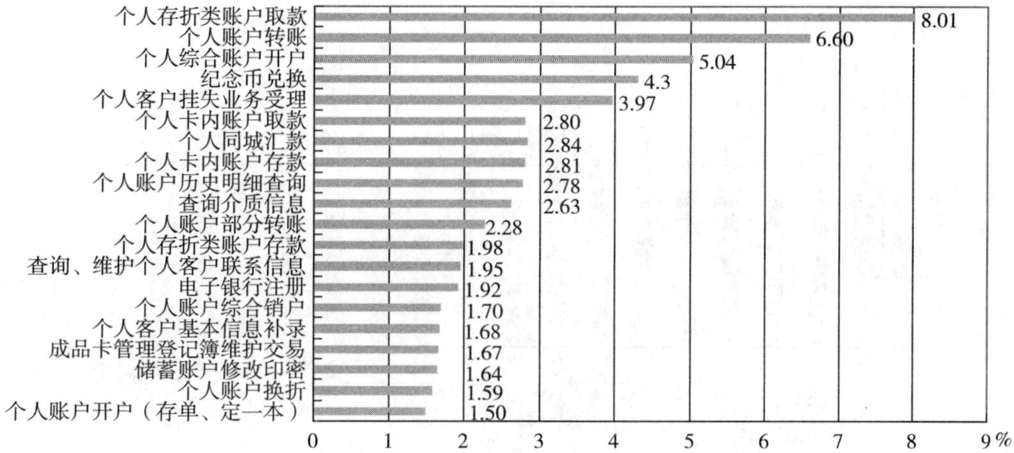

图6　业务量占比前20名业务品种

我们选出了活期存折取款、存单及定一本类业务、卡存及活期存折存款业务进行分析，这三类业务为柜面占比最大，且能够通过各类方式进行分流（见图7～图10）。活期存折取款占比为8%左右，存单及定一本类业务占比10%左右，卡存及活期存折存款业务占比5%左右，这三类业务就占了整体柜面业务量的四分之一左右。

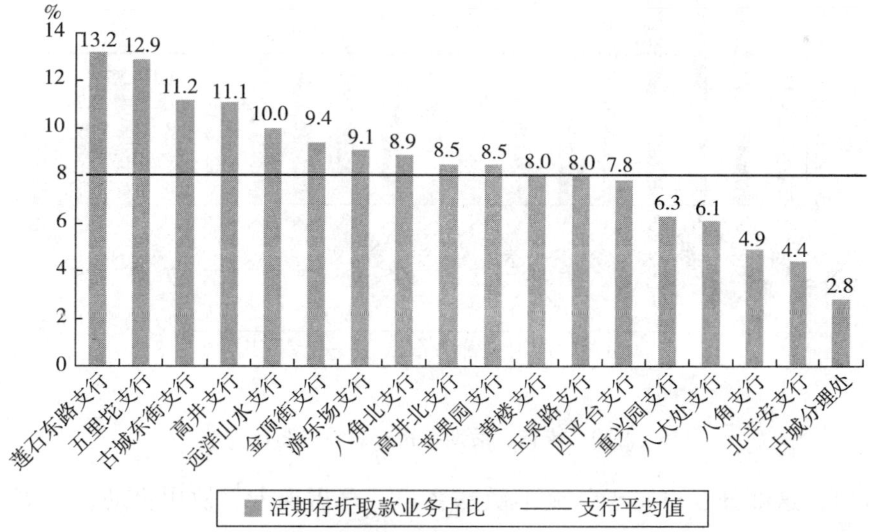

图7　活期折取款业务量占比

在这里我们分析了网点近一年的到店客户年龄结构，以65岁为标准，我们分析了各网点65%以上的老年客户占比，支行整体占比为16%左右，各网点略有不同

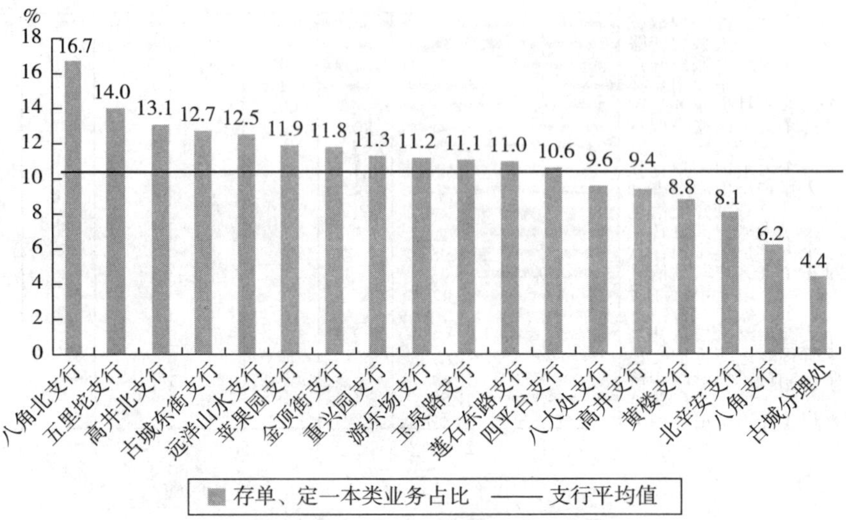

图8 存单、定一本类业务占比

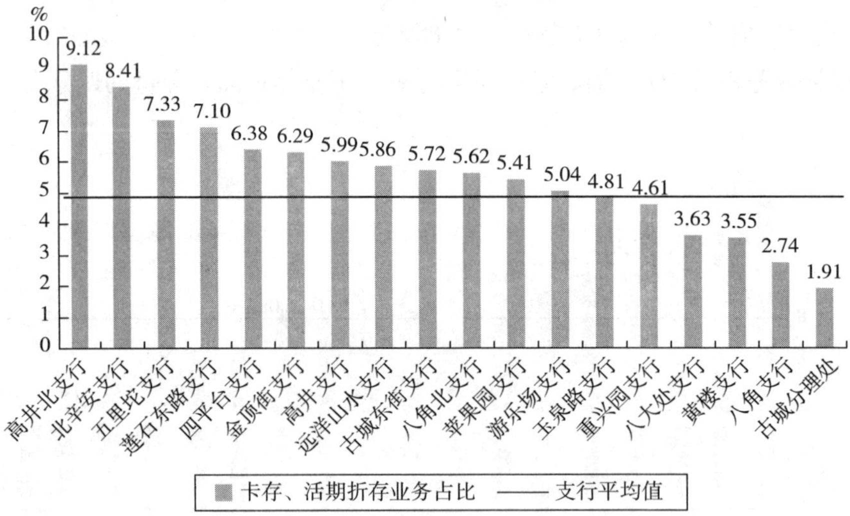

图9 卡存、活期存折存款业务占比

（见图11）。这部分客户属于分流不敏感客户，存折换卡、使用自助机具等意愿较低。同时我们引入了背离系数的概念，背离系数 = 网点存折取款业务占比/网点65岁以上老年客户占比。背离系数越高，说明该网点存折业务量相对于年龄结构来说偏多，越不合理。背离系数越低，说明该网点存折业务量相对于年龄结构来说偏少，越合理（见图12）。

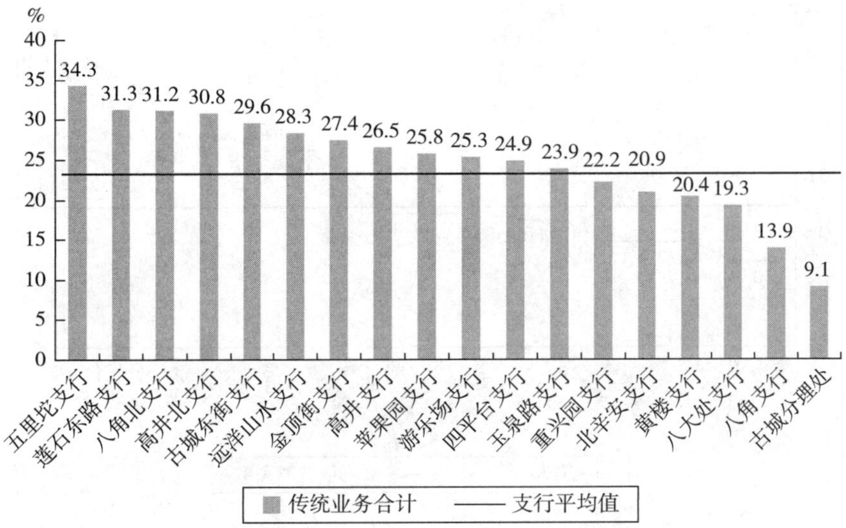

注：传统业务 = 活期存折取款 + 存单、定一本业务 + 卡存、活期存折存款业务。

图 10 传统业务占比

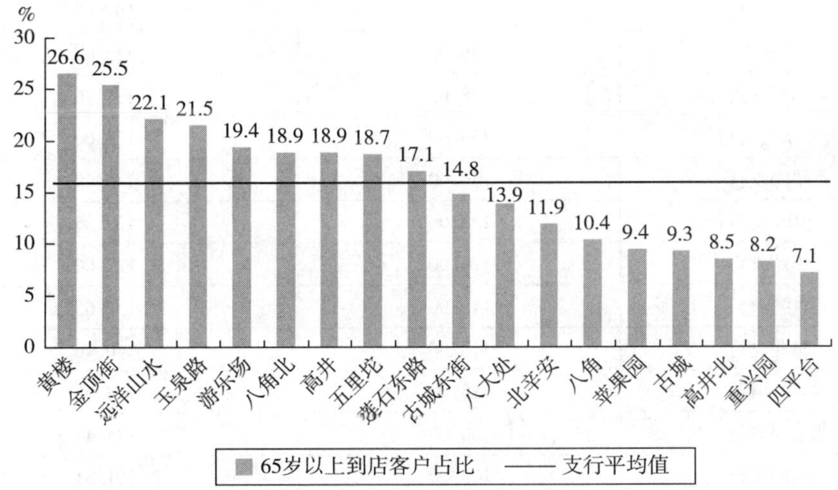

图 11 65 岁以上到店客户占比情况

3. 网点间人均业务量存在一定差距

从支行整体业务量水平可以看出，支行人均业务量为 113 笔，高于分行平均水平（103 笔），但各网点业务量较不均衡，业务量最高的为金顶街支行，达到了人均 158 笔，业务量最低的为四平台支行，只有人均 77 笔（见表 2）。支行个人业务占比平均值为 79. 14%，对公业务占比平均值为 17. 52%（见表 3）。

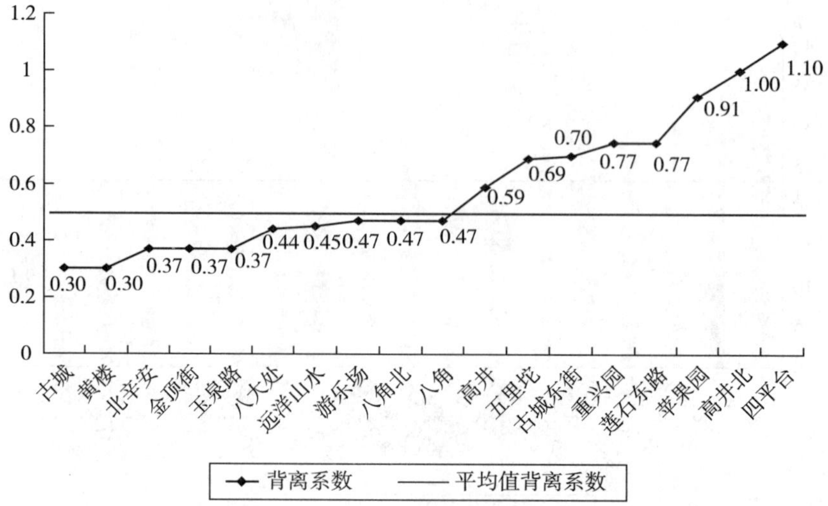

图 12 背离系数

表 2 人均业务量情况

网点	人均业务量	个人业务量情况
金顶街支行	158.00	167.94
古城东街支行	149.00	135.67
游乐场支行	138.00	151.76
莲石东路支行	134.00	135.00
苹果园支行	130.00	146.69
远洋山水支行	126.00	129.05
五里坨支行	120.00	120.00
黄楼支行	118.00	138.65
八角北支行	118.00	140.96
八角支行	115.00	127.65
北辛安支行	108.00	148.41
重兴园支行	103.00	101.51
高井支行	92.00	133.23
玉泉路支行	87.00	100.50
高井北支行	86.00	86.00
八大处支行	86.00	132.00
古城分理处	81.00	108.94
四平台支行	77.00	84.00
支行平均值	113.00	131.98

表 3　　个人业务和对公业务占比

网点	个人业务占比	对化业务占比
八角支行	44.06%	51.81%
古城分理处	51.39%	39.00%
黄楼支行	62.04%	35.08%
北辛安支行	65.93%	30.91%
高井支行	72.08%	24.76%
八大处支行	74.37%	21.56%
八角北支行	79.14%	17.52%
玉泉路支行	82.28%	15.13%
重兴园支行	87.70%	8.43%
苹果园支行	89.74%	7.68%
四平台支行	88.05%	7.47%
远洋山水支行	91.97%	5.58%
游乐场支行	92.65%	4.89%
金顶街支行	93.67%	4.51%
古城东街支行	95.16%	2.85%
莲石东路支行	96.05%	1.51%
高井北支行	95.36%	1.42%
五里坨支行	96.85%	1.23%
支行平均值	79.14%	17.52%

4. 自助设备使用效能尚不充分

从智能机具的使用情况来看，柜面有近22%的业务可以直接分流（见图13），

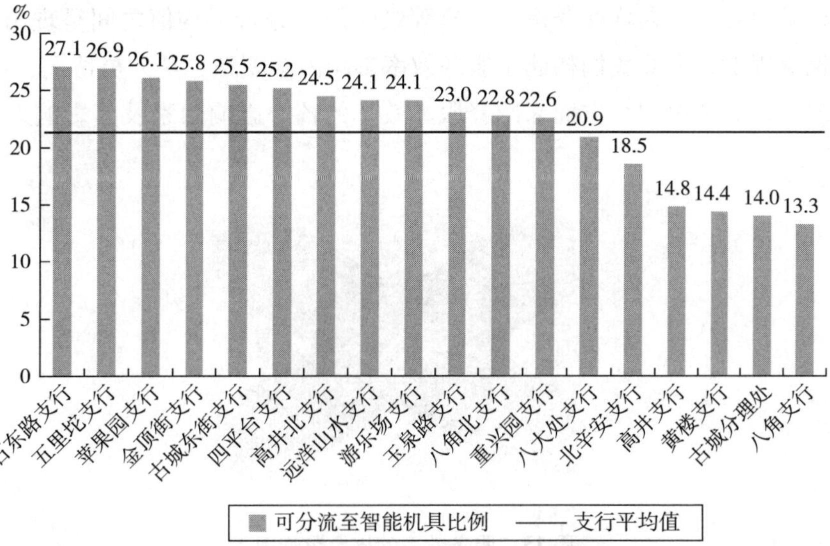

图 13　可分流至智能机具业务比例

如果算上解决分流，比例可到达50%左右。自动柜员机使用也较不均衡，机具效能高的网点能达到日均403笔，低的网点只有204笔（见图14）。

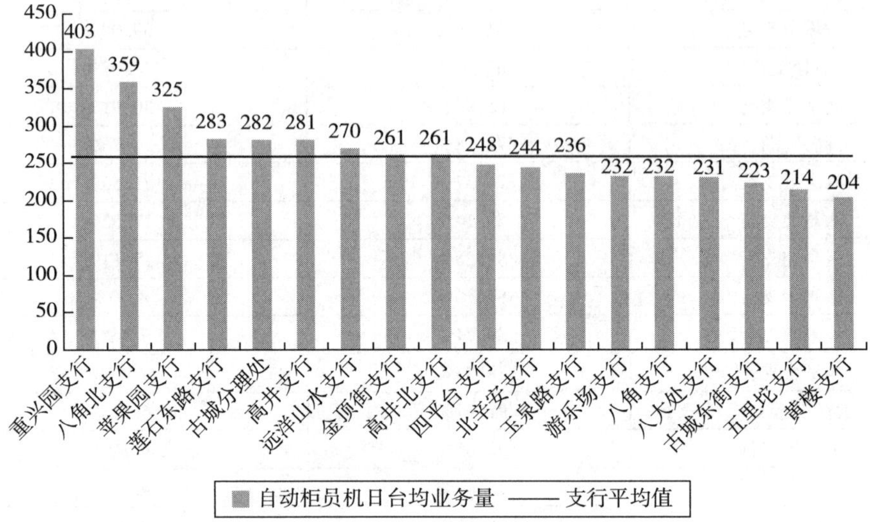

图14 自动柜员机日台均业务量

（四）服务效率影响数据模型实证分析

分行网均到店客户数为1.3万，石景山支行网均到店客户数1.6万，高于分行平均水平23.07%。分行客户平均等候时间为16分钟，石景山支行为24.8分钟，高于分行平均水平55%。分行人均业务量达标值为110笔，石景山支行为113笔。可以看出，到店客户、人均业务量、客户等候时间与分行平均值之间呈现出不同且不匹配的偏离程度，在此我们构建了服务效率影响因素模型，从人员情况、业务情况、客户情况、机具情况四个方面来阐释服务效率的核心影响因素及其影响效力（见图15）。

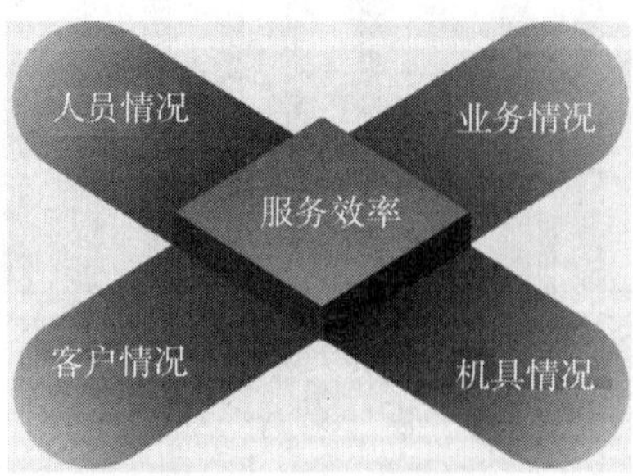

图15 服务效率的核心影响因素

我们对第二季度 18 家网点 412 类柜面业务、6 000 余个交易品种、100 余万笔交易量、150 余名柜员业务量、各网点到店客户数、年龄结构及近 200 台自动柜员机使用情况进行统计回归分析，综合判断其对服务效率的影响因素。

1. 指标相关性分析

表 4　　服务效率影响因素分析数据

网点	网点平均等候时间（分钟）	人员情况		柜面业务情况		客户情况		机具情况
		网点当班率（%）	人均业务量（笔）	三项传统业务合计（%）	可分流至智能机具比例（%）	到店客户数	背离系数	自动柜员机日台均业务量（笔）
苹果园	36.15	61.54	130	25.80	26.13	22 324	0.91	325
八大处	33.19	63.41	86	19.28	20.91	12 146	0.44	231
八角北	31.63	64.18	118	31.20	22.82	21 351	0.47	359
金顶街	28.88	66.37	158	27.41	25.82	23 154	0.37	261
游乐场	28.15	67.95	138	25.33	24.05	16 682	0.47	232
远洋山水	27.29	66.56	126	28.31	24.07	19 649	0.45	270
北辛安	27.11	63.44	108	20.88	18.51	19 882	0.37	244
古城东街	25.72	64.15	149	29.60	25.47	22 959	0.76	223
五里坨	24.90	65.66	120	34.26	26.85	9 452	0.69	214
古城分理处	24.87	68.47	81	9.08	13.97	13 747	0.30	282
玉泉路	21.95	62.00	87	23.90	22.96	14 111	0.37	236
黄楼	21.72	63.19	118	20.36	14.43	18 958	0.30	204
八角	21.58	63.82	115	13.86	13.30	18 076	0.47	232
莲石东路	18.73	65.93	134	31.35	27.09	18 520	0.77	283
重兴园	15.55	63.25	103	22.18	22.65	22 307	0.77	403
高井	12.32	64.68	92	26.47	14.76	10 634	0.59	281
四平台	6.10	61.54	77	24.85	25.22	4 051	1.10	248
高井北	4.99	70.33	86	30.78	24.47	2 746	1	261
支行	24.84	64.80	113	23.27	21.25	290 749	0.49	260

计量模型：$f(x) = a_1x_1 + a_2x_2 + a_3x_3 + a_4x_4 + a_5x_5 + a_6x_6 + a_7x_7$

表 4 是服务效率模型的基础数据，网点平均等候时间作为模型的解释变量和被解释变量，解释变量选取了七种类型的指标，作为解释变量 x。本文运用统计计量方法对影响服务效率的因素进行分析，借以探索服务效率和诸多影响因素之间的辩证关系（见表 5）。

表5　服务效率影响因素统计分析

相关系数	人员情况		柜面业务情况		客户情况		机具情况
	网点当班率	人均业务量	三项传统业务合计	可分流至智能机具比例	到店客户数	背离系数	自动柜员机日台均业务量
网点平均等候时间	-0.089	-0.1301	3.2801	2.2408	2.0996	2.1223	-0.1056
相关系数合计	-0.2191		5.5209		4.2219		-0.1056
P值	0.0286	0.0321	0.00185	0.00385	0.00235	0.00035	0.0356

主要结论：

（1）与服务效率相关的指标按照相关性由强到弱依次为：柜面业务情况、客户情况、人员情况、机具情况（自动柜员机）；

（2）柜面业务情况、客户情况与网点服务效率相关关系最强；

（3）优化柜面业务结构、加大传统介质的替换和智能机具的使用、分流低端客户、减少低端到店客户数是提升网点服务效率、优化网点服务品质的核心举措。

2. 服务效率回归分析

模型拟合效果良好，拟合优度 R = 0.953。图16是近7个季度的回归拟合结果，拟合效果良好。

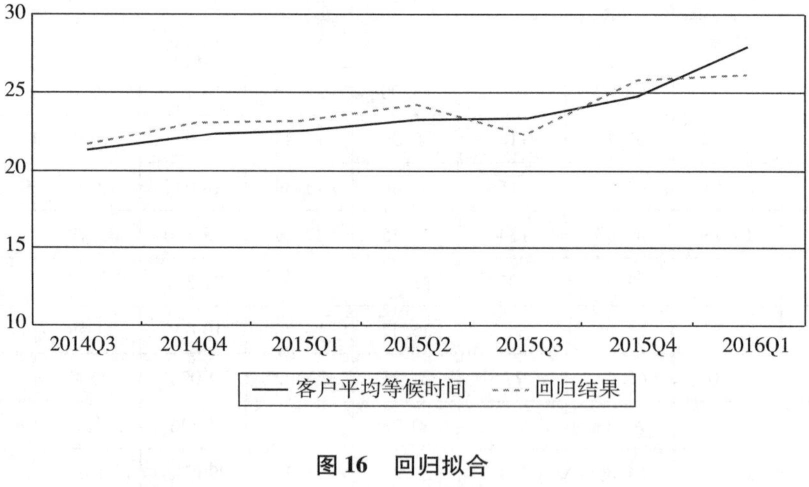

图16　回归拟合

五、关于商业银行服务体系建设的建议

比尔·盖茨曾经表示：“传统的商业银行如果不改变现状，就将是一群在21世纪行将灭绝的恐龙。”在服务同质化越来越严重的今天，如何调整服务模式，提升服务品质，是提升商业银行核心竞争力的重要手段。

（一）切实“以客户为中心”，深化服务理念

客户是银行最重要的资源，他们既是银行持续快速发展的基础，也是银行价值创造的源泉。在经济“新常态”的大背景下，我国金融市场的同业竞争不断加剧，优质客户资源的竞争也越来越白热化，之前银行“躺着就能挣钱”的模式已经逐渐成为过去式，要想在当前的竞争中取得优势，银行的基层网点就必须把优质服务作为永恒的主题，牢固树立“服务立行”的发展方式，想客户之所想，解客户之所需，坚持“以客户为中心”。

“以客户为中心”实际就是以客户的需求为中心，旨在提升客户在办理银行业务时的服务体验和对于银行的满意度；只有网点将客户满意度融入到网点经营管理的各个方面，才有助于加强客户对银行的黏合度；只有网点不断通过改善服务环境提升客户黏合度，才有助于增强客户对银行的忠诚度。“客户满意度”是基础，“客户黏合度”是积累，“客户忠诚度”才是目标，而这一切都需要网点持续改善服务环境，完善服务设施，改进服务手段，创新服务品种，规范服务行为，提高服务效率，从细节抓起，坚定不移地“以客户为中心”，有时候可能只是加快客户领取吞卡的速度，或者是减少客户排队的时间，或是增加帮助客户在自助缴费机上缴纳水电费的耐心，都有可能为网点赢得一位新的忠诚客户。

（二）加快大数据时代背景下银行智能化转型

智能化服务方面，打通线下和线上渠道，增加对物理网点的智能终端投入，引导客户在电子渠道上进行相关业务的办理。考虑将线下的一些服务迁移至线上，比如在线排号，针对特定网点的在线咨询等，让客户在线上也能体验到无差别的金融服务。将一线员工的培训由业务系统的使用转向金融服务能力的培养，为银行客户输出本行的服务理念，提高客户对智能化服务的理解与认同，培养客户的使用习惯。通过改变网点员工由操作型向服务型转变，才能更好地为普通客户提供贴心服务。同时，通过传播中高端金融服务理念，引导客户由基础金融服务向中高端金融服务转化。智能化营销方面，注重对客户金融消费行为的收集与整理，针对行内信息系统的业务日志，制定统一的数据格式规范，便于对客户行为数据的整合与挖掘。通过客户行为数据分析，实现客户分层管理和产品个性化定制，从而实现精准化营销。在营销渠道方面，主动与包括互联网在内的新兴媒体合作，拓展本行产品和服务的覆盖面。在支付结算等基础类业务方面，与互联网公司进行深度合作，做基础类金融消费的间接入口。对中高端金融客户，研发专门的营销支持系统，做中高端金融

消费的直接入口。

（三）大力发展互联网金融，创新线上线下一体化服务模式

互联网金融作为全新的金融领域，已经展现了其巨大的能量和发展潜力。随着利率的逐步市场化，以及非金融行业在金融领域的渗入，我国商业银行面对互联网金融带来的挑战，应积极创新并结合商业银行自身的特点进行相关领域业务的开展。虽然我国商业银行存在着创新能力不足，人才缺失，系统落后等多方面的问题，但是只要我国商业银行能够正确面对自身的问题，在开展互联网金融业务的同时，注意结合自身的流程再造从而有效提高自身竞争力，注重相关系统建设的合理性，把握好互联网金融的精神，并结合商业银行自身长期在金融领域经营形成的优势，一定会有一番作为，互联网金融一定会成为商业银行收入的一个重要增长点。

（四）深化服务体系转型，切实做好传统介质转化工作

当期，虽然商业银行互联网金融和线上业务如火如荼地开展，但依然有大量的传统业务滞留在柜面，存折类业务、存单类业务占用了大量的服务资源，成为服务效率提升和服务体系重构的重要阻碍因素。通过深入网点调研发现支行有超过四分之一的传统低效业务（诸如存折、存单类业务、低端客户）占据了大量的柜面资源。因此，要在全行范围内开展“柜面业务结构优化工程”，加大传统介质替换力度，分流柜面传统业务和低端业务至线上渠道及自助渠道办理，全面释放网点柜面资源，助推网点由业务处理型向营销服务型转变。传统低端业务的大量存在严重制约了支行服务效率的提升、服务品质的改善及人力资源的优化配置，加快网点柜面业务结构转型势在必行，服务重点工作就是要加大传统介质替换力度，分流柜面传统业务和低端业务至线上渠道及自助渠道办理，重点围绕活期存折、存单、定期一本通的业务，集中开展折换卡和折加卡转换，全面激活和释放网点柜面资源，助推网点由业务处理型向营销服务型转变。

（五）加强厅堂服务管理，提升厅堂服务温度

厅堂服务品质是银行服务体验的核心和关键，要明确网点负责人大堂履职责任和大堂团队工作职责，明确网点大堂团队包括网点负责人、大堂经理及助理、客户服务经理、个人客户经理、对公客户经理。网点负责人是厅堂服务管理“指挥官”和第一责任人，网点负责人严格贯彻执行“带班坐堂制”，做好现场调度与诉求化解。网点切实履行网点行长坐堂制职责，网点各岗位每天排班，补充大堂服务力量，为客户提供全流程无缝大堂服务。在服务细节上，严格落实“三个一”服务规范。

明确大堂团队职责，树立了大堂服务人人有责的理念，形成网点前中后台轮换参与网点厅堂服务的新态势。客户等候焦虑时，为客户送上一杯水服务。利用手机同屏器、移动充电宝等设施，充分运用厅堂微沙龙、WiFi 使用、渠道二维码、融 e 联、融 e 行等营销服务创新形式，将客户无效等候时间转变为有效等候，引导客户体验工行互联网金融产品和新型服务手段的魅力。

六、总结

经济新常态带来的不仅有经济增速放缓、经济增长模式改革的阵痛、金融市场竞争的加剧，同样还推动我国经济结构优化调整，这些都无疑给商业银行的发展带来了新的机遇。在新的历史条件下，我们面临着错综复杂的新形势。对基层行、基层网点，外部经营环境受到新的冲击，内部经营条件也对我们提出了新的要求。互联网金融的虚拟渠道在逐步打破传统网点的壁垒，客户金融消费习惯多元化与员工业务技能单一化的矛盾都让我们深深感到当前服务工作的严峻性和渠道转型的紧迫性，这都要求要以强有力的改革来面对经济“新常态”给我们带来的挑战。

参考文献

[1] 严晓燕．商业银行顾客服务管理［M］．北京：中国金融出版社，2009.

[2] 潘向东．银行排队系统服务效率问题研究［J］．技术经济与管理研究，2009（4）.

[3] 陈雪梅．商业银行金融服务模式创新研究［J］．中国市场，2015（8）.

[4] 裴航．网络时代商业银行服务模式创新研究［D］．天津商业大学硕士论文，2014.

[5] 姜明辉．商业银行顾客满意度模型及其求解分析［J］．统计与决策，2016（8）.

供给侧结构性改革下我国农村金融监管现状及优化路径探讨[①]

杨小玲[②]

摘要：加强农村金融监管，防范金融风险已成为中央关注的焦点。鉴于供给侧结构性改革背景，本文从农村金融监管的供给侧角度着手，分析农村金融一大内部监管和四大外部监管的现状，认为目前存在内部控制制度有待完善、行业自律威信不足、双重监管目标和联动监管效力过低等问题。最后认为应从完善内部控制，健全行业自律，加强联动监管等方面为今后农村监管改革提出进一步的发展建议。

关键词：农村金融风险　农村金融监管　优化路径

一、问题的提出

随着宏观经济下行和供给侧结构性改革持续推进，农村金融机构违规放贷（如神木农商行）、农村资金互助社跑路、农村高利贷和骗贷等现象，都在一定程度上增加了农村的金融风险。据银监会统计数据显示：截至 2016 年末农村商业银行不良贷款比例为 2.49%，远高于同时期的股份制商业银行和城市商业银行（见图 1），可知金融风险程度在上升。由于机构规模、内控制度、流程管理等方面的制约，农村金融机构风险防范一直是我国金融领域的急需关注的环节。2015 年《存款保险条例》出台后，在开始允许金融机构有序破产的情况下，更需进一步关注农村金融机构所带来的金融风险。在 2017 年中央"一号文件"中，也明确提出要切实防范农村金融风险。而对农村金融风险的防范，有效的监管是一个重要方面。

现国内学者针对农村金融监管也做过众多研究，主要集中在以下两个方面：一

---

① 本文是教育部人文社会科学研究青年基金项目"我国农村金融风险的审计监管与免疫体系研究"（批准号：16YJCZH132）研究成果之一，本文得到江苏省优势学科工程项目资助。

② 作者简介：杨小玲，讲师，现供职于南京审计大学金融学院。

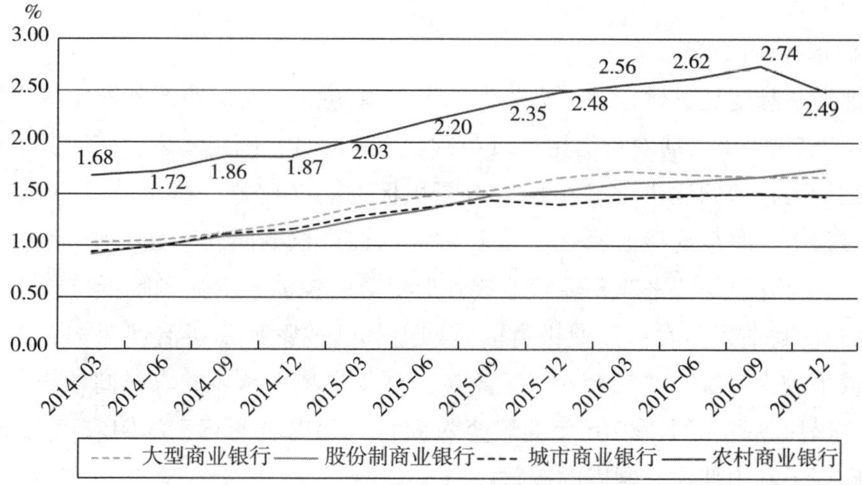

资料来源：wind 资讯。

图 1　2014—2016 年不同类型银行季度不良贷款率

是新型农村金融监管理念。如冯果、李安安（2013）；谷慎、岑磊（2015）在包容性金融监管理念下对我国农村金融监管制度进行重构，针对监管目标、监管原则、监管体制与监管模式提出政策建议。二是农村金融监管的效果探讨。如孙清（2015）以江苏农村小额贷款公司为例，探讨了新型农村金融机构监管政策实施效果。盖丽丽（2013）通过实证研究了我国农村金融监管效果。现有研究主要集中在对上级机构的监管上，而要使监管发挥有效的作用，需要农村金融机构自身及各部门的联动配合。现有学者的研究值得借鉴，但较少站在一个监管体系的视角去分析农村金融，故本文试图从农村金融监管体系的现状入手，探讨现阶段的监管现状和存在的不足，从而有针对性地提出监管的政策建议。

二、现阶段农村金融监管现状及薄弱点

金融监管本质上就是从供给角度，以一种特定内涵和特征的政府规制行为，依据国家法律法规，对整个金融业（金融机构、金融业务和金融行为）实施监督管理。而其职责还包括金融机构的内部控制和稽核、同业自律性组织的监管、社会中介组织的监管等内容。金融监管通过这种监督管理来影响金融体系的运行状态，保持金融体系的有序运行，防范金融风险。当然一国金融监管制度的安排，客观上受其经济发展水平和阶段性的制约。总体而言，针对农村金融监管我国现已初步形成了较为完善的组织与制度规范体系，具体来说，由内部监管和四大外部监管体系

构成。

1. 内部控制改革

内部控制制度是农村金融机构监管的第一道防线，也是外部监管发挥有效作用的基础。以 2003 年启动农村信用社改革试点为新起点，围绕不良资产赎买、产权不清晰、结构不合理的法人治理结构取得了积极进展（蓝虹、穆争社，2012）。在这一改革过程中，改革的核心都在实现农村信用社产权明晰化，建立法人治理结构，通过改制、合并、扶持来改善经营绩效，消化历史包袱，增强风险抵抗能力（曹杰存，2013）。目前大多农村商业银行的官网上都已披露其公司治理架构、年报等信息，形成了较为完善的“三会一层”架构。近年来越来越多的农村商业银行进入 A 股市场，以江苏省为例，2016 年的紫金农商行、无锡农商行、江阴农商行等上市，从侧面印证了其内部控制制度的改善。

2. 行业自律组织

行业自律组织主要是围绕防范农村金融机构风险而进行的，对于整个农村金融机构的发展有很重要的作用。我国于 2005 年底成立了中国银行业协会农村金融工作委员会，在各省市区都设有农村金融工作委员会。在《中国银行业协会农村合作金融工作委员会规则》中明确规定，该协会的责任主要包括建立同业规章和公约、维护公约并检查各机构执行情况、制定相应奖惩制度以及协调合作金融机构和监管机构之间的关系等。该委员会的建立对于监管部门了解农村商业银行的行业诉求，协调监管工作具有重要的意义。后面还陆续成立村镇银行工作委员会、农村合作金融工作委员会、农村资金互助工作委员会等。

3. 上级管理机构监管

上级管理机构监管是金融监管机构的外部专业监管，主要是以系列指标（如核心资本充足率、存贷比、不良贷款率、流动性比例等）为核心的日常业务运营的监管，这也是目前农村金融监管制度的核心。从不同机构部门来看，主要包括以下几方面。

中国人民银行主要定位于制定“三农”信贷政策、协调资金和信贷，同时对农村金融机构执行差异化的准备金率，增强农村金融机构的资金实力。

银监会主要针对不同类型的农村金融机构实行不同的监管政策，下设银监会农村金融部，主要承办对农村存款类合作金融机构、新型农村金融机构的监管工作。如 2012 年银监会印发了《关于鼓励和引导民间资本进入银行业的实施意见》，2013 年的《农户贷款管理办法》；2014 年银监会发布《农村中小金融机构行政许可事项实施办法》、《关于进一步促进村镇银行健康发展的指导意见》，提出在商业可持续和有效控制风险的前提下，加大村镇银行县（市、旗）全覆盖工作的推进力度。加快推动村镇银行本地化、民营化和专业化发展，加强“三农”和小微企业的金融服务工作。2014 年 12 月银监会出台的《加强农村商业银行三农金融服务机制建设监管指引》，每年年初发布对农村金融服务工作的通知等。2016 年 4 月银监会发布的《商业银行内部审计指引》。可见，农村金融监管的大多意见、规范是由银监会出台和管理的。

除此之外，各省市还设有省联社、地方金融办等。省联社是在省政府的主导下成立，成立时主要是配合 2003 年的农信社产权改革，具体承担对农信社的管理职责和风险管控，当然其双重身份的存在，其职责的发挥有待进一步探讨，也是今后改革的方向之一。金融办成立之初定位为议事协调机构，配合“一行三会”做好金融监管，小额贷款公司和融资性担保公司被纳入金融办监管后，农商行、农信社也受到金融办的管理。虽然地方金融办能够对农村商业银行施加一定的影响力，但日常监管是由银监局负责。

4. 政府监管主要是以审计署、财政部、税务、公安部等部门对农村金融机构是否合规合法、真实经营，是否对社会造成重大影响等进行的监管。

如国家审计署向全国人大常委会报告，揭开了中国农业发展银行的“租赁”大案和对中国邮政储蓄银行的审计等。对于农村商业银行则主要由各地方的审计局、审计厅负责，同时在相关的经济责任审计中也涉及对农村商业银行的审计。还有农业银行选定普华永道中天会计师事务所对浙江、贵州、吉林和宁波四家分行进行外部审计试点，都是依靠这种外来力量进行监管。

财政税务部门主要对农村金融机构和业务实施税收优惠政策，有效地缓解了农业贷款成本高、风险大和低收入农户贷款难的问题。如 2009 年 1 月 1 日至 2013 年 12 月 31 日，对金融机构农户小额贷款的利息收入免征营业税①。如 2016 年 7 月财政部对农村金融税收优惠政策延长，将“金融保险业收入减按 3% 的税率征收营业税”的政策执行期限延长至 2016 年 4 月 30 日②。

公检法监管主要是公安部、检察院、法院进行的监管，如一些投资理财公司从事高利贷、金融诈骗、非法集资等违法活动，扰乱了正常的金融秩序，造成了不稳定的社会隐患，这就需要公检法的配合，以此打击金融违法犯罪，稳定农村金融市场。

5. 社会监管，主要是借助民众的参与来实施对农村金融机构的监管。

---

① 财政部 国家税务总局关于农村金融有关税收政策的通知，http：//www. mof. gov. cn/pub/anhui/lanmudaohang/zhengcefagui/201309/t20130924_ 992288. html，2010 - 05 - 13。

② 财政部对农村金融税收优惠政策延长至明年 . http：//www. cs. com. cn/xwzx/hg/201608/t20160817_ 5036267. html，2016 - 7 - 25。

社会监管本质上是一种相机监管模式。社会监管主要是从舆情方面进行的监管，如针对谣言跑路现象等。正常情况下，普通民众既没有监管的责任，也没有监管的义务。因此，这种模式不可能在我国的农村金融监管中居于核心地位。社会监管主要是辅助性的，立足点在于形成抑制金融腐败的社会环境，形成奖优罚劣的社会风尚。虽然社会监管的效率较低，但是在目前的实践中，很多涉及农村金融机构大案要案的线索都来源于此，因此有待鼓励和提高普通民众的参与力度。当然，在一定条件下，社会监管也可能构成发现某些大案要案主要线索的途径。

其中，自律监管、上级管理机构监管和政府监管主要着眼于建立良好的行业规范、自控体系和社会监管体系，立足于防患于未然；审计、财税、纪检监管，公检法监管主要着眼于建立严格的惩治体系，立足点是惩恶治劣。从上面几大监管的关系来看，内部控制、行业自律监管和上级管理机构监管最具根本性。下文也主要从这三方面入手来探讨现阶段监管体系中存在的不足。

三、我国农村金融监管现存在的薄弱点

总体而言，我国已经初步建立起一个责权明确、相对独立的农村金融监管组织体系，防范和化解农村金融风险的能力不断加强。但从宏观审慎性风险监管和农村金融市场发展的实际情况看，现行的农村金融监管体制还存在许多缺陷，尚不能有效监控农村金融风险，主要表现在以下几个方面。

（一）内部控制制度有待完善

如何更有效地识别客户还贷能力，从源头上降低信贷风险，这是农村金融机构面临的一大难题，而从根源上则在于农村金融机构的内部控制制度是否健全。2017年常熟农商行董事会否决江苏省联社空降的高管，在某种程度上也可认为是内部控制制度完善的一大成就。虽然众多农村商业银行开始上市，尤以2016年居多，但由于农村金融机构的历史原因，较多农村金融机构的内部控制制度仍存在诸多问题。主要表现为：规章制度形同虚设，内控文化氛围较低，内控机构既不独立也不权威，没有现代化的法人治理结构和权力制衡机制，授权信贷制度和交叉检查制度不完善，财务管理混乱以及内控综合评价体系的不科学，这些都间接导致违规放贷、制度形同虚设现象的出现，造成金融风险产生。

（二）自律监管的威信不足

2005年成立的中国银行业协会农村金融工作委员会是我国现存的农村金融自律

组织，其最主要的工作是规范农村金融组织。虽然这个组织已成立十多年，但很多工作仍有待完善。如组织机构的分布范围仍有农村地区未涉及，相关的工作规章制度、检查信息披露制度和奖惩制度方面的内容有待完善；监管部门关于农村金融自律组织与政策金融监管部门、银行业协会之间的关系；我国法律目前并没有对其加以明确的规定，农村金融市场的自我约束、自我管理的监管机制几乎是不存在的。因此，就目前情况而言，行业自律与监管机构的共同合作，促使农村金融的稳定发展，也很难实现监管目标。

（三）上级监管部门对农村金融双重监管目标

农村金融的双重监管目标，即防控风险和“三农”发展（曹杰存、陆建新等，2013），使得中国银监会、证监会、保监会集金融监管、维护金融安全和社会稳定多重职能于一身，在缺乏信息共享机制和维护社会稳定的大前提下，监管部门有时只能以牺牲监管效率、降低监管要求或与监管对象某种程度的妥协来维护社会、金融稳定。加之复杂的内外部条件和环境的制约，地方保护主义和部门利益的影响，以及监管权力与责任不对称，金融监管职能难以充分发挥。

1. 双重监管容易导致风险控制主体缺位。

长期以来，由于我国农村金融改革服从经济发展战略的需要（杨小玲，2011）。2016 年中央“一号文件”提出对农村金融监管实行双重监管，即强调中央监管和强调地方监管。但在实施的过程中，双重监管容易导致风险控制主体缺位，形成监管真空。如农村商业银行既受银监会也受当地省联社的监管，当两者出现矛盾时，如何高效地实施监管是一大急需解决的难题。同时省联社既当运动员又当裁判员的尴尬身份，容易导致农村商业银行管理行政化、运营集中化和服务脱农化，都不利于农村金融的监管。

2. 监管理念落后、监管内容陈旧，使得监管效率很低。

目前全球金融监管理念从行政管理、合规性监管向风险管理转换，涵盖从准入到退出的一整套完整的监管内容和体系，即预防性为核心的事前监管、金融稽查或检查、维护性的事后救助监管等完善的监管内容体系。但目前我国农村金融监管理念还基本上停留在机构、业务审批和合规性检查阶段，而非现代意义上的金融监管。对农村金融机构尤其是农村信用社日常经营活动的风险和合规性监管非常不够。在监管内容上，侧重于业务合规性检查而忽视金融企业整体经营安全性、盈利性和风险控制能力检查。在监管技术手段方面，尚未引入国外一些成熟和先进的信息风险管理监管技术，监管技术手段严重滞后，部分欠发达地区仍存在看人监管现象。

3. 金融监管的法律法规不健全

农村金融监管的成败也取决于是否具有坚实的法律基础。即监管机构是否有明确的法律授权，是否能够按照法律规定和法规程序实施；金融机构的经营行为是否有明确的法律规范；目前，中国农村金融监管的法律体系仍存在不少弊端，无法保证金融监管合理、有效、规范地实施。首先是配套法规不完善，虽然大法不少，但实施细则和其他规章制度却不配套。其次是法律法规普遍缺乏科学定量，实际执行中尺度不易把握，可操作性不强。再次是缺乏对执行监管者的监管，既不能保证金融监管的公正、合理，又无法衡量其工作的绩效。最后是影响金融监管的外部环境因素缺乏约束，使监管的效用大打折扣。

4. 农村金融市场交叉风险欠缺特定的监管主体负责

金融创新模糊了不同类型金融机构提供的金融服务界限，即一种金融机构设计的金融产品明显带有其他金融机构产品的特征，容易产生交叉金融风险。所谓交叉金融风险，也就是跨市场交易所导致的不确定性。具体来讲，可以将交叉金融（跨市场）活动划分为两个层次，一是金融机构以业务和产品为载体，跨越货币、资本等多个金融市场的子市场；二是金融机构通过获取多种金融牌照，同时从事银行业、证券业和保险业，通过跨市场的机构主体来打通资本、货币市场以及保险市场。由于跨市场牌照获取难度相对较大，农村金融机构跨市场交叉主要表现在利用业务、产品创新来实现，主要表现形式是利用互联网金融非法集资，这也是目前的主流模式，容易累积金融风险。

（四）政府联动监管效力过低

审计署、公安部、财税部等政府部门因各自在不同的领域很难形成联动的效果，同时它们对农村金融机构行为的监管大多属于事后监管。而事后监管的效力过低，如何做到事前防范，则是需要考虑的问题。如审计监管更多的是关注细节和程序，其目的是确保程序健全且被完整记录、政策被切实执行、财务数字和模型的输入数据准确无误等。审计较少质疑农村金融机构战略、探讨风险文化、批评风险决策或者讨论经营是否具有前瞻性。绝大部分人在阅读审计报告时就知道，审计报告会告诉你所有关于文件制度、流程和正规内控的缺失问题，但极少涉及农村金融机构面临的真实风险，这也是急需改进和完善的地方。

四、供给侧结构性改革下农村金融监管优化路径探讨

最优的监管设计是一方面要认识到监管者信息能力的有限及自律行为，充分利

用市场力量，增加金融机构经营的透明度，建立投资者对金融机构监管的激励机制，强化金融机构的市场约束；另一方面也要看到市场的盲目性，借助政府强制力量，规范金融机构的经营行为，采取有效措施激励金融机构自觉防范金融风险，力争实现金融运行的稳定与效率的最佳结合。站在供给侧结构性改革背景下，监管也主要是从政府角度出发，通过对上面的分析，本文认为在利率市场化、存款保险制度推出背景下，今后应着眼于以下几个方面改进完善农村金融监管方式。

（一）强化农村金融机构内部控制治理

2017 年中央“一号文件”中针对农村金融机构明确提出：“健全内部控制和风险管理制度”。金融机构建立完备有效的内部控制机制，可以有效提升金融机构的自我约束及风险防控能力，从而在较大程度上提升金融机构运作效率，并相应地降低金融监管成本（顾海峰，2014），以实现安全性、盈利性和流动性的最佳组合。考虑到我国农村金融机构内控机制方面存在的缺陷与不足，因此，可以借鉴国际上发达国家的成功运作经验，对我国农村金融监管体系的内部控制实施创新，具体措施主要包括：实施农村金融机构的法人治理结构创新；切实落实 2014 年颁布的《商业银行内部控制指引》、2015 年颁布的《商业银行内部审计指引》等要求，建立严格的贷款授权审批制度（唐峻，2010）；提升农村金融机构之间的系统控制能力；完善农村金融机构的内部稽核和审计体系；建立科学合理的决策制度。

（二）加强行业自律监管

一个行业的自律监管起到很大的作用，它可以通过行业约束和监督稽查等方式，减少监管交易费用，提高农村金融机构的整体水平。扩充 2005 年成立的中国银行业协会农村合作金融工作委员会，可将其升级为专门为广大农村金融企业服务的自律性组织，各地也可根据农村金融企业类型和业务覆盖范围的不同，在监管部门和当地政府的指导下建立代表本行业集体利益的金融工会组织，通过信息资料的搜集与共享等多种措施协助政府监管。

（三）上级监管应由以合规性监管为主向以风险性监管为主转变

风险基础性监管是在合规性监管基础上的审慎性监管，把防范金融风险放在首要位置，是动态、预警式的监管。具体来说，一是设定符合农村金融机构的风险权重系数，特别是需重点关注监管评级为五 B 级的机构。二是通过现场监管和非现场监管的有效结合来防范风险。虽然网络信息的发达，但由于农村金融机构信息披露的不健全，仍有必要对其实施现场监管。三是健全农村金融机构的信息披露制度，借助大数据风险控制技术，对经营上的重要数据和重大事件要及时披露并向监管部门呈报。

（四）明确对农村金融机构实行差异化监管

差异化监管是指监管当局根据银行业金融机构公司治理结构、内部控制制度、业务特性、规模大小等各个方面的差异，对不同的银行机构和经营业务实施不同的监管。对于农村金融机构而言，对涉农和小微企业贷款占比高的县域银行业法人机构应实行弹性存贷比。优化绩效考核机制，鼓励农村金融机构适度提高小微企业不良贷款容忍度，相应调整绩效考核机制。同时，农村金融机构应根据“三农”业务中信用风险、声誉风险、操作风险等不同特点，制定针对性的差异化风险管理措施。

（五）尽快建立健全农村金融机构监管法律体系

健全的法律保障制度是农村金融机构合规经营的重要支撑。应当尽快健全完善现有的农村金融监管法律制度，特别是有关监管法律关系主体的规定，制定出与之相适应的具体实施细则，强化其可操作性，兼顾时效性与前瞻性。同时，要对有关法律制度加以清理，尤其是对不适应农村经济环境的条款应及时进行废除。

（六）加强政府部门之间的联动，提高监管效力

各政府部门之间应该加强联动，将监管收益最大化，尽最大努力打击金融犯罪行为。因此，应强化政府监督机构的联动监管，如工商、税务、审计、公检法等。各部门主要对农村商业银行进行间接的监督管理，如可根据2016年颁布的《关于加快推进失信被执行人信用监督、警示和惩戒机制建设的意见》文件，对失信人进行惩罚，有力打击失信行为。当然，在我国农村商业银行的转轨过程中，也需要强化社会舆论对农村商业银行监督，促使其增强披露信息的透明度。

参考文献

［1］冯果，李安安．包容性监管理念的提出及其正当性分析——以农村金融监管为中心［J］．江淮论坛，2013（1）：109－116.

［2］谷慎，岑磊．包容性监管理念下农村金融监管制度的构建［J］．征信，2015（12）：69－73.

［3］孙清．农村新型金融机构监管政策实施效果研究——以江苏省农村小额贷款公司为例［J］．南京审计学院学报，2015（2）：29－36.

[4] 盖丽丽. 我国农村金融监管制度实施效果的实证研究 [J]. 金融纵横, 2013 (11): 27 - 33.

[5] 蓝虹, 穆争社. 中国农村信用社改革的全景式回顾、评价与思考 [J]. 上海金融, 2012 (11): 17 - 29.

[6] 曹杰存, 陆建新, 等. 农村金融监管的逻辑演进及其发展路径分析 [J]. 农村金融研究, 2013 (6): 57 - 62.

[7] 杨小玲. 中国农村金融改革的制度变迁 [M]. 北京: 中国金融出版社, 2011 年版, 第 11 页。

[8] 顾海峰, 蔡四平. 我国农村金融监管体系的制度演进及效能改进研究 [J]. 征信, 2014 (6): 75 - 80.

[9] 唐峻. 论我国农村金融监管制度的改革与完善 [J]. 上海金融, 2010 (6): 56 - 60.

京津冀

金融规模对京津冀产业升级调整的影响机制研究①

陈福中 卢景新②

摘要： 新发展理念的提出，凸显了协同发展的重要性。京津冀协同发展，需要借力于产业的不断优化升级调整。本文构建了金融规模作用于产业升级调整的理论模型，揭示了金融规模对产业升级可能存在“促进”和“抑制”效应，进而采用京津冀 1985—2015 年面板数据，实证分析了金融规模对产业升级调整的内在影响机制。研究发现，金融规模对京津冀产业升级调整的总体效应为正；金融相关比和金融融资规模提高，会显著提升服务业生产率水平；金融集聚会促进工业生产率水平的提高；金融效率对工业生产率的影响为负，对服务业生产率的变化作用不明显，但对产业升级的总体效应为正。因此，应合理利用金融规模的“抑制”和“促进”效应，重视区域性金融政策可能带来的外部性，以继续深化市场经济体制改革，提高要素流动性，加快京津冀产业协同升级调整的步伐。

关键词： 金融规模 产业升级 产业结构 京津冀一体化 协同发展

一、引言

党的十八届五中全会提出了创新、协调、绿色、开放和共享的新发展理念，将协调、开放和共享发展放在了极为关键的位置，凸显了协同发展的重要性。在 2015 年 4 月审议通过的《京津冀协同发展规划纲要》（以下简称《纲要》）中，将京津冀

---

① 本文得到北京市社会科学界联合会青年社科人才资助项目（批准号：QNRC201617）以及北京市金融学会科研项目一般项目资助。

② 作者简介：陈福中，经济学博士、助理教授、对外经济贸易大学国际经济贸易学院政治经济学系副主任；卢景新：对外经济贸易大学国际经济贸易学院金融学专业硕士研究生。

协同发展上升到了国家战略的高度。《纲要》指出，推动京津冀协同发展，首先要促进要素市场的一体化改革，而金融市场一体化则是实现资本要素跨区域流动的关键。金融市场一体化，需要区域金融协同，加强投融资的分工与合作。对于京津冀在产业协同发展方面的目标，《纲要》提出在短期实现产业升级转移的率先突破，中期产业联动发展取得重大进展，以及在长期构建更加合理的区域经济结构并提升京津冀的国际竞争力和影响力，将京津冀的产业升级放在了首要位置。为进一步推进金融市场的协同发展，进而加快京津冀产业优化升级调整的步伐，相继出台了一系列措施和政策。中国人民银行于 2005 年设立了环渤海金融合作论坛以及京津冀三地银监局于 2011 年签订了银行业监管合作备忘录等；2012 年 4 月北京与河北签署区域金融合作协议，涉及科技金融创新、信用体系建设、金融后台服务基地、金融风险防范和金融综合改革等多个方面，加强了跨区域金融合作；为促进京津冀经济协同发展，中国工商银行北京分行采取“疏解贷款”等措施为经济发展提供金融支持（祖春生和卢丹，2016）。与此同时，京津冀产业结构调整引导基金于 2016 年 8 月 30 日在天津自贸区中心商务片区正式设立。该引导基金是天津市贯彻落实京津冀协同发展国家战略，推动产业结构转型升级的重要抓手，对整合资源优势、提升传统产业、加速动能转换以及放大财政信用等具有重要意义。因此，充分发挥金融规模效应，对加快京津冀产业升级调整具有重要的促进作用，可进一步加快京津冀经济一体化的步伐。

产业升级是通过技术进步从而改善产业结构，并提高产业的素质与效率。产业升级有助于促进京津冀区域经济的发展。合理调整产业结构能促进产业升级，使经济得到进一步发展。京津冀产业结构的不断优化能够完善三地的生产力布局和空间结构，从而促进京津冀区域经济的发展（余剑、陶娅娜，2016）。而恰当的技术选择能够提高资本劳动比率，在一定程度上会促进产业结构升级，再结合本地区要素结构以及吸纳新技术和重化工业的前提下，从而促进经济的增长（黄茂兴、李军军，2009）。但在调整产业结构时，既要注重产业结构的合理化，又要积极推进产业结构的高级化，在给经济注入新动力的同时，又避免了高级化对经济的抑制效应（干春晖等，2011）。产业升级能够缓解京津冀经济发展与资源环境的矛盾，为推动京津冀经济协同发展提供重要的推动力。目前，北京市水资源极度紧缺，交通拥堵，人口规模较大，空气状况较差，给生态环境造成了巨大压力。天津的发展主要依靠重化工业的发展，要素投入量较大。近几年，天津经济发展中受到资源环境的制约，产业升级转型成为发展过程中所面临的主要任务之一。同时，河北则多为资源加工型以及资本密集型产业，发展方式主要依靠资源等要素的投入，具有粗放型增长的特征（祝尔娟，2009）。京津冀经济发展与资源环境的矛盾日益加剧，只有加快转变经济发展方式，促进产业优化升级，才能实现经济的可持续快速发展。产业升级能够改善京津冀区域的环境状况。北京通过调整产业结构，促进产业优化升级，使得碳排放得以降低；而改善北京环境状况，需要加快内部产业升级并协调产业之间的发展，进而提升第三产业的资源利用效率（张宏艳等，2016）。产业结构与生态文明建设具有紧密的联系，实证研究发现产业结构的合理化以及高度化都会促进生态文明的进步，改善地区环境状况（韩永辉等，2015）。因此，加快产业升级调整是改善京津冀地区环境状况，进而推动该地区经济协同发展的重要抓手。

早在20世纪50年代，Solow（1957）就提出了推动经济发展的生产要素主要包括资本、劳动力以及科学技术等。随着社会经济的发展，金融资本已成为支持产业结构调整和转型升级的重要手段。资本市场的发展，推进了区域间经济的调整，促进了产业的优化升级。京津冀协同作为国家层面的经济发展战略，应由投融资机构发挥先行作用，助推京津冀地区经济发展，充分发挥金融资本的作用，推动产业优化升级。金融经济通过技术创新的“水平效应”与“结构效应”能推动产业结构转型，对京津冀的产业升级具有重要的启示意义（易信和刘凤良，2015）。根据其他发达国家的经验，投资的增加会推动经济结构的优化，进而促进产业结构的升级（刘竞，2016）。实证研究发现，金融市场的发展对特定产业部门，特别是以高新技术以及研发为主的行业，具有显著的促进作用（汪炜和李甫伟，2010）。以股票市场为例，截至2016年7月底，北京A股上市公司已达270家，占全国的9.36%，总市值超11.5万亿元，占全国总市值的1/4。然而，天津和河北的金融市场尚需进一步发展，并使之能与北京形成协同效应，进而为推动京津冀经济的协同发展服务。

基于此，本文以金融规模对京津冀产业升级调整的影响为重点，深入挖掘金融规模作用于京津冀产业升级调整的内在效应机制。

二、文献综述

尽管已有研究中并未对金融规模进行准确定义，但早有学者采用一些指标去衡量金融规模（Goldsmith，1975；朱玉杰、倪骁然，2014等）。具体来看，若从“数量”的角度来衡量金融规模，一般选用金融相关比；若从“质量”的角度，则通常采用金融效率和金融集聚等两个指标。Goldsmith（1975）首次提出了金融相关比的概念，将金融相关比界定为金融资产总额与GDP的比率，是衡量金融机构效率的重要指标。而银行业是中国金融业的主导行业，因此在许多文献中一般认为金融相关比是银行贷款规模与GDP的比值（Hao，2006；Lu，2009；Zhang et al.，2012等）。

朱玉杰和倪骁然（2014）则用存贷比来衡量金融效率，同时采用金融业从业人员占比来衡量金融集聚水平。

对于产业升级，大多数学者较为一致的观点是产业结构具有从低级形态向高级形态转变的趋势（姜泽华，2010；杨青龙、刘双，2016 等）。杨亚平、周泳宏（2013）采用以产业合理化和产业高级化作为衡量中国产业升级的指标；单元媛、罗威（2013）认为技术融合会推动产业融合从而推动产业升级，政府应鼓励技术自主创新来促进产业升级，同时还认为发挥比较优势是推动产业升级的关键，因此政府鼓励创新应以比较优势为基础。自主创新能促进产业升级，吴丰华和刘瑞明（2013）认为产业升级也能带动自主创新的发展，但由于中国各地区经济发展的不同，产业升级在带动自主创新发展的同时也存在一定的差异性。在产业升级的发展过程中，一般认为产业升级有三种模式：产业结构高度化、加工程度高度化和价值链高度化，对于京津冀而言，产业结构高度化和价值链高度化是其需要努力的方向（陈林、朱卫平，2011）。

回顾已有文献，金融规模是否能促进产业升级，存在较大争议。首先，一些学者认为金融规模能促进产业升级。例如，陈峰（1996）认为金融通过影响储蓄和投资，再通过影响资金流量进而影响资金存量，最终影响产业结构，从而得到金融能够促进产业结构调整的结论。钱水土、周永涛（2011）通过两步 GMM 系统估算方法得出金融发展能够加速技术进步，从而进一步促进产业升级。杨德勇和董左卉子（2007）从资本市场角度研究其对产业升级的影响，通过一系列经济数据以及实证分析，得出资本市场的发展能够促进中国产业结构的优化升级的结论。罗超平等（2016）利用中国 1978—2014 年金融发展和产业升级的有关数据，并通过协整检验、脉冲响应以及方差分解方法，分析出中国的金融发展对产业结构升级具有短期及长期的积极影响。杜传忠和郭树龙（2011）则通过分析影响产业结构升级的影响因素从而得出资本投入对产业结构升级的积极作用，资本能够促进产业技术创新，从而进一步促进产业结构优化升级。此外，还有一些学者认为金融规模并不能促进产业结构升级，而这种不利影响主要通过“金融抑制”效应体现出来。“金融抑制”是由 Shaw（1973）和 McKinnon（1973）提出的一种以中国为代表的发展中国家的经济现象。政府对金融的过多干预，可能产生“金融抑制”效应，从而导致产业结构失衡（谈儒勇，1998；吕冰洋、毛捷，2013 等）。同样，王勋和 Anders Johansson（2013）通过研究，也发现了政府过多干预阻碍经济结构转型和产业结构升级的证据。柳庆刚、姚洋（2012）认为由于金融抑制使得国内投资减少，从而导致中国储蓄较高，造成经济结构的不合理。沈可、章元（2009）发现，一些政府投资资本密集型产业的倾向，不利于产业结构的升级。杨亚平、周泳宏（2013）则认为“金融抑制”虽然在短期内能促进经济增长，但并没有推动以产业合理化和高级化衡量的产业升级。陈清泰（2014）通过对中国经济转型与产业升级的相关问题进行提炼，发现中国经济的政府主导是产业升级较为缓慢的主要原因之一；黄桂田和何石军（2011）则表示金融抑制在转型经济中表现为对利率和汇率的干预，从而导致经济结构的扭曲，阻碍产业结构升级。除了上述两种代表观点之外，还有学者持有不同观点，即金融规模的不同衡量变量对产业结构优化调整的影响可能还存在区域差异性。朱玉杰和倪骁然（2014）认为金融规模对产业结构升级的影响是不确定的；金融规模中的金融相关比与产业结构升级具有显著的相关性，而代表金融规模的金融集聚和金融效率对产业结构升级的影响则由于区域的差异而产生不同的影响；对以京津冀为代表的东部地区而言，金融集聚和金融效率都推动了产业结构的优化升级。

综上所述，金融规模能否促进产业结构升级还有待进一步研究。有的学者认同金融规模对产业结构升级的促进作用，也有的学者则对此持反对意见，还有的学者认为金融规模对产业结构升级具有不确定性。总的来说，大多数学者都较为认同金融规模与产业结构升级之间存在某种联系。已有研究的局限在于，一方面没有提出系统性地刻画金融规模对产业升级调整的理论模型，另一方面未能对莫衷一是的研究结论提出受到广泛认可的经济学解释。京津冀的协同发展作为一项国家战略，亟须加快推进步伐，而金融的区域协同又是其中一个非常重要的环节。因此，本文构建金融规模作用于产业升级调整的理论模型，进而从计量实证的角度深入分析金融规模作用于京津冀产业升级调整的内在机制，进一步明确相关影响效应的方向和大小，从而为促进京津冀协同发展提供政策性意见和建议。

三、理论模型、变量与数据描述

（一）理论模型

产业升级调整涉及各个产业部门之间生产要素的流动以及投入产出效率的提高等因素。本文通过构建产业部门间的非平衡增长模型，分析金融规模对产业升级调整的影响。为简化分析，本文借鉴 Baumol（1967）的做法，假定只存在两个产业部门，分别为工业（部门 1）和服务业（部门 2）。同时，根据 Baumol（1967）的模型设定以及 Baumol et al.（1985）对制造业和服务业技术进步率的估算，服务业的技术进步率会高于工业部门。进一步为简化模型推导，假定部门 1 的技术水平保持不变，部门 2 的技术进步率为 r，劳动力作为唯一的要素投入，因此两部门的生产函数可以表示为：

$$Y_{1t} = \alpha * L_{1t}^{\eta} \tag{1}$$

$$Y_{2t} = \psi(fs_{it}) * L_{2t}^{\eta} * e^{rt} \tag{1}$$

其中，$\eta \in (0,1)$，i 表示影响金融规模的因素数量，fs 表示金融规模，$\psi(\cdot)$ 表示金融规模影响经济增长的函数，且 $\psi(\cdot) \in [0,1]$，L 表示劳动力要素。本文为简化分析，未考虑资本要素。王勋和 Johansson（2013）研究表明，考虑资本要素与否，并不会对模型的基本结论带来影响。根据规模经济效应的经济学解释，随着生产规模的扩大，产量随之增加，边际收益递增；当生产规模超过一定临界值之后，生产规模的扩大，可能会使得边际收益递减。与之相对应，金融规模对经济增长的影响也可能会表现为促进和抑制两个方面。因此，fs 与 $\psi(\cdot)$ 的关系可能并非是单调线性的。本文借鉴 Roubini & Salaimartin（1991）的做法，设定 fs 和 $\psi(\cdot)$ 的函数关系，即当金融规模效应表现为金融促进时，fs 值越大，对应的 $\psi(\cdot)$ 值越大；当金融规模效应表现为金融抑制时，fs 值越大，对应的 $\psi(\cdot)$ 值反而越小。因此，在其他条件保持不变时，部门 2 的产出水平受到 $\psi(\cdot)$ 的影响。进一步地，假设人口总量没有发生变化，即人口增长率为 0，那么对于任意时期 t，两个部门的劳动力要素构成可表示为：

$$L_{1t} + L_{2t} = L \tag{3}$$

式（3）中，L 表示劳动力的总供给，在此处为简化计算，令 $L = 1$。因此，部门 1 和部门 2 的工资可分别表示为：

$$\begin{aligned} Wage_{1t} &= \frac{dY_{1t}}{dL_{1t}} = \alpha * \eta * L_{1t}^{\eta-1} \\ Wage_{2t} &= \frac{dY_{2t}}{dL_{2t}} = \psi(fs_{it}) e^{rt} * \eta * L_{2t}^{\eta-1} \end{aligned} \tag{4}$$

假设劳动力可以在部门 1 和部门 2 之间自由流动，即部门之间在时期 t 的工资相等，那么：

$$Wage_{1t} = Wage_{2t} = Wage_t \tag{5}$$

联立式（3）、式（4）和式（5），可得：

$$\begin{aligned} &\alpha * \eta * L_{1t}^{\eta-1} = \psi(fs_{it}) * e^{rt} * \eta * (1 -)^{\eta-1} \\ &\left(\frac{L_{1t}}{1 - L_{1t}}\right)^{\eta-1} = \frac{1}{\alpha} * \psi(fs_{it}) * e^{rt} \\ &\frac{L_{1t}}{1 - L_{1t}} = \left(\frac{1}{\alpha} * \psi(fs_{it}) * e^{rt}\right)^{\frac{1}{\eta-1}} = \frac{1}{\left(\frac{1}{\alpha} * \psi(fs_{it}) * e^{rt}\right)^{\frac{1}{1-\eta}}} \end{aligned} \tag{6}$$

令 $M_t = \left(\frac{1}{\alpha} * \psi(fs_{it}) * e^{rt}\right)^{\frac{1}{1-\eta}}$，那么 L_{1t}，L_{2t} 和工资 $Wage_t$ 可分别表示为：

$$L_{1t} = \frac{1}{1 + M_t} \tag{7}$$

$$L_{2t} = \frac{M_t}{1 + M_t} \tag{8}$$

$$Wage_t = Wage_{1t} = \alpha * \eta * L_{1t}^{\eta-1} = \alpha * \eta * \left(\frac{1}{1 + M_t}\right)^{\eta-1} = \alpha * \eta * (1 + M_t)^{1-\eta} \tag{9}$$

因为 $\eta \in (0,1)$，那么 $\frac{1}{1-\eta} > 1$，因此 M_t 是 $\psi(fs_{it})$ 的单调递增函数。当 M_t 增加时，L_{1t} 减小，而 L_{2t} 表现为增加。劳动力要素从部门1向部门2流动，部门1的产出会下降，而部门2的产出会上升。由于部门1和部门2分别代表工业和服务业，因此可得到推论Ⅰ。

推论Ⅰ：当金融规模效应表现为“促进”效应时，随着金融规模的提高，要素会从工业向服务业流动；反之，要素则会从服务业反向流回工业。

产业升级调整，其直接表现是产业的相对产出比重提高。因此，部门1和部门2的相对产出比重（$\frac{Y_{2t}}{Y_{1t}}$）可表示为：

$$\begin{aligned} F(ind_{1t}, ind_{2t}) &= \frac{Y_{2t}}{Y_{1t}} = \frac{\psi(fs_{it}) * L_{2t}^{\eta} * e^{rt}}{\alpha * L_{1t}^{\eta}} = \frac{1}{\alpha} * \psi(fs_{it}) * e^{rt} * M_t \\ &= \frac{1}{\alpha} * \psi(fs_{it}) * e^{rt} * \left(\frac{1}{\alpha} * \psi(fs_{it}) * e^{rt}\right)^{\frac{1}{1-\eta}} \\ &= \left(\frac{1}{\alpha} * \psi(fs_{it}) * e^{rt}\right)^{(\frac{1}{1-\eta}+1)} \end{aligned} \tag{10}$$

因为 $\frac{1}{1-\eta} > 1$，那么 $\frac{1}{1-\eta} + 1 > 1$，$F(ind_{1t}, ind_{2t})$ 是 $\psi(fs_{it})$ 的单调递增函数。进一步地，可得到本文推论Ⅱ。

推论Ⅱ：当金融规模效应表现为“促进”效应时，随着金融规模的提高，服务业产出比重相对于工业会有所提高，有助于推动产业升级；反之，工业产出比重会相对于服务业上升，不利于产业升级。

（二）计量设定及相关变量

在已有理论模型及推论的基础上，本文进一步构建实证分析模型讨论金融规模相关代理变量对京津冀产业升级的影响，基本回归模型如下：

$$Ind\_\ upgrde_{it} = \alpha_0 + \alpha_1 fs_{it} + \sum_{j=1}^{n} \beta_j cv_{jt} + \varepsilon_{it} \tag{11}$$

其中，cv 为控制变量，ε 表示残差扰动项，i 表示地区，j 表示控制变量的个数，t 表示时期。产业升级调整的过程，实际上就是产业结构不断高级化的过程。产业结构高级化，是指国家的产业结构主要由第一、第二产业支撑到由第三产业支撑转移的过程。一般来说，产业结构高级化采用钱纳里和赛尔奎因提出的“标准结构”法，根据克拉克定律采用非农业产值比重、产业结构层次系数、第三产业与第二产业产值的比、Moore 结构变动指数、高新技术产业比重等指标来衡量。例如，付宏等（2013）采用新产品产值作为衡量产业结构高级化的指标，干春晖等（2011）使用第三产业产值与第二产业产值之比来衡量作为产业结构高级化。基于此，本文采用地区第二产业 GDP 与地区第三产业 GDP 之比来衡量产业结构高级化。第二、第三产业生产率指标为了能直接反映变量之间的关系，采用地区第二、第三产业 GDP 与地区第二、第三产业从业人员数之比的自然对数来衡量。

分析金融规模水平时，可以从“数量”和“质量”两个维度加以考虑。本文借鉴已有研究的做法，选取以“数量”为代表的金融相关比和金融融资规模以及以“质量”为代表的金融集聚和金融效率综合反映金融规模水平（朱玉杰和倪骁然，2014）。金融相关比由 Goldsmith（1975）首次提出，并将其界定为金融资产总额与 GDP 的比率，从而来衡量金融机构效率。由于银行业是中国金融业的主导行业，因此 Hao（2006）、Lu（2009）以及 Zhang et al.（2012）在文献中认为金融相关比是指银行贷款规模与 GDP 的比值，本文也是采用金融机构贷款余额与地区 GDP 的比值来衡量金融相关比。金融融资规模一般是指金融机构向实体经济注入的资金，本文采用金融机构贷款余额与地区总人口的比值。沈军和白钦先（2013）采用金融人力资本来衡量金融集聚指标，朱玉杰和倪骁然（2014）则用金融业从业人员占比来衡量，本文则采用金融业从业人数与地区从业人数的比值。金融效率所涉及的宏观变量一般有储蓄－投资转化率、储蓄率、私企获得的信贷占比以及资本配置效率。王志强和孙纲（2003）以储蓄－投资转化率来衡量，沈军和白钦先（2013）则以私人企业获得的信贷 GDP 占比来衡量。与前人研究不同，本文用更能反映金融效率的金融机构贷款余额与金融机构存款余额的比值来衡量。

投资规模是指地区全社会固定资产投资完成额与地区总人口的比率，如王玉华和赵平（2013）就采用这一比率。政府支出水平指政府财政支出总额与地区 GDP 的比重。外资利用水平则用外资投资额与本地区产值的比重来衡量，本文使用的是实际利用外资额。运输水平、教育水平、科技水平由货运量、普通高等学校在校学生数、地区财政科学技术支出与当地总人口的比重来反映，如朱玉杰和倪骁然（2014）在文献中所述。人口增长水平，用人口自然增长率来表示，相关变量说明见表1。

表1 相关变量说明

变量名	变量代码	变量计算或相关说明
产业结构高级化	*indu*	地区第三产业GDP/地区第二产业GDP
第二产业生产率	*tfpind2*	ln（地区第二产业GDP/地区第二产业从业人员数）
第三产业生产率	*tfpind3*	ln（地区第三产业GDP/地区第三产业从业人员数）
金融相关比	*finr*	金融机构贷款余额/地区GDP
金融融资规模	*finst*	ln（金融机构贷款余额/地区总人口）
金融集聚	*finc*	金融业从业人数/地区从业人数
金融效率	*fine*	金融机构贷款余额/金融机构存款余额
投资规模	*invstscale*	地区全社会固定资产投资完成额/地区总人口
政府支出水平	*govexp*	政府财政支出总额/地区GDP
外资利用水平	*forcapt*	实际利用外资额（美元）/地区GDP（美元）
运输水平	*translevl*	货运量/总人口
教育水平	*edulevl*	普通高等学校在校学生数/地区总人口
科技水平	*scilevl*	ln（地区财政科学技术支出/地区总人口）
人口增长水平	*popincr*	人口自然增长率

注：表中内容经作者整理汇总。

（三）数据来源与统计描述

本文研究相关数据主要搜集整理于北京、天津及河北“两市一省”统计年鉴、中国统计年鉴、中国城市统计年鉴、Wind数据库以及和讯网所公布的数据。由于数据可获性的局限，研究区间为1985—2015年①。为了简化，本文仅列出了与建模直接相关的变量的描述性统计（见表2）分析结果，其他中间计算过程所涉及变量不再赘述。

① 由于金融业从业人员相关数据仅可搜集到1997年及之后数据，因此在相关实证模型中研究区间为1997—2015年。下同，后文不再进行说明。

表 2　描述性统计

变量	观察值	平均值	标准误差	最小值	最大值
indu	93	1. 1404	0. 8784	0. 4169	4. 0355
tfpind2	93	10. 4155	1. 2262	8. 1032	12. 3939
tfpind3	93	10. 2694	1. 2196	7. 7559	12. 1862
finr	93	1. 2392	0. 5074	0. 0000	2. 2597
finst	93	9. 5778	1. 6592	6. 1736	12. 3380
finc	57	0. 0124	0. 0090	0. 0045	0. 0398
fine	93	0. 8220	0. 3304	0. 4064	1. 7383
invstscale	93	8. 6085	1. 5235	5. 2956	11. 2351
govexp	93	0. 1179	0. 0285	0. 0671	0. 2000
forcapt	93	0. 0443	0. 0406	0. 0003	0. 1646
translevl	93	2. 9640	0. 4368	2. 1556	3. 8084
edulevl	93	0. 0159	0. 0114	0. 0010	0. 0358
scilevl	93	2. 9133	2. 1840	-1. 1500	7. 1900
popincr	93	5. 3496	3. 7667	-0. 1000	16. 5000

注：表中数据经作者整理自描述性统计分析结果。

四、模型检验与实证分析

（一）模型检验

本文采用京津冀 1985—2015 年面板数据，分析金融规模对京津冀产业升级调整的影响。数据跨度较长，具有典型“长面板”特征，因此需对模型涉及的变量序列是否平稳进行检验。为全面考察面板数据模型各变量的平稳性，本文在检验过程中综合采用了共同单位根检验（Common Unit Root Test），个体单位根检验（Individual Unit Root Test）和 Hadri 检验等方法（见表 3）。根据面板单位根检验的结果，除第三产业生产率（tfpind3）和外资利用水平（forcapt）在仅存在常数项时，以及投资规模（invstscale）在同时存在常数项和趋势项时，变量的原始序列基本平稳；在一阶差分条件下，共同单位根检验中的 LLC 检验、Breitung 检验、IPS 检验以及个体单位根检验的 Fisher - ADF 检验和 Fisher - PP 检验的统计量基本都较为显著。综合上述分析，尽管大多数变量序列的 Hadri 检验均拒绝不存在单位根的零假设，但仍可基本认为所构建模型系统相关变量为 I（1）过程。

表 3　　　　面板单位根检验

变量	（IE，ILT）	共同单位根检验		个体单位根检验			
		LLC	Breitung	IPS	Fisher - ADF	Fisher - PP	Hadri
indu	（1，0）	1.8717	—	1.7682	5.5455	3.6753	6.4518 ***
	（1，1）	0.0055	-2.0613 **	-0.3182	6.0441	3.6830	2.7399 ***
Dindu	（1，0）	-3.6668 ***	—	-3.8859 ***	25.6858 ***	27.6346 ***	1.3409 *
	（1，1）	-3.2349 ***	-1.1343	-2.8689 ***	18.0810 ***	20.1439 ***	2.6745 ***
tfpind2	（1，0）	-2.5571 ***	—	0.0549	5.4072	4.6933	6.4383 ***
	（1，1）	3.8327	3.1928	4.0288	0.2293	0.6710	3.6352 ***
Dtfpind2	（1，0）	-4.6621 ***	—	-4.2065 ***	27.8149 ***	28.1283 ***	1.4426 *
	（1，1）	-5.7231 ***	-2.4367 ***	-4.1722 ***	25.9180 ***	25.4145 ***	2.3472 ***
tfpind3	（1，0）	-4.2862 ***	—	-1.8252 **	12.2706 *	11.2949 *	6.3688 ***
	（1，1）	1.5443	2.6768	3.0478	1.1027	1.0706	4.4514 ***
Dtfpind3	（1，0）	-2.2440 **	—	-3.0746 ***	21.0828 ***	33.8109 ***	2.6708 ***
	（1，1）	-6.3168 ***	-3.9445 ***	-5.8849 ***	38.0165 ***	37.8450 ***	1.3030 *
finr	（1，0）	1.6425	—	1.8455	1.3955	1.4522	4.7617 ***
	（1，1）	4.1576	5.6829	3.4827	1.7919	1.3439	1.5355 *
Dfinr	（1，0）	-2.2345 **	—	-4.1205 ***	28.8761 ***	28.8062 ***	1.2515
	（1，1）	1.4213	2.6894	-2.8940 ***	19.4991 ***	34.9700 ***	1.6538 **
finst	（1，0）	-3.3508 ***	—	-0.4187	8.2591	5.3527	6.4474 ***
	（1，1）	2.3806	2.6427	3.0539	2.1313	2.1560	4.1115 ***
Dfinst	（1，0）	-4.8061 ***	—	-5.0539 ***	34.6176 ***	36.1015 ***	1.5418 *
	（1，1）	-4.7948 ***	-5.0260 ***	-5.0308 ***	31.7286 ***	32.0010 ***	1.2345
finc	（1，0）	1.2151	—	2.4073	1.0630	0.7732	6.1417 ***
	（1，1）	-1.4718 *	-0.7762	-0.6257	6.7074	5.9969	3.1269 ***
Dfinc	（1，0）	-10.1776 ***	—	-8.6974 ***	62.9546 ***	65.4133 ***	1.3796 *
	（1，1）	-9.4921 ***	-6.1938 ***	-8.1129 ***	53.5038 ***	121.5420 ***	3.3447 ***
fine	（1，0）	-2.3554 ***	—	-0.6818	6.9856	8.8584	5.0937 ***
	（1，1）	0.9035	1.9299	2.0650	2.4658	2.5937	4.5498 ***
Dfine	（1，0）	-5.1269 ***	—	-4.4803 ***	35.2676 ***	48.9960 ***	2.0130 **
	（1，1）	-6.9622 ***	-3.5116 ***	-6.4452 ***	42.0135 ***	98.0301 ***	1.5724 *
invstscale	（1，0）	-1.0683	—	1.0797	2.9416	2.3888	6.3735 ***
	（1，1）	-1.8490 **	0.4831	-3.4994 ***	27.5315 ***	3.4956	2.5613 ***
Dinvstscale	（1，0）	-3.5924 ***	—	-3.5835 ***	23.4563 ***	23.2675 ***	0.0842 ***
	（1，1）	-3.1035 ***	-4.0511 ***	-2.6870 ***	17.2369 ***	17.1666 ***	0.3995 ***

续表

变量	（IE，ILT）	共同单位根检验		个体单位根检验			
		LLC	Breitung	IPS	Fisher－ADF	Fisher－PP	Hadri
govexp	（1，0）	3.7678	—	2.8239	1.1256	1.0520	2.3583***
	（1，1）	0.0621	3.1078	3.1709	0.2411	0.0228	5.0617***
Dgovexp	（1，0）	－5.4521***	—	－6.8256***	48.2349***	50.0947***	3.9296***
	（1，1）	－3.7457***	0.1445	－8.9268***	60.8433***	380.5540***	10.0212***
forcapt	（1，0）	－1.7697**	—	－1.5139*	10.9172*	8.0904	0.5817
	（1，1）	－1.0133	－1.3762*	－0.0622	5.4037	2.6761	3.3952***
Dforcapt	（1，0）	－5.4549***	—	－5.4672***	38.6799***	48.6557***	0.4204
	（1，1）	－4.7663***	－5.2595***	－4.5671***	30.2154***	73.9786***	1.4872*
translevl	（1，0）	1.1254	—	1.0468	2.6694	4.3792	4.2239***
	（1，1）	－3.1717***	0.7221	－3.6019***	27.6749***	27.4667***	4.0230***
Dtranslevl	（1，0）	－9.0755***	—	－10.9439***	77.5834***	78.1898***	1.8307**
	（1，1）	－8.0808***	－2.1310**	－10.9702***	79.7001***	80.8116***	1.7601**
edulevl	（1，0）	－0.6117	—	0.6264	3.3803	1.1006	5.4041***
	（1，1）	－2.3591***	－0.6098	－1.9366**	13.7106**	1.9947	1.7786**
Dedulevl	（1，0）	－0.7748	—	－1.0019	7.9076	5.3969	－0.2204
	（1，1）	0.5562	－1.4072*	0.6845	2.9381	1.6949	2.4186***
scilevl	（1，0）	0.7830	—	2.7919	0.4621	0.4563	6.2230***
	（1，1）	0.4081	－0.9353	0.2038	3.8791	4.1251	2.7859***
Dscilevl	（1，0）	－8.1724***	—	－7.1648***	51.3029***	51.3680***	－0.6483
	（1，1）	－7.3730***	－5.4784***	－6.1462***	39.3239***	39.3891***	0.3583
popincr	（1，0）	－0.7460	—	0.1698	3.9754	3.5919	3.5509***
	（1，1）	0.2983	0.5311	0.9312	2.3692	1.6306	4.4418***
Dpopincr	（1，0）	－4.3468***	—	－5.7678***	40.2985***	53.7556***	0.1348
	（1，1）	－3.6657***	－1.0498	－5.6485***	36.4569***	47.8959***	0.7287

注：①IE 和 ILT 分别表示检验中外生变量的截面个体效应和截面个体线性趋势，0 和 1 分别表示没有和有对应的个体效应或线性趋势，下同；②变量名中 D 表示一阶差分；③LLC、Breitung、IPS、Fisher－ADF 以及 Fisher－PP 检验的零假设 H_0：序列存在单位根，备择假设 H_1：序列不存在单位根，而 Hadri 检验的零假设与备择假设刚好与前四种方法相反；④表中＊＊＊，＊＊和＊分别表示 1%，5%与 10%的显著性水平，下同；⑤上述单位根检验均根据 Schwarz 信息准则选择滞后阶数，按照 Newly－West 方法确定带宽，并采用 Bartlett 核方法进行估计；⑥特别说明，由于面板单位根 Breitung 检验需将变量序列 ILT 项纳入检验模型，故未考虑该项的检验结果缺失，不予列出。

由于受样本大小和模型变量数量的限制，本文采用 Kao 残差协整检验以及 Fisher 面板协整检验对所构建模型涉及变量之间是否存在协整关系进行检验。根据 Kao 检验的结果，t统计量为 -2.3735，接受不存在协整关系零假设的概率为0.0088。此外，为了较为准确地验证模型中变量之间是否存在协整关系，本文按照变量数据是否存在趋势，以及协整关系检验中协整方程和向量自回归方程中是否存在常数项和趋势项，分成4种情况分别进行判定（见表4）。根据表4所示，本文所构建的实证分析模型至少存在6个协整变量。结合此前Kao残差协整检验的结果，不难得出本文所构建模型涉及的相关变量之间存在较为显著的协整关系。

表4　　　　面板数据残差协整检验

协整变量的个数	变量数据不存在趋势				变量数据存在趋势			
	I		II		III		IV	
	(1)	(2)	(1)	(2)	(1)	(2)	(1)	(2)
None	265.00***	88.74***	302.70***	118.30***	292.70***	102.70***	295.20***	106.20***
At most 1	147.30***	73.61***	170.80***	72.37***	147.80***	77.25***	209.70***	85.43***
At most 2	97.40***	32.92***	136.90***	57.48***	105.90***	56.84***	169.90***	89.06***
At most 3	70.12***	25.35***	79.97***	25.60***	59.54***	23.16***	86.81***	32.25***
At most 4	50.96***	24.86***	61.42***	22.28***	40.33***	17.35***	58.39***	23.35***
At most 5	33.56***	19.09***	44.67***	18.40***	27.27***	16.27**	38.60***	15.50**
At most 6	22.36***	17.79***	34.03***	21.70***	17.09***	17.69***	28.49***	15.53**
At most 7	12.57*	12.57*	21.38***	21.38***	5.66	5.66	20.30***	20.30***

注：①表中（1）和（2）分别代表轨迹检验Fisher统计量和最大特征值检验Fisher统计量；②I、II、III和IV分别依次代表如下四种情形：在变量数据序列不存在时间趋势前提下，模型检验的协整方程和向量自回归方程，均不存在常数项；在变量数据序列不存在时间趋势前提下，模型检验的协整方程存在常数项，但向量自回归方程不存在常数项；在变量数据序列存在时间趋势前提下，模型检验的协整方程和向量自回归方程中，均存在常数项，但向量自回归方程不存在趋势项；在变量数据序列存在时间趋势前提下，模型检验的协整方程同时存在常数项和趋势项，但向量自回归方程不存在趋势项。

为了得到更为准确的面板数据模型估计结果，对建模过程中可能出现的随机效应、固定效应以及混合面板效应三种情形分别进行了检验。首先，对截面个体是否存在显著性差异进行了检验，结果显示F（2，83）=13.95，接受零假设$H_0$①的概率为0.0000。其次，随机效应Hausman检验的$Chi^2=47.86$，接受零假设的$H_0$②的概率为0.0000。因此，本文在构建实证分析模型时应对截面个体的固定效应进行控制。

① 面板数据模型截面个体差异显著性检验的零假设H_0：截面个体不存在截面个体差异。

② 面板数据模型Hausman检验的零假设H_0：模型系数不存在系统性差异。

（二）金融规模与京津冀产业升级的相关性分析

根据金融规模相关变量与产业升级的相关性分析结果（见表5），产业结构高级化与第二、第三产业生产率具有正相关关系，相关系数分别为0.5528和0.6106。由此可见，第二产业生产率和第三产业生产率的提高，可以推动产业结构升级，并且第三产业生产率的促进效应高于第二产业。刘志彪（2015）认为，当前中国经济下行的原因之一就是生产率的下降，因此提高生产率才能推动中国经济结构转型与产业升级。

表5　京津冀金融规模相关变量与产业升级的相关性分析结果

	产业结构高级化	第二产业生产率	第三产业生产率	金融相关比	金融规模存量	金融集聚
第二产业生产率	0.5528***					
第三产业生产率	0.6106***	0.9881***				
金融相关比	0.6795***	0.3832***	0.4402***			
金融融资规模	0.6620***	0.9422***	0.9568***	0.6183***		
金融集聚	0.9157***	0.7483***	0.7709***	0.6156***	0.7884***	
金融效率	-0.5506***	-0.6273***	-0.6526***	-0.1838	-0.6334***	-0.5391***

注：①表中数据经作者整理自相关分析结果；②*，**和***分别表示10%，5%和1%的显著性水平。

产业结构高级化与金融规模相关变量的相关关系较为明显，显著性水平达到1%。具体来看，以“数量”为代表的金融相关比和金融融资规模与产业结构高级化的相关系数分别为0.6795和0.6620，呈现出较高的正相关关系。这与朱玉杰和倪骁然（2014）的研究结论相一致，他们发现了金融相关比与产业结构升级具有显著的相关性，并且一定限度内的金融规模“数量”维度的增长能够促进产业结构升级。而以“质量”为代表的金融集聚与产业结构的相关系数最高，达到0.9157。这表明，金融集聚能够在很大程度上促进产业结构升级。余泳泽等（2013）就采用空间计量模型证明了金融集聚能够提升工业生产率，从而进一步促进产业升级。

值得注意的是，金融效率与产业结构高级化、第二产业和第三产业生产率呈现出负相关的关系。同时，金融效率与金融相关比相关关系不显著。这说明，金融规模对产业升级的非线性作用效应已经出现，金融抑制作用开始凸显。这与已有文献得到的结论基本一致。朱玉杰和倪骁然（2014）认为金融效率在东部地区能够促进产业升级，但是本文研究的是京津冀地区，此处出现负相关，说明金融规模对经济和产业发展的抑制效应已经开始显现。这与已有文献所得到的结论相符。例如，王勋和Johansson（2013）就发现了政府过多干预会阻碍经济结构转型和产业结构升级，而杨亚平和周泳宏（2013）也认为“金融抑制”虽然短期内能促进经济增长，但并不会促进以产业结构高级化衡量的产业升级。为了明确金融效率对产业升级的具体效应，后文将通过构建回归模型分别予以讨论。

（三）金融规模对京津冀产业升级调整影响的实证分析

本文采用北京、天津及河北1985—2015年面板数据，实证分析了金融规模对产业升级调整的影响（见表6）。估计结果显示，金融规模“数量”（*finr*和*finst*）和“质量”（*finc*和*fine*）两个维度的代理变量对产业升级都会起到明显的促进作用，相应的回归系数均显著为正。因此，金融规模对产业升级调整的整体影响效应是正面的。这与前文的相关分析结果并不完全一致。例如，金融效率与产业结构高级化显著负相关。分析其原因，可能是由于金融效率对第二产业和第三产业产出增加的效应都是负的，但作用于第二产业的负面效应可能强于第三产业。为此，后文将对金融规模影响产业生产率的具体作用机制，亦即金融规模的“抑制”或“促进”效应进行深入讨论（见模型（5）-模型（12））。

表6　金融规模对京津冀产业升级调整影响的面板数据模型估计结果

因变量	产业结构高级化（*indu*）				第二产业生产率（*tfpind2*）①	
自变量	模型（1）	模型（2）	模型（3）	模型（4）	模型（5）	模型（6）
常数项	3.9128***	-1.4306	3.7979***	2.7780***	6.8186***	4.4773***
	(0.6419)	(0.8680)	(0.6214)	(0.9136)	(0.3762)	(0.4834)
finr	0.6737***				0.0284	
	(0.0964)				(0.0565)	
finst		1.1583***				0.4214***
		(0.1204)				(0.0671)
finc			31.6447***			
			(6.2975)			
fine				1.1331***		
				(0.2751)		
invstscale	-0.2792***	-0.7513***	-0.3876***	-0.1015	0.4749***	0.2946***
	(0.1001)	(0.1009)	(0.1066)	(0.1207)	(0.0586)	(0.0562)
govexp	5.2036***	3.8991**	11.3650***	4.8278**	-0.5956	-1.5183*
	(1.7441)	(1.5264)	(1.8887)	(2.0381)	(1.0221)	(0.8500)
forcapt	3.0078**	-1.9737*	0.6484	4.8816***	0.6695	-0.8571
	(1.2424)	(1.1517)	(1.1083)	(1.5714)	(0.7281)	(0.6413)

① 为便于排版，将模型（5）和模型（6）回归结果放置于表6中，特此说明。

续表

因变量	产业结构高级化（*indu*）				第二产业生产率（*tfpind2*）	
自变量	模型（1）	模型（2）	模型（3）	模型（4）	模型（5）	模型（6）
translevl	-0.8404***	-0.7125***	-0.4263***	-1.0201***	-0.3531***	-0.2299***
	(0.1082)	(0.0967)	(0.0894)	(0.1189)	(0.0634)	(0.0539)
edulevl	4.6804	-23.5548***	19.5644***	13.2840***	20.3478***	8.7639**
	(6.6835)	(6.6728)	(4.8844)	(7.7340)	(3.9165)	(3.7158)
scilevl	0.2794***	0.0215	0.0426	0.2532***	0.1509***	0.0602*
	(0.0640)	(0.0611)	(0.0444)	(0.0737)	(0.0375)	(0.0340)
popincr	-0.0651***	-0.0006	0.0612***	-0.0760***	-0.0380***	-0.0096
	(0.0192)	(0.0185)	(0.0222)	(0.0220)	(0.0113)	(0.0103)
省份固定	是	是	是	是	是	是
样本数	93	93	57	93	93	93
R^2	0.8388	0.8983	0.7909	0.5644	0.9371	0.9378

注：①表中数据经作者整理面板数据模型回归结果而来；②表中＊＊＊，＊＊和＊分别表示1%，5%与10%的显著性水平；③括号中数据为标准误差。

进一步地，验证所构建模型的稳健性。前文已从构建模型代理变量自身的平稳性以及模型系统变量之间是否存在协整关系等两个方面进行了检验，本文将继续从估计模型控制变量是否符合基本经济学直觉和实际情况的角度加以验证。模型中，投资规模（*invstscale*）对应系数为负，说明投资规模越大，产业升级越缓慢。实际上，工业发展更多地依赖于固定资产投资的增加，而服务业则主要依赖于人力资本软实力的提升。政府支出（*govexp*）和利用外资（*forcapt*）的回归系数为正，说明充足的资本将有助于产业升级调整。改革开放以来，中国经济获得巨大发展，产业结构不断升级，服务业所占比重从1978年的24%到2015年第一次超过50%。这都与中国政府借助于财政政策合理进行产业结构调整以及外资流入所带来的技术和资本溢出，推动产业结构不断升级密切相联系。教育水平（*edulevl*）和科技水平（*scilevl*）的回归系数基本为正，说明教育和科技对产业升级调整的重要性。社会货运水平（*translevl*）对产业升级调整的作用系数为负。运输行业本身属于服务业部门，其服务的对象主要是第二产业生产出来的产品以及工业原材料。人口自然增长率（*popincr*）的系数为负。中国经济在过去的长期发展过程中，主要依赖于人口红利推动，通过增加要素的投入量以换取产出的增加。随着服务业的不断发展，可以大量吸纳就业，经济增长方式的转型也必然会使劳动力要素对产业升级调整的作用机制发生转变。

（四）进一步讨论：金融规模提升京津冀产业生产率的效应分析

为进一步明确金融规模对产业升级调整的非线性作用，本文分别考察了金融规模相关代理变量对第二产业和第三产业生产率的影响效应。对于第二产业，金融融资规模和金融集聚回归系数均显著为正，说明它们都能在一定程度上提升工业生产率；金融相关比对应系数不显著，而金融效率回归系数显著为负。由此可见，金融规模的“抑制”效应在工业生产率提升方面已经开始显现。对于第三产业，金融规模“质量”维度代理变量——金融相关比和金融融资规模，回归系数显著为正。根据两个代理变量的定义，京津冀金融机构的贷款融资对于提升服务业生产率水平具有重要的推动作用，金融规模的“促进”效应较为明显。然而，金融规模“质量”维度代理变量——金融集聚和金融效率，回归系数不显著。因此，在金融规模“质量”维度代理变量的“抑制”效应和“促进”效应的共同作用下，对第三产业生产率的提升作用并不明显（见表7）。

表7　金融规模对京津冀生产率影响的面板数据模型估计结果

因变量	第二产业生产率（*tfpind2*）		第三产业生产率（*tfpind3*）			
自变量	模型（7）	模型（8）	模型（9）	模型（10）	模型（11）	模型（12）
常数项	6.9501***	7.6310***	7.5738***	3.8010***	7.3196***	7.9159***
	（0.6114）	（0.4469）	（0.4437）	（0.4708）	（0.5593）	（0.6038）
finr			0.2775***			
			（0.0666）			
finst				0.7539***		
				（0.0653）		
finc	24.7636***				4.7574	
	（6.1964）				（5.6687）	
finc		-0.3636***				0.0797
		（0.1346）				（0.1818）
invstscale	0.4060***	0.4274***	0.3096***	-0.0039	0.3784***	0.3311***
	（0.1049）	（0.0590）	（0.0692）	（0.0547）	（0.0960）	（0.0798）
govexp	-0.6303	0.0307	-0.7886	-1.9705**	4.6756***	-0.3392
	（1.8583）	（0.9969）	（1.2056）	（0.8279）	（1.7001）	（1.3470）
forcapt	-1.9478*	-0.2542	2.1886**	-0.8413	-2.9729***	2.0168*
	（1.0905）	（0.7686）	（0.8588）	（0.6247）	（0.9977）	（1.0386）
translevl	-0.1342	-0.3820***	-0.2604***	-0.1202**	-0.1795**	-0.3545***
	（0.0879）	（0.0582）	（0.0748）	（0.0525）	（0.0804）	（0.0786）

续表

因变量	第二产业生产率（*tfpind2*）		第三产业生产率（*tfpind3*）			
自变量	模型（7）	模型（8）	模型（9）	模型（10）	模型（11）	模型（12）
edulevl	17.0212***	19.0671***	11.8993**	−7.4518**	4.2989	13.8965***
	(4.8060)	(3.7829)	(4.6198)	(3.6191)	(4.3967)	(5.1114)
scilevl	0.0889**	0.1558***	0.2288***	0.0633*	0.0295	0.2237***
	(0.0437)	(0.0361)	(0.0443)	(0.0332)	(0.0400)	(0.0487)
popincr	−0.0143	−0.0401***	−0.0752***	−0.0295***	−0.0008	−0.0812***
	(0.0218)	(0.0108)	(0.0133)	(0.0100)	(0.0200)	(0.0146)
省份固定	是	是	是	是	是	是
样本数	57	93	93	93	57	93
R^2	0.8681	0.9315	0.9014	0.9333	0.8662	0.9313

注：①表中数据经作者整理面板数据模型回归结果而来；②表中＊＊＊，＊＊和＊分别表示1%，5%与10%的显著性水平；③括号中数据为标准误差。

横向比较金融规模对工业和服务业生产率的作用效应，金融规模“数量”维度代理变量——金融相关比和金融融资规模在提升服务业生产率方面，影响力度较之工业要强。具体来看，金融相关比对第二产业生产率回归系数不显著，而在模型（9）中的回归系数为正；金融融资规模对工业和服务业生产率的回归系数都显著为正，但以前者为因变量的回归系数明显要小于后者，模型系数分别为0.4214和0.7539。金融规模“质量”维度代理变量——金融集聚和金融效率对第二、第三产业生产率的作用存在明显不同。在模型（11）和模型（12）中，金融集聚和金融效率对服务业生产率的回归系数均不显著；而在两者对工业生产率的回归模型①中，金融集聚的系数显著为正，而金融效率的系数显著为负，出现了金融规模“质量”维度代理变量的“促进”和“抑制”效应的交叉影响。

五、结论与政策建议

自20世纪80年代以来，京津冀协同发展问题就已经提上了日程。党的十八届五中全会提出了新发展理念，再次凸显了协同发展的重要性。京津冀一体化进程的推进，需要借力于区域产业的不断优化升级调整，而金融资本则可为产业结构调整和转型升级奠定坚实基础。因此，分析金融规模对京津冀产业升级调整的影响机制就显得尤为重要。基于此，本文构建了金融规模作用于产业升级调整的理论模型，

① 见模型（7）和模型（8）对应的回归系数及显著性水平。

在此基础上以京津冀1985—2015年面板数据将金融规模细分为“数量”和“质量”两个维度，分别考察其对产业升级调整的内在影响机制。本文研究发现，金融规模对京津冀产业升级调整的总体效应为正。但正如本文构建并发展的理论模型所给出的推论Ⅰ和推论Ⅱ所述，金融规模对产业升级的影响可能同时存在“促进”和“抑制”效应。较之工业，金融相关比和金融融资规模提高会显著提升京津冀服务业生产率水平；金融集聚会提升京津冀工业生产率水平；金融效率对京津冀工业生产率提升为负，对服务业生产率的变化影响不显著，对产业升级的总体效应为正。

结合本文研究结论，对如何加快京津冀产业升级调整步伐，加速京津冀一体化进程，可以从以下几个方面进行战略性考虑。第一，合理利用金融规模的“抑制”和“促进”的作用机理，在不同时期相机地采用金融政策，加速产业升级调整。本文研究发现，尽管金融规模对京津冀产业升级调整的总体效应是正面促进的，但“数量”和“质量”两个维度代理变量的作用呈现出差异化。因此，应加强金融政策审慎灵活性管理，减轻金融规模“抑制”效应对京津冀产业升级的负面影响。第二，强化京津冀产业升级协同发展，重视区域性金融政策可能带来的外部性。京津冀地区的经济发展水平以及产业升级调整面临的任务呈现出明显的差异化，因此在进行金融政策组合安排时，应考虑到调节金融规模政策措施可能带来的负外部性，从而达到充分发挥区域金融协同以推动产业协同升级调整的目的。第三，深化市场经济体制改革，提高要素的跨区域流动性，实现资源的优化配置，促进三次产业的协同和升级调整。本文在构建理论模型过程中，引入了要素自由流动的假设。而这一假定前提的满足，必须依赖于市场经济的价格机制引导，从而为京津冀产业协同升级调整提供强大活力和推动力。

参考文献

［1］祖春生，卢丹．北京市银行业参与京津冀协同发展分析［J］．北京金融评论，2016（4）：76－86.

［2］余剑，陶娅娜．京津冀产业结构调整与区域协同发展［J］．北京金融评论，2016（4）：57－85.

［3］黄茂兴，李军军．技术选择、产业结构升级与经济增长［J］．经济研究，2009（7）：143－151.

［4］干春晖等．中国产业结构变迁对经济增长和波动的影响［J］．经济研究，2011（5）：4－16.

［5］祝尔娟．京津冀一体化中的产业升级与整合［J］．经济地理，2009，29（6）：881－886.

[6] 张宏艳等. 产业结构调整对北京市碳减排目标的影响 [J]. 中国人口资源与环境, 2016, 26 (2): 58-67.

[7] 韩永辉等. 产业结构升级改善生态文明了吗? [J]. 财贸经济, 2015, 36 (12): 129-146.

[8] 易信, 刘凤良. 金融发展、技术创新与产业结构转型 [J]. 管理世界, 2015 (10): 24-39.

[9] 刘竞. 产业转型升级过程中投资驱动的国际经验比较及启示 [J]. 北京金融评论, 2016 (2): 141-150.

[10] 汪炜, 李甫伟. 股市发展能够推动产业转型升级吗 [J]. 财贸经济, 2010 (9): 37-43.

[11] 朱玉杰, 倪骁然. 金融规模如何影响产业升级: 促进还是抑制? [J]. 中国软科学, 2014 (4): 180-192.

[12] 姜泽华. 我国产业结构升级模式变迁的效应与前瞻分析 [J]. 理论探讨, 2010 (1): 66-69.

[13] 杨青龙, 刘双. 交易成本变化对产业升级的影响: 文献综述 [J]. 经济问题探索, 2016 (12): 170-178.

[14] 杨亚平, 周泳宏. 成本上升、产业转移与结构升级 [J]. 中国工业经济, 2013 (7): 147-159.

[15] 单元媛, 罗威. 产业融合对产业结构优化升级效应的实证研究——以电子信息业与制造业技术融合为例 [J]. 企业经济, 2013 (8): 49-56.

[16] 吴丰华, 刘瑞明. 产业升级与自主创新能力构建 [J]. 中国工业经济, 2013 (5): 57-69.

[17] 陈林, 朱卫平. 创新、市场结构与行政进入壁垒 [J]. 经济学 (季刊), 2011, 10 (2): 653-674.

[18] 陈峰. 论产业结构调整中金融的作用 [J]. 金融研究, 1996 (11): 23-27.

[19] 钱水土, 周永涛. 金融发展、技术进步与产业升级 [J]. 统计研究, 2011, 28 (1): 68-74.

[20] 杨德勇, 董左卉子. 资本市场发展与我国产业结构升级研究 [J]. 中央财经大学学报, 2007 (5): 45-50.

[21] 罗超平等. 金融发展与产业结构升级: 长期均衡与短期动态关系 [J]. 中国软科学, 2016 (5): 21-29.

[22] 杜传忠, 郭树龙. 中国产业结构升级的影响因素分析 [J]. 广东社会科

学，2011（4）：60－66.

［23］谈儒勇．金融抑制和金融约束［J］．金融研究，1998（12）：26－29.

［24］吕冰洋，毛捷．金融抑制和政府投资依赖的形成［J］．世界经济，2013（7）：48－67.

［25］王勋，Johansson．金融抑制与经济结构转型［J］．经济研究，2013（1）：54－67.

［26］柳庆刚，姚洋．地方政府竞争和结构失衡［J］．世界经济，2012（12）：3－22.

［27］沈可，章元．中国的城市化为什么长期滞后于工业化？［J］．金融研究，2013（1）：53－64.

［28］陈清泰．经济转型与产业升级的几个问题［J］．中国软科学，2014（1）：24－28.

［29］黄桂田，何石军．结构扭曲与中国货币之谜［J］．金融研究，2011（7）：1－13.

［30］付宏等．创新对产业结构高级化影响的实证研究［J］．中国工业经济，2013（9）：56－68.

［31］沈军，白钦先．中国金融体系效率与金融规模［J］．数量经济技术经济研究，2013（8）：35－50.

［32］王玉华，赵平．投资规模、投资效率与经济增长的动态关系研究［J］．经济与管理，2013（10）：45－49.

［33］刘志彪．提升生产率：新常态下经济转型升级的目标与关键措施［J］．审计与经济研究，2015，30（4）：77－84.

［34］余泳泽等．金融集聚对工业效率提升的空间外溢效应［J］．世界经济，2013（2）：93－116.

［35］Solow，R. M. Technical Change and the Aggregate Production Function［J］. Review of Economics & Statistics，1957，39（3）：554－562.

［36］Goldsmith，R. W. The Quantitative International Comparison of Financial Structure and Development［J］. Studies in Comparative Economics，1975，35（1）：216－237.

［37］Hao，C. Development ofFinancial Intermediation and Economic Growth：The Chinese Experience［J］. China Economic Review，2006，17（4）：347－362.

［38］Lu，S. F.，Y. Yao. The Effectiveness of Law，Financial Development，and Economic Growth in an Economy of Financial Repression：Evidence from China［J］. World

Development, 2009, 37 (4): 763 -777.

[39] Zhang, J., L. Wang, S. Wang. Financial Development and Economic Growth: Recent Evidence from China [J]. Journal of Comparative Economics, 2012, 40 (3): 393 -412.

[40] Mckinnon, R. I. Money and Capital in Economic Development [M]. Washington, D. C.: Brookings Institution Press, 1973.

[41] Baumol, W. J. Macroeconomics of Unbalanced Growth: The Anatomy of Urban Crisis [J]. American Economic Review, 1967, 57 (3): 415 -426.

[42] Baumol, W. J. Unbalanced Growth Revisited: Asymptotic Stagnancy and New Evidence [J]. 1985, 75 (4): 806 -817.

[43] Roubini, N., X. Salaimartin. Financial Repression and Economic Growth [J]. Journal of Development Economics, 1991, 39 (1): 5 -30.

证券市场河北上市公司服务雄安新区建设探究

封文丽　邱　宁[①]

摘要：雄安新区的设立不仅深入推进了京津冀协同发展，还给河北带来了巨大的发展机遇。因此，河北全省要积极组织各方面力量服务这一“千年大计”。河北上市公司作为河北省现代企业的代表，是服务雄安新区建设的中坚力量。新区建设主要涉及生态环保、新能源、绿色交通、高新技术和基建等领域。本文分别就以上行业探究河北上市公司如何服务雄安新区建设，并提出推进后续服务的建议。

关键词：证券市场　河北上市公司　雄安新区建设　京津冀协同发展

一、引言

2017年4月1日，河北雄安新区正式设立。作为一项重大的历史性战略选择，雄安新区的设立是深入推进京津冀协同发展一项重大部署。如表1所示，根据雄安新区建设规划，其建设要围绕以下七大重点任务实施。

表1　　雄安新区建设的七大重点任务

任务	具体要求	涉及行业
任务一——智慧城市	国际一流、绿色、现代、智慧	生态环保行业
任务二——生态城市	清新明亮、水城共融	生态环保行业
任务三——创新城市	吸纳集聚创新要素资源，培育新动能	高新行业
任务四——服务城市	优质公共服务，优质公共设施	基建行业
任务五——畅通城市	快捷高效交通网，绿色交通体系	交通行业
任务六——改革城市	发挥市场在资源配置中的决定性作用	综合行业
任务七——开放城市	扩大开放新高地和对外合作新平台	综合行业

资料来源：根据相关文件整理。

---

① 作者简介：封文丽，河北经贸大学金融学院教授，硕士生导师；邱宁，河北经贸大学金融学院硕士生。

雄安新区设立的意义重大，也给河北省带来了巨大的发展机会。因此，河北省政府高度重视新区建设工作，积极调动全省力量服务新区建设。其中，证券市场上市公司作为河北省现代企业制度的代表，是服务新区建设的中坚力量，在发挥自身业务优势服务雄安新区建设的同时，还应积极利用新区建设所带来的重大机遇提升自身的综合实力，打造新的经济增长点，助力河北经济发展。

根据 Wind 资讯数据显示，截至 2017 年 6 月 1 日，河北省范围内共有 A 股上市公司 55 家，新三板挂牌公司 219 家，其业务几乎涵盖了新区建设的全部领域。基于雄安新区建设的七大重点任务，本文主要从生态环保、新能源、绿色交通、高新技术和基建领域探究河北上市公司服务雄安新区建设。

二、河北上市公司服务雄安新区建设探究

雄安新区建设的前两项任务是建设“绿色智慧新城”和“生态宜居城市”。因此，生态环保行业成为雄安新区产业布局的首选。根据建设规划，未来新区的绿色面积要超过 50%。而雄安新区地处京津冀大气环境和水环境污染严重的保定，生态环境问题突出。河北省相关的生态环保上市公司急需发挥自己独特优势，加快生态环境的治理和修复，积极服务好新区环保建设。

（一）生态环保行业

1. 加强白洋淀水环境的修复与治理

雄安新区紧邻“华北之肾”白洋淀，而当前白洋淀水环境污染严重。据河北省环保厅 2016 年公布的环境评测报告，白洋淀水质为劣Ⅴ类，属重度污染。因此，针对全省和环京津地区重要的淡水资源保护地，白洋淀的环境治理工作将成为首要任务。首先，针对淀区内污水排放问题和水体治理问题，完善环保基础设施建设，不仅要积极承接相关水环境综合治理项目和工程的开展与实施，还需增加以及更新换代原有落后的污水处理设施和装备，完善污水垃圾处理。其次，积极承接和服务政府在保定市区进行的截污工程和河道水质改善工程，进一步削减入淀污染负荷，不断改善水质，加强淀区内生态修复。再次，雄安新区关于环保方面的建设必然会对环保企业的解决方案和治理技术提出更高层次的要求。对此，省内先进的环保企业必须在技术上积极创新，要开发出更具有效率的新技术来解决新区水环境问题。

目前，河北省有 6 家污水处理类新三板挂牌公司（见表 2）。

表 2　　河北省污水处理类新三板挂牌公司

股票简称	股票代码	公司中文名称	城市	主营业务
海鹰环境	832963. OC	河北海鹰环境安全科技股份有限公司	石家庄	水处理工程；节能技术研发和推广
丰源环保	835621. OC	河北丰源环保科技股份有限公司	沧州	环境工程设计及承包；废水处理
恒盛环保	832231. OC	河北恒华盛世环保科技股份有限公司	廊坊	环保工程；水处理剂研发、生产及销售
同力达	838519. OC	秦皇岛同力达环保能源股份有限公司	秦皇岛	给水设备、污水处理设备；水污染治理
德龙环境	837719. OC	河北德龙环境工程股份有限公司	保定	工业废水处理、河流生态治理以及市政污水处理
协同环保	838632. OC	河北协同环保科技股份有限公司	石家庄	水处理设施运营；污水处理

数据来源：Wind 资讯。

其中，河北德龙环境工程股份有限公司作为河北保定环保龙头企业在服务新区建设上具有更大的区位优势。该公司积极投身当地的环保建设，长期与保定市及其周边地区政府环保部门合作，并且多次承接污水处理项目与垃圾处理工程。因此，该公司在污水处理运作方面具有先进的技术和丰富的经验。该公司 2016 年曾承接了白洋淀美丽乡村建设污水与垃圾处理项目，有效解决了淀区生活垃圾乱堆、生活污水乱排的问题。此外，如表 3 和表 4 所示，该公司在京津及全国圆满完成了多个污水处理项目。因此，德龙环境在雄安新区建设中大有可为。

表 3　　德龙环境雄安新区污水处理成功案例

项目	项目名称
案例一	雄县污水处理厂运营项目
案例二	雄县昝岗镇污水处理厂运营项目
案例三	雄县都旺热镀锌有限公司污水处理工程
案例四	雄县万腾热镀锌有限公司污水处理工程
案例五	雄县耀恒热镀锌有限公司污水处理工程
案例六	安新县金宇晟有色金属熔炼有限公司污水站
案例七	雄县国恒热浸锌有限公司污水站
案例八	安新县佳兴羽绒制品厂污水处理站

数据来源：河北德龙环境工程股份有限公司官网。

表4　德龙环境全国污水处理成功案例

项目	项目名称
案例一	北京汇源集团咸阳饮料食品有限公司污水站工程
案例二	北京汇源食品饮料有限公司顺义工厂污水站工程
案例三	北京汇源集团砀山工厂污水站工程
案例四	大连宝发纸业有限公司污水站
案例五	天津瑞普生物技术股份有限公司污水站
案例六	英利能源有限公司污水站工程
案例七	黔江区六九原种猪场污水站工程

数据来源：同表3。

2. 优化监测网络

强化大气环境检测系统，优化监测网络对于及时全面掌握空气质量的现状和变化趋势，为京津冀的空气治理提供正确依据起着举足轻重的作用。根据河北省环保厅相关文件指示，淀区内需增设多个自动监测站点，达到每县至少2个，并要求在2020年之前所有的工业企业安装污染源在线监测装备。因此，这就要求河北省相关企业根据新区环保建设需要供给相关监测设备及安装服务，并通过自主创新与科技研发，提升监测设施质量，优化监测网络，实现监测网络的全覆盖。

作为河北省唯一一家环境监测类A股上市公司（300137. SZ），河北先河环保科技股份有限公司在环境监测、治理和服务方面都有着一定实力。该公司主营业务范围包括六大领域即生态环境监测装备、运维服务、社会化检测、环境大数据分析及决策支持服务、挥发性有机物治理以及民用净化。该公司承接过多个水质监测、网格化监控、VOCs（挥发性有机物）综合治理等项目，成为河北环保龙头企业。该公司2016年成功中标“保定市大气污染防治网格化精准监控预警及决策支持系统”项目，并在合同签订后的3个月内安装完毕并投入使用。此外，先河环保已在雄县实施了挥发性有机物减排、溶剂回收增效、环保产业发展三方多赢的产业集群区域VOCs第三方治理新模式，成为国内区域首家开展挥发性有机物污染第三方治理的企业。借助“环保＋物联网”和“大数据”先进技术，该公司自主创新的大气污染防治网格化精准监控及决策支持系统，领先于国内外同类水平。采用小微型产品组合监测技术、群体式协同监测网络以及专业性的数据校准体系，通过科学合理的组合布点，可以实现环境监测网络的全覆盖，进而更好地服务“绿色、智慧、宜居”的雄安新区建设。

（二）新能源行业

1. 优化能源结构

为有效改善空气质量，要调整以燃煤为主的用能结构。第一，加快以天然气等清洁能源替代传统燃煤。第二，全面加快推进城镇集体供暖，稳步淘汰农村传统燃煤供暖，逐步完成以集中供热为主，太阳能、沼气等清洁能源供热为辅的新供热模式布局。因此河北省相关企业首先要增强清洁能源的开发、利用与推广，积极推进"煤改气"、"煤改电"，并根据新区建设需要完善相关设备的安装与服务。其次，相关能源企业不仅要增加清洁能源的推广和使用，还要提高相关技术服务以及提供整体解决方案，积极主动地服务新区建设。

目前，河北 A 股上市公司中只有一家新能源上市公司，为新奥生态控股股份有限公司（600803. SH）。新三板有 7 家新能源类挂牌公司（见表 3）。

表 3　河北省新能源类新三板挂牌公司

股票简称	股票代码	公司中文名称	城市	主营业务
爱迪新能	831513	保定爱廸新能源股份有限公司	保定	光伏产业相关产品研发、生产
飞翔科技	834827. OC	邯郸市飞翔新能源科技股份有限公司	邯郸	太阳能产品的研发制造；空气源地源热泵
海川能源	834052. OC	河北海川能源科技股份有限公司	石家庄	新能源技术开发与服务
潜能燃气	836116. OC	河北潜能燃气股份有限公司	石家庄	燃气设施设备安装和燃气销售业务
达能股份	839974. OC	廊坊达能新能源技术股份有限公司	廊坊	蒸汽生产和销售以及一体化热能供应服务
奥瑞拓	870264. OC	奥瑞拓能源科技股份有限公司	廊坊	地热能源、特殊地层技术开发、技术服务及应用
亚创股份	838183. OC	河北亚创天然气股份有限公司	廊坊	天然气及设备销售；技术咨询、技术服务

数据来源：Wind 资讯。

新奥集团作为河北清洁能源的龙头企业，它旗下的新奥生态控股股份有限公司在清洁能源产业链方面具有强大的实力和业务优势。作为河北省的一家能源上市的公司，新奥生态控股股份有限公司的主营业务包括煤炭、煤基化工和能源技术工程等。该公司经过多年的发展与战略升级，现已实现由能源生产商转型为清洁能源产品供应和服务商，其清洁能源以及节能环保项目遍及多个城市。该公司凭借着新奥集团的品牌、技术以及巨大市场优势，为其在新能源领域的发展创造了更大的空间。其所属子公司——新地能源工程有限公司，拥有市政公用工程咨询甲级等多项业务资质，项目涵盖全国大中城市，具备服务新区基础设施建设的实力。

2. 打造绿色出行方式

根据中国环境科学研究报告显示，机动车尾气是保定市 PM2. 5 第二大贡献源。

根据雄安新区“畅通城市”的建设任务要求，快捷高效、绿色交通是发展目标，环保、节能、低碳是建设方向。因此，在加强汽车尾气污染防治和有效控制机动车数量的同时，河北省电动汽车或新能源汽车企业应加大新能源汽车等绿色交通工具的研发、推广和使用，或者将现有交通工具进行绿色改造，探索新能源汽车充电桩等配套基础设施投资、运营与管理的新模式，打造绿色出行方式，助力大气污染防治。

目前，河北只有一家新能源汽车A股上市公司——长城汽车股份有限公司(601633.SH)。新三板有一家挂牌公司——廊坊金润电气股份有限公司(870274.OC)，其主要从事先进制造与智能化、自动化领域产品的研发、生产、安装和售后服务等。经过多年发展，保定长城汽车已成为国内最大的汽车领导品牌之一。2017年5月，长城汽车公司与全球领先的半导体解决方案供应商瑞萨电子株式会社签署战略合作协议，致力于共同研发制造电动和混合动力汽车以及其他新能源汽车。此外，通过与政府部门和其他企业机构开展深层次的战略合作，研发智能网联技术体系，应用于智能汽车与智慧交通，可以完全对接雄安新区建设的第五大重点任务。

（三）基建行业

毫无疑问，雄安新区的建设未来将给河北省基建行业的巨大发展空间，将带动省内基建市场的新一轮增长。据不完全统计，20年内雄安新区社会固定资产投资规模将达4万亿，无疑会形成水泥、钢铁、玻璃等建材及地产行业的增量需求。鉴于目前雄安新区的城市基础设施建设还不完善，市政建设任务艰巨，河北板块中的地产、建材等行业机会可期。

1. 地产行业

目前，河北A股上市公司中有两家地产类上市公司，如表4所示。

表4　河北A股房地产类上市产公司

股票简称	股票代码	公司中文名称	城市	主营业务
华夏幸福	600340	华夏幸福基业股份有限公司	廊坊	房地产、工业园区及基础设施建设；房地产中介服务
荣盛发展	002146	荣盛房地产发展股份有限公司	廊坊	房地产的开发与经营

数据来源：Wind资讯。

华夏幸福基业股份有限公司和荣盛房地产发展股份有限公司作为河北房地产市场的两个龙头企业，经过了多年的发展与积累在经营规模和业务领域都有很大的优势。二者不仅在河北省内有很多开发项目，甚至在全国领域都有项目布局。其中华夏幸福基业股份有限公司在2015年曾与固安县政府合作，积极探索PPP项目发展模式，取得了良好的成果，并入选为国家发改委 PPP 示范项目。因此，华夏幸福基业股份有限公司在 PPP 项目模式下具有丰富的经验。而荣盛房地产发展股份有限公司在 2016 年承接了涞水县四季圣诞、健康谷两个特色小镇创建项目，在特色小镇建设上积累了一定的实践经验，从而提升了两者未来在雄安新区城市建设招标中的竞争优势。

2. 建材行业

如表 5、表 6 所示，目前河北 A 股市场上有 5 家建材类上市公司、新三板有 5 家挂牌公司，其业务涵盖了水泥、钢铁、玻璃、合金等大部分建材领域。其中，河钢股份作为国内最大的钢铁上市公司之一，在钢材领域拥有可观的市场份额，其生产的产品也覆盖了众多应用领域。在众多大型建设项目中，如北京奥运会及三峡工程等都使用了河钢股份有限公司的产品。此外，在水泥行业，河北省在华东地区长期处于优势地位。冀东水泥作为国内规模最大的水泥上市公司之一，它的产品研发技术和质量保证一直使其占据着北方地区很大的市场份额，在同行业有着超强的实力。再次，四通新材作为河北保定的本地企业，是中间合金类建材领域龙头，其产品实现了节能减排，在市场上得到了广泛的应用。因此，在建材领域河北上市公司有能力满足新区建设对建材的增量需求。

表 5　　河北 A 股建材类上市公司

股票简称	股票代码	公司中文名称	城市	主营业务
冀东水泥	000401. SZ	唐山冀东水泥股份有限公司	唐山	水泥
河钢股份	000709. SZ	河钢股份有限公司	石家庄	钢铁
新兴铸管	000778. SZ	新兴铸管股份有限公司	邯郸	管件、钢铁冶炼
沧州明珠	002108. SZ	沧州明珠塑料股份有限公司	沧州	塑料
四通新材	300428. SZ	河北四通新型金属材料股份有限公司	保定	合金

数据来源：Wind 资讯。

表 6　　河北新三板建材类挂牌公司

股票简称	股票代码	公司中文名称	城市	主营业务
德生防水	833336. OC	唐山德生防水股份有限公司	唐山	防水材料；建筑防水工程
敬业钢构	870181. OC	河北敬业钢构科技股份有限公司	石家庄	钢格板、钢材等
明尚德	834114. OC	河北明尚德玻璃科技股份有限公司	沧州	玻璃及其技术研究与开发
明营科技	836529. OC	河北明营建材科技股份有限公司	唐山	玻璃；金属门窗
华凌股份	835969. OC	张家口华凌建材股份有限公司	张家口	光缆、电缆、五金的销售

数据来源：Wind 资讯。

（四）高新产业

作为雄安新区创新城市建设的核心驱动力，高端高新技术产业可以将雄安新区打造成“科技新城”，进而推动京津冀世界级城市群建设。

表7 河北省新三板高新技术类挂牌公司

股票简称	股票代码	公司中文名称	城市	主营业务
迈拓港湾	838762. OC	保定迈拓港湾科技发展股份有限公司	保定	计算机软件开发；建筑智能化工程
博岳股份	836461. OC	河北博岳通信技术股份有限公司	石家庄	大数据；云服务、网络与信息服务业务
汉尧环保	832915. OC	河北汉尧环保科技股份有限公司	石家庄	工业节能领域的软件及软件产品的研发、生产
昊天诚泰	838744. OC	河北昊天诚泰科技股份有限公司	石家庄	计算机集成与软件产品的开发与服务
神玥软件	833534. OC	河北神玥软件科技股份有限公司	石家庄	应用软件开发与经营
晟融数据	870733. OC	河北晟融数据股份有限公司	秦皇岛	数据处理及存储服务；软件开发及技术服务
世窗信息	831467. OC	河北世窗信息技术股份有限公司	沧州	为智慧城市提供信息化解决方案和大数据服务
唐宋数据	837780. OC	河北唐宋大数据产业股份有限公司	唐山	数据处理和存储服务；云计算
鑫考教育	834701. OC	河北鑫考教育科技股份有限公司	衡水	教育信息化新技术研发；软件开发销售
泽华伟业	839501. OC	河北泽华伟业科技股份有限公司	石家庄	计算机软件等的设计、研发、销售及服务
志晟信息	832171. OC	河北志晟信息技术股份有限公司	廊坊	IT 产品销售、IT 服务
中科恒运	836277. OC	河北中科恒运软件科技股份有限公司	石家庄	电子政务软件产品的研发、生产、销售
维尔达	834811. OC	廊坊维尔达软件股份有限公司	廊坊	智慧城市和网格化产品的研发与销售
亿德力	839845. OC	秦皇岛亿德力科技股份有限公司	秦皇岛	食品溯源和智慧医疗
博宇科技	834849. OC	石家庄博宇科技股份有限公司	石家庄	智慧城市建设；运营信息技术的研发、销售
中扬科技	831841. OC	石家庄中扬网络科技股份有限公司	石家庄	网络技术、通信设备、计算机软硬件研发
达意科技	838736. OC	唐山达意科技股份有限公司	唐山	智慧房产与智慧政务行业软件研发、销售和服务
海森电子	835691. OC	唐山海森电子股份有限公司	唐山	变频调速设备的研发、制造
启奥科技	831287. OC	唐山启奥科技股份有限公司	唐山	计算机软硬件的研制与开发

数据来源：Wind 资讯。

如表7所示，目前河北省有19家高新技术类新三板挂牌公司，分别在计算机软、硬件、网络技术、大数据、云计算、智慧城市等多个领域具备一定的业务优势。根据雄安新区建设的重点任务及建设规划，以“智慧制造”理念将新区建成“智慧新城”。致力于智慧城市建设的四家公司——世窗信息、维尔达、博宇科技和达意科技等应拥有一定的投资机会。

经过十多年的发展，世窗信息产品销往全国多个省市，服务机构超过5 000家，覆盖“智慧教育”、“智慧政务”和“智慧民生”等领域，涉及人口8 000万人。维尔达是一家集网格化管理系统和智慧城市信息系统的研究、集成、销售和技术服务为一体的软件和信息技术服务企业，主要为政府提供信息化的产品与服务。其开发的数字化城市管理系统在市政部门得到了广泛的应用，为各级政府建设智慧城市基础平台做出了贡献。博宇科技是一家专注于信息化的高新技术企业，主要为企业和政府部门提供信息化整体解决方案和相关技术服务。而达意科技一直坚持智慧房产与网格化智慧政务的发展，注重运营效率的提升，其业务遍及国内大部分省市，在智慧城市建设领域具有大量的客户群，明星产品有2013年和2014年分别推出“中国政府门户建设”和“网格化社会管理”系统。

三、推进后续服务的建议

雄安新区建设要发展高端产业，建立城市样本，推进体制改革，而作为现代经济核心的金融业，借助“互联网+”实现了升级与质的飞跃，成为国内高端产业之一。未来的雄安新区布局可能采用“硅谷+华尔街”模式。然而，目前证券市场上还没有河北省的金融类上市公司，导致省内金融机构融资能力有限。一方面，难以满足雄安新区建设巨大的资金需求；另一方面，也无法抓住机遇拓展市场，领先布局。因此，提高河北金融发展水平是为雄安新区提供金融支持的重要方向。为了提升河北上市公司后续服务雄安新区建设的能力，需要推进以下方面举措。

（一）加强与京津地区金融机构的合作

随着京津冀协同发展的推进，河北省金融机构应积极利用京津资源谋划协同发展。目前，北京和天津已有北京银行（601169）、天津银行（01578. HK）等多家上市金融机构，并且与京津相比，河北金融发展水平相对落后。河北省金融机构应积极利用京津冀金融资源融合的机会，加大地区间金融机构的合作，充分吸收和借鉴京津地区金融机构发展优势提升自身发展水平，缩小地区间金融机构发展的差距。此外，可以通过金融创新的方式来不断拓宽与京津两地金融上市公司的合作领域，例如金融产品创新、金融制度创新和合作方式创新等，加大三地沟通协调，提高合作效率，为雄安新区建设提供更雄厚的资金支持与优质服务。

（二）加快河北金融机构的上市步伐

河北省内金融机构，例如城市商业银行以及投资银行等要加快上市步伐，打破业务经营的地域、人才储备等因素限制，扩大自身规模与实力，为新区建设提供资金支持与服务。为此，河北省政府应加大对其上市支持力度，提高上市效率。通过上市，可以扩大金融机构的资金规模，提高自身的资金实力，增加经营效益。同时也可以提高公众对上市金融机构的监督，规范其行为，有利于其健康发展。只有自身发展得到提升，补齐短板，才能更高效地承接金融合作以及更好地融入京津冀协同发展大局。

（三）优化金融生态

首先，加大产融结合，通过设立专项产业发展基金为高新技术行业或者基础设施建设等提供资金支持。其次，大力发展绿色金融，满足雄安新区生态环保建设方面的大量资金需求。逐步将绿色金融作为银行信贷标准，鼓励金融机构加大对绿色行业发展的资金支持。通过积极的金融创新，如设立绿色产业基金、绿色债券或其他绿色金融专项产品等以及资本市场渠道引导社会资金向绿色产业流动，从而构建金融生态环境，为河北省绿色发展提供资金保障。

参考文献

[1] 常纪文．雄安新区的科学定位与绿色发展路径［J］．党政研究，2017（3）．

[2] 李惠茹，刘永亮，杨丽慧．构建京津冀生态环境一体化协同保护长效机制［J］．绿色发展，2017（1）．

[3] 葛剑平．京津冀生态经济协同发展［J］．北京观察，2016（3）．

[4] 王凤娇．金融支持京津冀协同发展研究［D］．河北经贸大学，2016（3）．

[5] 刁文杰，朱翠景．京津冀协同发展背景下区域产业转移问题研究［J］．合作经济与科技，2015（5）．

[6] 王秀玲，王亚苗．加快京津冀协同创新共同体建设［J］．经济与管理，2017（2）．

[7] 孙兵．京津冀协同发展区域管理创新研究［J］．管理世界，2016（7）．

[8] 张慧君．发挥创新驱动在供给侧改革中的战略引领作用［J］．理论视野，

2016（1）.

［9］肖金成．京津冀协同与大城市病治理［J］．区域金融，2016（2）.

［10］李惠茹．京津冀生态环境协同保护：进展、效果与对策［J］．河北大学学报，2016（1）.

金融监管

当前我国宏观审慎管理面临的挑战及应对

韩鑫韬①

摘要：宏观审慎管理制度建设是国家在“十三五”时期的重要任务。本文首先研究了当前我国宏观审慎管理面临的整体风险状况，接着分析了我国宏观审慎管理面临的四个特殊挑战，最后提出相关政策建议。

关键词：中国　宏观审慎管理　挑战

金融危机爆发后，由于微观审慎监管暴露出的顺周期性和对“合成谬误”（Fallacy of Composition）的忽略，宏观审慎监管理念得到空前重视，并逐渐形成微观审慎监管与宏观审慎监管同时并行的监管趋势。2010 年，我国公布的“十二五”规划中，明确提出“进一步构建和完善逆周期的宏观审慎政策框架”。2015 年，人民银行在金融业“十三五”规划中继续强调“建立健全宏观审慎政策框架”。

一、我国宏观审慎监管政策的总体风险犹存

微观审慎监管的逻辑是只要保证每个金融机构的稳健发展，就足以保证整个金融系统的稳定性，但这种监管理念不能解决金融机构关联度、资产抛售行为和经营战略雷同等产生的负外部性。2008 年的全球金融危机将微观审慎监管的缺陷暴露无遗，并引发全球反思，宏观审慎监管得到空前重视。宏观审慎监管是将金融系统视为一个整体，运用审慎工具对金融系统的整体风险及其对宏观经济的影响进行识别、监测和处置，以防范系统性风险的累积和集中。特别是外部冲击爆发时，宏观审慎监管下的金融体系本身能阻止冲击在金融体系内部扩散和放大。

① 作者简介：韩鑫韬，现供职于中国人民银行重庆营业管理部。

当前，我国监管机构主要从时间维度（Time Dimension）和截面维度（Cross - Section Dimension）两方面采取一系列宏观审慎政策措施来降低银行业系统性风险，提高金融体系整体的稳健性（见表1）：时间维度主要是实施逆周期监管，以解决金融体系内部及金融体系和实体经济间相互作用而扩大的系统性风险，即顺周期性；截面维度主要是实施跨市场、跨机构、跨部门的系统性风险监管和预警，将整个金融体系风险损失控制在局部，从而控制"尾部风险"。

表1　我国宏观审慎监管政策体系

类别	工具	实施机构	政策目标
应对时间维度风险	个人住房贷款价值比要求	中国人民银行、银监会	房地产价格、房地产相关资产业务
	宏观审慎评估机制	中国人民银行	资本充足率、经济指标等
	差别动态准备金调节机制	中国人民银行	信贷增长、资产价格
	动态拨备要求	银监会、中国人民银行、财政部	缓解顺周期经营行为，提高损失吸收能力、信贷增长
	逆周期资本监管	银监会、中国人民银行	缓解顺周期经营行为，提高损失吸收能力、信贷增长（辅助目标）
	杠杆率要求	银监会	缓解顺周期经营行为
	特定资产组合资本要求调整	银监会	对特定资产组合的增长进行微调
	跨周期的风险加权资产计量方法	银监会	缓解资本计量的顺周期性
	存款保险制度	中国人民银行	缓解顺周期经营行为
应对截面维度风险	加强对系统重要性金融机构的监管	中国人民银行、银监会	降低系统重要性金融机构经营失败对金融体系的冲击
	流动性风险管理	中国人民银行、银监会	宏观层面的流动性风险
	限制同业之间的交易	中国人民银行、银监会	降低金融机构之间的传染性
	风险隔离（"栅栏原则"）	中国人民银行、银监会	降低中间业务、高风险业务对传统业务的传染性
	早期预警系统	中国人民银行、银监会	提前防范风险
	金融监管协调部际联席会议制度	中国人民银行、银监会、证监会、保监会、外汇局	协调货币政策与金融监管政策，降低跨市场金融系统创新风险

我国金融监管部门所采用的宏观审慎政策工具总体上体现出三方面的特点：一是种类较多，体系较为完整，包括应对时间维度风险和应对跨部门维度风险两大类，审慎监管指标调节和行为监管并重；二是目标多元化，从宏观控制到中观微调均有涉及；三是多个金融监管部门，尤其是人民银行与银监会共同协作实施。尽管如此，

我国宏观审慎监管的效果依然不明显，特别是地方层面的金融监管协调机制并没有发挥应有的作用，导致金融体系内部或跨市场、跨部门的金融系统性风险时有集聚；同时，社会融资规模统计范围依然停留在传统的融资结构中，一些跨行业的金融创新融资、“表表外”业务等大规模游离在统计监测之外，对未来系统性金融风险的潜在冲击不容忽视。

二、当前我国宏观审慎监管面临的四个挑战

虽然我国正在逐步完善宏观审慎监管框架体系，但在当前经济下行阶段，顺周期影响下的各种金融活动越发脆弱，尤其是经济金融中出现的一些新现象、新问题，使得宏观审慎监管难以达到预期目标，需要引起金融管理当局的高度重视。

（一）逆周期宏观审慎工具存在局限性

目前，我国已经开始通过逆周期超额资本、动态贷款损失准备、杠杆率等逆周期监管工具来加强宏观审慎监管。这些制度创新虽然对提高我国银行业风险防范能力起到了重要作用，但也有一定的局限性。

一是动态贷款损失准备制度与会计准则相冲突，造成准备金计提事实上的“双轨制”。目前，我国银行业实行的是拨贷比（不低于2.5%）和拨备覆盖率（不低于150%）“双指标”监管标准，但现行会计准则采用“已发生损失”模型，所有减值损失计提均建立在客观减值迹象的基础上，并无“最低标准”之说，且减值准备需在成本中计提，导致“双指标”机制与会计准则产生了直接冲突。

二是动态贷款损失准备制度在具体实践上具有使信贷成本与资产质量脱节的痼疾。根据“提取贷款拨备 = 本期末拨备余额 - 上期末拨备余额 + 当年核销呆账”的公式推导，商业银行信贷成本将主要取决于贷款新增情况，而与贷款质量或不良率的变化无关。这样就使得贷款损失准备的计提可能成为银行调节利润的重要途径。此外，这还会使银行陷入“核销处置越多、提取拨备越多”的怪圈，在银行加大不良资产核销处置以降低不良率时，反而会加大银行的信贷成本。

三是杠杆率制度规定只考虑了银行的规模，没有考虑不同资产风险的差异，这样容易导致高风险资产对低风险资产的替代，加大银行系统性风险。同时，杠杆率容易加深经济周期。在经济下行期，如果依旧维持较高的杠杆率限制和测算标准，会使银行压力增大，同时银行为了保证资本充足率要求，将进一步减少放贷，导致本已疲软的实体经济“雪上加霜”。以重庆银行为例，截至2015年9月末，重庆银行杠杆率为5.4%，较2014年末提升0.4个百分点，与此同时，重庆银行贷款余额

同比增速较2014年末下滑2.37个百分点至16.33%。

（2）跨市场风险监管存“真空”地带

近年来，在金融业经营效率逐渐提高、获利空间加大的同时，金融风险的交叉和传递也变得日益复杂，但金融领域的跨市场风险监管实际上仍是“空白”。跨市场金融风险是相对于单一市场的传统金融风险而言，银行、证券、保险等金融机构以产品、市场、股权资本为载体，从事跨市场金融活动而遭受损失的不确定性的总和。我国现阶段跨市场金融风险的监管“空白”主要表现为三种类型：

一是涉及银行、证券、保险等不同市场的交叉性金融产品所内生的跨市场金融风险的监管，如银证通、第三方存管、股票质押贷款、保险资金在银行的协议存款等。目前，我国的分业监管模式基本只是对交叉性金融产品的发行机构进行了监管，但是对产品发行后超过本行业风险的外溢还没有具体的监管措施，因此，很难应付交叉性金融产品造成的“传染性”风险。进一步来看，由于银行在我国金融合作中占据主导地位，银行通过与证券、保险等金融机构开展融资、代理、清算、托管等合作（见表2），金融风险更多地将通过跨市场操作而向银行传递，风险在商业银行的累积，加大了金融系统风险。

表2　　银行与其他主要金融机构合作类型

跨市场类型	业务合作类型	交叉性金融产品
银行、证券	托管代销合作	银行托管基金；银行代销基金
	资金清算合作	银证转账；银证通；第三方存管
	融资合作	股票质押贷款；商业银行为证券公司发债提供担保；商业银行购买证券公司短期融资券；资产证券化等
	理财合作	商业银行设立基金管理公司；银行私募的证券公司的“集合理财计划”
银行、保险	代理合作	代收保费；代支保险金；代销保险；银保通
	融资合作	保险资金投资商业银行次级债券；寿险保单质押贷款；保险资金在银行的协议存款；出口信用保险融资等
	政策性合作	存款保险
银行、期货	资金清算合作	银期转账；银期通；代理期货资金清算；期货保证金封闭运行
	融资合作	标准仓单质押贷款

二是银行、证券、保险等金融机构共同参与的全国公开性金融市场所蕴涵的跨市场金融风险，如银行间同业拆借市场、银行间债券回购市场等。我国的全国银行间同业拆借市场历经十余年发展，已经日趋成熟，在会员资格、限期、限额等方面都有比较严格的规定，在制度安排上杜绝了可能存在的跨市场金融风险，但是在操作层面上的风险仍然存在，集中体现在对拆借的短期资金的用途控制方面。同业拆

借市场设立的初衷是调剂不同机构短期资金的余缺，如果机构采用反复拆借的方式，将拆借资金用作长期投资或挪作他用，风险跨越市场传递至资金的融出方，将加大拆借市场的系统性风险。在债券回购市场方面，目前我国存在银行间和交易所两个债券回购市场，符合条件的证券公司在两个市场均可交易，而两个市场有着不同的价格形成机制、资金清算系统，证券公司资金的双向流动和银行资金的单向流动恐加剧金融风险，与套利机会伴随产生的是金融风险从回购市场传递至银行体系。

三是金融控股公司通过资本控股可同时从事银行、证券、保险等业务而产生的跨市场金融风险。目前，除了银行控股模式中作为母公司的商业银行接受银监会监管外，其他金融集团式和产业控股式的母公司均游离于金融监管之外。金融控股公司市场主体身份没有得到明确①，无法将控股母公司归入某类金融机构，监管机构无法依照法律按金融机构的标准对其进行监管，致使本来需要进行严格监控的机构游离监管体系之外，风险外溢问题严重（见表3）。

表3　我国金融控股公司监管存在的问题

<table>
<tr><th>金控模式</th><th>代表公司</th><th>对母公司的监管</th><th>对子公司的监管</th><th>对关联交易的监管</th></tr>
<tr><td>纯粹型金控公司</td><td>中信集团光大集团</td><td>没有专门监管部门对集团进行监管，难以控制整个集团的风险</td><td rowspan="3">各控股子公司根据业务性质由分页监管部门分别监管</td><td rowspan="3">在资本使用、关联交易方面很难跟踪监测</td></tr>
<tr><td>金融机构设立的金控公司</td><td>中国银行平安集团</td><td>依据母公司主要业务对母公司监管的部门缺失集团并表监管</td></tr>
<tr><td>产业集团设立的金控公司</td><td>海尔集团华能集团</td><td>在集团层面存在监管真空</td></tr>
</table>

（三）地方政府金融调控对宏观审慎形成干扰

最近几年，随着中央与地方政府金融管理职能划分的逐步明确，地方政府获得相当大的金融管理自主权。地方政府金融管理权的扩张和金融控制实体规模的增长在一定程度上对区域宏观审慎监管形成了挑战。

一是背离中央经济金融政策。由于地方政府对辖内的金融机构的影响力在不断

① 2003年9月，中国银监会、中国证监会、中国保监会召开第一次监管联席会议，讨论并通过了《中国银监会、中国证监会、中国保监会在金融监管方面分工合作的备忘录》，建立监管联席会议机制和经常联系机制，提出了针对金融控股公司的“主监管人”理念，即“对金融控股公司的监管坚持分业经营，分业监管的原则，对金融控股公司依据其主要业务性质，归属相应的监管机构对金融控股公司内相关机构、业务进行监管。按照业务性质实施分业监管。”但实际无法执行，因为很难将金融控股公司归入哪一类，也缺乏相应的监管依据。

增长，当出现不利于地方的中央政策时，往往会出现“上有政策、下有对策”的情况。例如，《国务院关于加强地方政府性债务管理的意见》（国发〔2014〕43号文）出台以后，中央的精神是“开前门”，放开地方政府债的发行；“堵后门”，限制对平台公司的贷款。但是在地方政府干预下，实际情况可能是“前门已开，而后门未堵”，特别是一些地方政府控制的金融机构依然向政府平台项目大量放贷。同时，当前社会经济风险增加，根据相关调查，金融机构反而更愿意向政府平台项目提供贷款。所以，在目前经济下行掩饰下，融资平台贷款存在再次膨胀风险，这些都是与宏观审慎管理的最终目的相悖的。

二是为区域经济金融运行埋下风险隐患。地方政府通过其创设的金融实体，进行了大量的产品和业务创新，而地方政府办由于各种原因却难以对这些业务进行有效监管，容易埋下风险隐患。例如，地方政府主导的金融机构普遍要承担为地方政府融资提供便利的准公共职能。同时，有关债务融资产品的资金来源和投资去向可能不在发行所在省（市），往往还涉及其他金融机构，而地方政府对这些业务的溢出效应知之甚少，它们处于事实上的监管空白地带。

（四）跨境资金流动对宏观审慎管理的挑战

目前，我国正在稳步推进资本项目可兑换和人民币国际化，众多创新举措已经在四个自贸区及其他金融改革区域试点，但是资本项目可兑换和人民币国际化的一个重要影响就是跨境资金的流动将更加频繁，跨境资金的大规模流动必然会冲击我国经济的稳定性。2015年12月，国务院出台针对天津、广东和福建3个自贸区的“金改措施”中均提到要防范“跨境资金大进大出”。近年来，我国跨境资金交易形式和外汇管理方式都发生了深刻变化。一是随着人民币兑美元长期升值趋势，境内外利差较大，银行贸易融资产品不断创新，企业通过银行开展有真实交易背景但具有明显套利特征的资金运作动力增强，对国际收支的冲击越来越大。二是随着政府职能转变，市场主体资金交易的自由化程度提高，银行在跨境资金总量调节中的地位更加突出，而银行系统又对金融稳定有着举足轻重的影响。所以，在未来资本项目进一步开放的趋势下，我国宏观审慎管理的重点挑战之一必将是跨境资金流动管理。

三、政策建议

一是协调好与会计准则的冲突，区别“减值准备”与“一般准备”进行账务处理。监管机构“双指标”要求计提的准备与会计准则要求计提的减值准备存在一定的冲突。监管要求银行在效益好的时候多提一些拨备是完全合理的，但是通过何种方式计提应给予银行充分的自主性，应允许银行在利润分配环节从“未分配利润”中提取部分拨备。

二是密切关注银行表内外资产的变化，控制监管资本套利。杠杆率监管是资本充足率监管的有效补充，要配合其他宏观审慎性工具统一对风险作一个总体的控制，动态监控银行表内外资产的变化，同时要保证银行高风险贷款的拨备充足，配合“存款偏离度”等考核标准，加强对银行负债端的流动性资产管理。逐步建立对银行“表表外”业务的统计和监管制度。

三是统筹系统重要性机构和金融控股公司监管。短期内可以借鉴英国对跨境集团金融流动性管理方法，将事实上的金融集团作为整体，监管其流动性风险。完善一行三会以及与地方政府金融管理部门的监管协调机制。建立跨市场金融风险预警机制。长期内，应参照危机以来发达国家金融改革措施，建立统筹负责金融业综合统计、统筹负责系统重要性机构和金融控股公司的金融监管制度。

四是建立地方政府所辖类金融机构的统计监测制度，将其纳入宏观审慎监管。立即明确地方交易所等类金融机构（或市场）的宏观审慎监管责任主体，出台法规严格其与正规金融机构的合作机制，构建类金融机构（或市场）的安全防护网和责任惩罚机制，防范区域性和系统性金融风险发生。

参考文献

［1］巴曙松，王璟怡，杜婧．从微观审慎到宏观审慎：危机下的银行监管启示［J］．国际金融研究，2010（5）．

［2］廖岷，林学冠，寇宏．中国宏观审慎监管工具和政策协调的有效性研究［J］．金融监管研究，2014（12）．

［3］罗玉冰．宏观审慎管理理论及其中国化问题研究［D］．西南财经大学博士学位论文，2012（4）．

［4］王兆星．我国微观与宏观审慎监管变革［J］．中国金融，2015（5）．

［5］尹继志．中央银行在宏观审慎监管体系中的地位与权限［J］．财经科学，2011（1）．

［6］于震，刘熙源．动态拨备制度在我国宏观审慎监管中的应用研究［J］．学习与探索，2014（8）．

阿根廷主权债务危机处置的经验与启示[①]

张俊勇[②]

摘要：2016 年，随着阿根廷政府更迭，持续达 15 年之久的债务纠纷终于尘埃落定。阿根廷终于从被国际资本市场长期孤立在外的“浪子”回归到正常国家行列，160 亿美元的债券得到了空前的热购。文章回顾了阿根廷债务危机产生的原因以及由此产生的严重后果。债务危机过程的多变性既受到国内民粹主义的影响，也受到国际主权资本重组不完善的制约，更主要是受到胆大冒险、恣意妄为的兀鹫资本的围追堵截，最终成为被猎杀的对象。本文从完善国际主权债务、控制地方政府债务的角度总结了其带来的启示。

关键词：阿根廷　兀鹫基金　债务危机　政府债务

2016 年 4 月，阿根廷结束了长达 15 年被国际资本市场所隔离的历史，成功发行 165 亿美元债券。这是继 2001 年违约以来首次发行主权债券，并获得了数倍的认购。此举被阿根廷有关人士认为是摆脱债务危机后遗症的关键，也被认为是 21 世纪以来的里程碑式事件，对一个长期受到债务危机困扰的国家来说，至少是获得了喘息的机会。阿根廷债务危机曾引发学术界的激烈探讨，也为研究希腊危机、欧元区债务危机提供了重要的对比参考物。阿根廷债务危机最终以沉重的代价让兀鹫资本赚得盆满钵满，究竟是资本丛林中法律、正义的胜利，还是投机资本的再次兴风作浪，这场危机解决的背后为全球主权债务危机带来什么样的影响，相关案例至少会对今后的债务重组产生重大影响。

---

① 本文得到控制与化解河北省地方政府债务风险研究项目（批准号：15457661D）的资助。

② 作者简介：张俊勇，英国安格利亚鲁斯金大学访问学者，现供职于石家庄铁道大学经管学院。

一、长期陷入债务泥潭的阿根廷经济

2001 年，阿根廷的政府债务水平为 GDP 的 61%，这一水平不管是对于发达国家还是发展中国家来说，都算比较高，处于安全线水平之下。根据经济合作组织提供的数据，2001 年希腊、日本、意大利等国的债务水平都超过了 100%，同样一些其他国家如土耳其、以色列、比利时等国的债务水平也是高位运行。阿根廷的债务危机影响之大不仅拖累了本国经济的发展，损害了国家形象，也屡屡成为经济学教科书中的经典负面材料。1998—2002 年，阿根廷经历了历史上最严重的经济衰退，通胀加剧、政府更迭、失业陡增、社会动荡等，使这个国家处于风雨飘摇之中。据统计，该时期内，GDP 下降 28%，超过一半的人陷入贫困，有四分之一的人身无分文，在衰退最严重的 2002 年，十分之七的儿童营养不良。阿根廷最让国际资本市场感到不安的是在 2001 年宣布 830 亿美元主权债务无力偿还，其中近一半是最近的 3 年所借的债务。阿根廷历史上并不乏这样的先例，曾在 1982 年和 1989 年分别违约外债和内债。不过 2001 年的这次违约历经 15 年之久才得以处置完毕，一方面说明主权债务的日益复杂性，另一方面也为主权债务问题的处置提供了诸多警示。

经济学家莱因哈特与罗格夫所提出的债务理论在 20 世纪的阿根廷似乎成了一种悖论，他们提出全球资本之所以不向贫穷国家流动，是因为这些国家在偿债时存在一定的困难。那么既然阿根廷历史上并不乏违约的先例，为什么还会有资金流入？阿根廷管理者又是怎么处理债务问题的？这一系列问题曾引发诸多的见解和争论。从大的方面来说，阿根廷的债务积累主要是两个时期，第一时期是 20 世纪七八十年代军人政府执政时期，第二时期是 90 年代的文职政府推行新自由主义政策时期。

亚洲金融危机发生前，阿根廷也曾一度经历了快速的经济增长期，按照国际货币基金组织所开出的处方进行了一系列新自由主义改革，也带来了国际资本的大量流入。为增强国际资本的信心，同时也为了遏制通货膨胀，阿根廷采取了本币比索与美元的 1 比 1 的盯住挂钩制度。随着亚洲金融危机的蔓延，与阿根廷经济联系密切的巴西、墨西哥等国相继发生危机，货币迅速贬值。在这种情况下，阿根廷依然固守原来的盯住制度，其带来的后果也是严重的。在美元的强势地位下，比索自然被高估，削弱了国内产品出口的竞争力，对国内其他产业也带来冲击。缺少外资流入，而货币管理当局又固守原来的规则，依然没有适当扩大货币发行量，对生产进一步产生了抑制作用，也使可纳税收入进一步收窄，由此造成经常账户赤字和财政赤字并存的局面。在私有化的推行过程中，也造成大量的裁员，失业率的上升，而所谓的自动稳定器并不能发挥作用。

阿根廷的债务很复杂，除了数额大，而且涉及国家多，涉及的投资者也多。从

2003 年到 2012 年，阿根廷需要偿付的债务总额达到 1 737 亿美元，其中 815 亿美元为主权债券形式。512 亿美元为从多边机构的借款。对阿根廷公共部门的债务分析可以发现，阿根廷本身外债所占比例大，除了源于政府的财政收入有限，也与这个国家的低储蓄率有关。由于时局的动荡，很多富有的人把财产和资金转移到了海外。据统计，阿根廷有超过 4 000 亿美元离岸财富，这些并没有被纳入征税范围。因此，尽管外债沉重，阿根廷很大一部分外债也是由阿根廷最富有的人持有债权的。

二、阿根廷的债务危机与兀鹫基金的对决

面对债务重压，阿根廷的确采取了一些措施，整顿公共财政、限制进口、鼓励海外公司把海外资金转移到国内。从 2003 年起，阿根廷的经济已经有所好转，债务处理也再次提上日程。按照惯例，债务不能如期偿还，就需要进行债务重组，重新界定双方的权利和义务。阿根廷于 2005 年、2010 年先后与众多投资者达成了债券置换协议，就是对债券的应偿还金额和时限进行了重新约定，最为根本的就是“剪头发”，面值 1 美元的债券最终按照三分之一的价格来偿还。在 2005 年的债务谈判中，有 67% 的债权投资人接受了阿根廷提出的条款。阿根廷的债务总额总 1 265 亿美元下降为 635 亿美元。在 2010 年的谈判中，接受阿根廷所提出条件的投资者比例已经达到 92. 6% 。债务处理如果如阿根廷所期望的那样，应该也算是一个完美的结局，毕竟阿根廷经济每年 9% 左右的经济增长速度也为债务的偿还提供了保障。

早在阿根廷债务出现违约时，在其违约债务周围环伺着一批靠债务进行套利的投资者，这批投资者以锁定破产公司的债务、高负债主权国家的债务为目标，趁机低价收购。这批投资基金曾经在秘鲁、巴西、尼加拉瓜和刚果等已经取得了不小的斩获。比如 NML 投资基金以 4 900 万美元的价格在二级市场购买到账面价格为 2. 2 亿美元的债券。这批投资者构成了阿根廷债务危机难以解决的关键少数。他们一方面进行政治游说，另一方面进行法律诉讼，要求阿根廷政府不仅要全额支付，而且要支付债券的利息。

需要指出的，债务重组本身没有错，阿根廷政府也尽了最大可能进行了债务的偿还。为了让债权人接受自己开出的条件，阿根廷议会通过了《门栓法》，对于不接受债务置换条件的债权人将不再商谈偿还，此举无疑对加速债务重组起到了关键性的威慑作用，让众多的投资者无奈接受条款。但就是由于数量较少的投资基金横亘在中间，这批投资基金不管是从人数上还是债务所占份额上都非常低，拒不接受阿根廷政府所开出的条件。他们在美国纽约地方法院向阿根廷政府提起了诉讼，2012 年 2 月美国法院作出裁决，要求阿根廷进行全额支付。

造成阿根廷败诉的原因归纳起来有如下几条：一是长期的债务依赖造成阿根廷

在国际资本市场借款越来越困难，为了达到在国际资本市场借款的要求，阿根廷在发行债券时，主动提出争议发生时以美国纽约的法律作为裁定的依据，这本身也为投资基金的纠缠埋下了隐患。事实上，阿根廷主权债务债券总额中有70%是在美国发行的，因此涉及到相应的债务自然会牵涉到美国的法律。二是本来投资基金受到舆论的谴责，阿根廷作为主权国家受到了舆论的同情，但阿根廷所通过的《门栓法》还是为投资基金找到了法律上的漏洞。三是最为根本的就是美国长期以来所推行的“三权分立”政策并没得到充分发挥，美国在选择两国关系还是本国投资者的利益上显然是倾向了后者。

有了美国地方法院的有利判决，这批投资基金要求冻结阿根廷在海外的经济、军事、外交资产。曾经导致阿根廷的战舰在加纳港口被扣，阿根廷总统专机因为遭到恐吓而不能起飞。在南美，兀鹫是一种以专门吸食死亡动物为生的鸟类，时任总统克里斯蒂娜愤怒地把这批基金称之为“兀鹫基金”，并称这是金融“恐怖主义”。2014 年兀鹫基金以未能受到公平对待为由，再次向美国法院提出申诉，要求冻结阿根廷对接受债务重组条款的支付账户。这样阿根廷就不能如期偿还债务，由此产生“技术性违约”，不是不偿还债务，而是不能偿还债务。如果答应兀鹫基金的条件，则意味着原来达成协议的债权人也需要重新谈判，这对阿根廷来说显然是不能承受之重，不仅前些年的努力将化为泡影，而且也预示着国家的再次屈服。两害相权取其轻，只能采取拖延的方法来避过与大多数债权人所约定的追溯时限。

最终，在这场债务危机中，除了众多的小散投资者的亏损，阿根廷国家声誉和形象的受损，所得高额回报的就是一批兀鹫基金。其中来自波士顿的一只基金以1. 2 亿美元的成本最终获得的赔偿额为 9. 5 亿美元。百万富翁辛格和他的 NML 资本，以 6. 17 亿美元的本金，最后获得 22. 8 亿美元的权益。

三、阿根廷主权危机的教训

经历了旷日持久的法律诉讼，损害的不仅仅是一个国家的声誉，也是这个国家从国际资本市场再次筹资的通行证。克里斯蒂娜及其丈夫所领导的债务重组只能说是取得了部分的成功，正是因为国际金融的话语权和决定权依然掌握在美国等少数国家手中，阿根廷最终也为其债务问题付出了沉重的代价。在新一届的总统竞选中，现任总统以解决债务问题为突破口，最终以微弱多数赢得了选举，也为与兀鹫基金之间的法律诉讼最终和解奠定了基础。

阿根廷债务危机的教训是深刻的，其他主权国家在以债务推动经济发展时应该从中吸取若干教训。

一是阿根廷依然走不出对他国依赖的怪圈，这种依赖包括经济上的依赖、货币政策乃至司法的依赖。2001 年的债务危机从本质上是新自由主义政策推行所造成的严重后果，阿根廷所采取的与美元盯住的制度束缚了其面对经济环境变化时货币政策做出相应调整的空间。待其债务危机发生后，伴随着货币的贬值，其债务规模以本币计算显得更为沉重，这点与亚洲金融危机发生后泰国的债务问题极为相似。阿根廷是在他国发行主权债务债券，在国际法空白的情况下，阿根廷自愿约定接受他国的法律，这本身为主权国家承认无限责任开创了一个先例，既是其过去违约的结果，也是造成其麻烦不断的根本原因。

二是不管是通过横向、纵向对比都可以发现，阿根廷违约债务风险额大，但债务总额与 GDP 之比并非处于最高的水平。因此，债务的单一指标只能属于一种预警性指标，还不能由此就判定一个国家的债务是高还是低。近年来全球一些国家的债务水平上升，大大超过了阿根廷当初的举债水平。由此我们也可以看出，分析债务问题除要研究债务结构（包括内债和外债）、债务去向外，也要分析一个国家的财政政策、货币政策以及制度安排，一个国家的经济实力、受到内外冲击的承受程度、国家的治理等都会对经济带来一定的影响，任何一项都可能触发债务危机，并相互影响。

三是阿根廷在处理债务问题上，显然也存在一些不当之处。在这场国家主权债务与兀鹫基金的较量中，最终还是以国家主权的屈服而收场。不管债券市场、资本市场存在怎样的漏洞，这至少说明国家的管理者缺乏足够的应对能力，也正如资本大鳄索罗斯对薄弱国家的冲击一样。阿根廷为了解决债务，通过以在国内立法的形式加速了这一进程，但在执法过程中的不统一以及与美国法律的较量中被兀鹫基金抓住了把柄，而曾经依靠的国家货币基金组织在其最需要救援的时候却没有伸手相救也说明了资本市场依然是依附于西方大国的体系。

四是阿根廷能走出债务泥潭的路还很长。因为这次兀鹫基金获胜的先例为阿根廷再次进入国际资本市场清除了最后一道门栓。但阿根廷本身的经济结构、税收结构、产业政策等能否支撑其发展还有待观察。阿根廷发售的债券除了相当一部分用于偿还与兀鹫基金之间达成的协议债务额外，还有少量要用于充实国家的外汇储备，本身并没有用于生产性投资。另外，在国际资本市场普遍低迷的情况下，阿根廷债券所承诺的高回报率也受到了众多投资者的热捧。据相关权威数据，发达国家的债券收益率已经接近于零，而阿根廷本次债券发行率超过 7% 的收益率水平引起投资者的追捧也就不足为奇了。

四、阿根廷债务危机处置对我国的启示

自 2008 年以来，我国政府债务尤其是地方政府债务出现上升趋势，从国家层面

上，包括财政部和审计署对此都引起了足够的重视。审计署对地方债务进行了摸底审计，因此也就摸清了地方政府的债务家底，国家财政部出台多项法规来对地方政府债务加以引导和约束。

强化政府债务管理，防范和化解政府债务风险。我国的政府债务水平远低于国际上一般确认的风险临界点，另外我国政府债务主要用于生产性投资，尽管投资回报期长，但实质上是为经济的进一步发展注入了活力。唯有经济的可持续发展，才有可能为债务风险的可控性提供保证。党的十八届三中全会提出“加快建立国家统一的经济核算制度，编制全国和地方资产负债表”，实质上也对地方政府的新增债务提出了更为明确的问责要求。一是要纠正地方政府的短视行为；二是要强化责任；三是要增加社会公众的知情权，增加公众对债务的监督。

2015 年是地方政府债务管理改革全面启动的第一个年份，我国首次实现地方债全部由省级政府自发自还。同时，地方债务进军债券市场，一举拿下债券市场余额的 10%，晋升为第三大类券种，2016 年还有望继续扩容。在这种情况下，各个省的地方债务规模、承受能力肯定会有很大的不同，为避免由于地方政府债务出现危机而产生的扩散效应更需要对债务进行严格的管理。

地方债务从来都是一把“双刃剑”。用好赤字，发挥杠杆作用，能够刺激地方经济发展，改善人民生活水平。相反，过高的赤字则会令政府不堪重负，甚至带来违约的风险。强化地方政府债务的天花板，转变政府职能，提高资源配置效率。只有把地方债关进“笼子里”，才能防止其成为“洪水猛兽”。

《企业会计准则第22号——金融工具确认和计量》修订后的新变化及其影响分析

王　婧[①]

摘要： 国际会计准则理事会于2009年启动了金融工具准则改革项目，并于2014年7月发布了《国际财务报告准则第9号：金融工具》（IFRS9），该准则将于2018年1月1日正式生效，本文旨在介绍22号金融工具确认和计量准则修订前后的主要变化，然后结合商业银行报表数据，分析这些变化对商业银行经营及财务结果造成的影响，并提出了相应的对策。

关键词： 会计准则 修订 金融工具

根据我国企业会计准则与国际财务报告准则持续全面趋同的路线图，财政部已完成对现行《企业会计准则第22号——金融工具确认和计量》的修订，并于2017年3月31日发布了修订后的《企业会计准则第22号——金融工具确认和计量》。该准则将于2018年1月1日起在境内外同时上市的企业以及在境外上市并采用国际财务报告准则或企业会计准则编制财务报告的企业施行，于2019年1月1日起在其他境内上市企业施行，于2021年1月1日起在执行企业会计准则的非上市企业施行，同时鼓励企业提前执行。

一、22号准则修订前后的主要变化

相较于现行《企业会计准则第22号——金融工具确认和计量》，修订后的22

① 作者简介：王婧，现供职于中国人民银行营业管理部。

号准则对金融工具确认和计量做了较大改进，旨在减少金融资产分类，强化金融工具减值的会计要求。根据这一理念，本次修订的主要变化如下。

（一）金融资产分类由“四分类”改为“三分类”

对金融资产的准确分类是进行后续计量、减值的基础。22号准则修订前后在金融资产分类与计量上的主要变化见表1，对比可知，修订后的22号准则把公允价值作为金融资产计量的基础属性，并对所有金融资产都采用相同的分类原则，简化了分类标准，减少了金融资产分类，提高了分类的客观性，在一定程度上解决了现行22号准则存在的分类和计量标准过于复杂、主观性强的问题，提高了不同实体间财务报表信息的可比性和一致性。

表1　22号准则修订前后在金融资产分类和计量方面的变化

22号准则	分类原则	分类结果	默认类别	重分类
修订前	每一类别都有具体的标准，这些分类标准集金融工具的性质、使用方式和管理层意图于一体	分为四类：以公允价值计量且其变动计入当期损益的金融资产，持有至到期投资，贷款和应收款项，可供出售金融资产	除了以公允价值计量且其变动计入当期损益的金融资产之外的其他金融资产均可被指定为可供出售类别，且不符合其他三种类别的金融资产也均可划分为可供出售	允许一定条件下的持有至到期投资可以重分类为可供出售金融资产，但不允许以公允价值计量且其变动计入当期损益的金融资产与其他三类资产间的重分类相互转化
修订后	对所有金融资产适用同一个分类方法，将管理金融资产的业务模式和金融资产的合同现金流量特征，作为划分资产类别的依据	分为三类：以摊余成本计量的金融资产，以公允价值计量且其变动计入其他综合收益的金融资产，以公允价值计量且其变动计入当期损益的金融资产	以公允价值计量且其变动计入当期损益是金融资产分类的“默认类别”，只有满足特定条件的金融资产才能被分类为以摊余成本计量或以公允价值计量且其变动计入其他综合收益的类别	如果改变管理金融资产的业务模式从而使以前的模式不再适用时，应对受影响的金融资产进行重分类，每一类均可重分类为其他两类

修订后的22号准则要求，应当根据管理金融资产的业务模式和金融资产的合同现金流量特征对金融资产进行分类。当金融资产同时满足“业务模式是以收取合同现金流量为目标”和“现金流量仅为收回的本金和以未偿付本金金额为基础收取的利息”时，应当将其分类为以摊余成本计量的金融资产；当金融资产同时满足“业务模式既以收取合同现金流量为目标又以出售该金融资产为目标”和

“现金流量仅为收回的本金和以未偿付本金金额为基础收取的利息”时，应当将其分类为以公允价值计量且其变动计入其他综合收益的金融资产；对于不能分为以上两类之外的金融资产，应当将其分类为以公允价值计量且其变动计入当期损益的金融资产。

（二）金融资产减值处理由“已发生损失法”改为“预期损失法”

现行22号准则采用已发生损失法计提金融资产减值，修订后的22号准则则采用预期损失法计提金融资产减值。从已发生损失升级到预期损失，该方法更具有前瞻性，强调信用风险的提前确认，而不需要待出现触发事件后才加以确认，旨在解决金融资产损失准备计提过少过迟的问题。根据修订后的22号准则，在金融工具的整个生命周期都要确认预期损失，并在每个财务报告日更新预期信用损失数额反映金融工具信用风险的变化，其主要规定包括以下几个方面。

1. 预期损失减值模型的适用范围

现行22号准则对不同类别的金融工具设定了不同的减值模型。与其相比，修订后的22号准则对属于减值要求范围内的所有项目均应采用相同的计量基础，适用同一个减值模型。该减值模型适用范围更广，涵盖以下各类金融工具：（1）按照修订后的22号准则第十七条分类为以摊余成本计量的金融资产和按照第十八条分类为以公允价值计量且其变动计入其他综合收益的金融资产；（2）租赁应收款；（3）《企业会计准则第14号——收入》定义的合同资产；（4）以公允价值计量且其变动计入当期损益的金融负债以外的贷款承诺和适用修订后22号准则第二十一条规定的财务担保合同。

2. 预期损失减值模型的运用方法

采用预期损失法对金融工具的减值进行会计处理，应当考虑包括前瞻性信息在内的各种可获得信息，具体方法如下。

对于购入或源生的未发生信用减值的金融资产，应当判断金融工具的信用风险自初始确认以来是否显著增加。如果未显著增加，应当按照相当于该金融工具未来12个月内预期信用损失的金额，确认和计量其损失准备，按账面总额计算与该金融工具相关的利息收入；如果已显著增加，应当按照相当于该金融工具整个存续期内预期信用损失的金额，确认和计提其损失准备，仍按账面总额计算与该金融工具相关的利息收入。

对于购入或源生的已发生信用减值的金融资产，应当在资产负债表日将自初始确认后整个存续期内预期信用损失的累计变动确认为损失准备，并按账面总额扣除计提的预期信用损失额后的摊余成本计算与该金融工具相关的利息收入。

二、22号准则修订对商业银行的影响分析

商业银行持有的绝大部分资产均属于金融资产，金融资产分类计量和减值处理的变化将会对其经营及财务结果产生重大影响。

（一）部分金融资产计量属性的变化可能会加大关键绩效指标的波动

根据修订后的22号准则，银行需要对存量金融资产进行测试，确定其计量属性。表2以工商银行2015年报披露数据为例，对比了22号准则修订前后金融工具类别划分的差异，主要表现在两个方面：一是“贷款及应收款项”和“持有至到期投资”将被并入“以摊余成本计量的金融资产”类别，由于这两种项目原本就是采用摊余成本计量，若以摊余成本计量的金融资产都能通过相关测试，那么目前的金融资产分类将不会发生重大变化；二是“可供出售金融资产”项目下的“权益投资”包含以成本计量和以公允价值计量两类，按照修订后22号准则的分类原则，这两类权益投资都将被划入“以公允价值计量且其变动计入当期损益的金融资产”。

表2　2015年末工商银行集团口径下22号准则修订前后的金融工具分类对比　单位：百万元

<table>
<tr><th colspan="3">修订前四分类</th><th colspan="2">修订后三分类</th></tr>
<tr><th colspan="2">金融工具项目</th><th>金额</th><th>金融工具项目</th><th>金额</th></tr>
<tr><td colspan="2">贷款及应收款项（客户贷款及垫款、应收款项类投资）</td><td>11 652 812</td><td rowspan="2">以摊余成本计量的金融资产</td><td rowspan="2">14 523 165</td></tr>
<tr><td colspan="2">持有至到期投资</td><td>2 870 353</td></tr>
<tr><td colspan="2">以公允价值计量且其变动计入当期损益的金融资产</td><td>343 272</td><td rowspan="3">以公允价值计量且其变动计入当期损益的金融资产</td><td rowspan="3">357 201</td></tr>
<tr><td rowspan="4">可供出售金融资产</td><td>以成本计量的权益投资</td><td>838</td></tr>
<tr><td>以公允价值计量的权益投资</td><td>13 091</td></tr>
<tr><td>债券投资</td><td>1 402 673</td><td rowspan="2">以公允价值计量且其变动计入其他综合收益的金融资产</td><td rowspan="2">1 430 266</td></tr>
<tr><td>其他债务工具投资</td><td>27 593</td></tr>
</table>

注：1. 四分类下的可供出售金融资产采用公允价值进行后续计量，其公允价值变动作为其他综合收益予以确认。

在对存量金融资产计量标准进行测试过程中，部分贷款或持有至到期债券，可能由于可变利率、提前偿付权、展期选择权等条款的存在，致使合同现金流不满足

“仅是本金和利息的支付”的要求，从而导致在22号准则修订后该类金融资产由摊余成本计量改按公允价值计量，将大大增加损益波动的不确定性。另外，原可供出售类资产下的以公允价值计量的权益投资纳入以公允价值计量且其变动计入当期损益的金融资产后，其公允价值变动也将计入当期损益。公允价值计量资产占比的上升将显著加大经营指标的双向波动。

（二）新减值模型可能导致资产减值准备大幅增加，银行或将调整资产结构

修订后的22号准则提出的新减值模型可能会导致银行资产减值准备较目前出现大幅提升。一方面，适用新模型的所有金融资产都需要确认信用损失，而不仅仅是已经发生损失的资产，这将导致计提资产减值准备的资产基数变大。另一方面，对于信用风险显著增加的金融工具，修订后的22号准则要求将计提的减值准备从12个月的预期信用损失转为整个生命周期预期信用损失，这亦可能导致减值准备大幅增加。减值准备的提升将直接负面冲击银行机构的关键绩效指标，例如，以摊余成本计量的金融资产，其账面价值应通过减值准备科目减计至其预计可收回金额，减计金额计入当期损益，因此，减值准备的提升将直接缩减当期利润。为降低此类绩效波动风险，部分受影响较大的银行或可能通过降低风险偏好的方式来调整资产结构，降低部分风险较高的信贷头寸，特别是减值准备计提增幅较大的次级抵押贷款产品。

目前，国内商业银行在计提资产减值准备时分为两种情况，一是工商银行等大中型银行已经全面落实巴塞尔资本协议Ⅲ的要求，采用内部评级法来计提未来12个月的预期信用损失；二是中小银行仍采用贷款五级分类法，对“次级”“可疑”“损失”三类贷款计算减值准备。前者主要受预期损失向整个生命周期延伸的影响，后者则还要面临从已发生损失变为预期损失所带来的整个计提资产基数的扩大。以工商银行2015年数据为例，客户贷款及垫款占新减值模型适用资产总额的73%，是受影响最大的资产类别。截至2015年末，集团口径客户贷款及垫款总额为116 528亿元，发生逾期的客户贷款及垫款为3 327亿元，其中逾期90天以上的贷款1 627亿元。按照修订后的22号准则所建议的逾期30天以上贷款视为“信用风险显著增加”的资产，那么将至少有1 627亿元的贷款转为以整个生命周期来计提减值准备，占客户贷款及垫款总额的1.4%。这一新增减值准备将直接计入当期损益。如果要保证减值准备不出现明显提升，短期内国内商业银行最有效的方式即为降低信贷资产的整体风险偏好，调整信贷资产结构，通过信贷资产转让等方式适度降低风险系数较高的贷款类别占比。

（三）资本成本的提升或将导致银行面临更大的补充资本金压力，并需要调整产品定价策略

资本成本的增加将使国内银行业在资本管理和产品定价方面面临巨大挑战。一方面，新减值模型可能导致资产减值准备大幅增加，要达到同样的资本充足率监管要求，银行必须补充更多的一级资本，加上银行在逐渐落实修订后22号准则过程中所需要软、硬件方面的大量投入，进一步推高了银行的资本成本；但另一方面，国内当前的大环境决定了银行试图通过提高定价的方式来转嫁资本成本也面临较大难度：一是利率市场化的逐步推进正显著加大银行间的价格竞争，银行在优质信贷项目上的议价空间非常有限；二是需要通过提价来对冲资产减值准备提高影响的金融资产可能集中于中小企业贷款、个人经营性贷款等风险等级较高的信贷产品，而中小微企业恰是当前国内经济政策倾向于扶持的领域，具有较高的社会敏感度，使得国内商业银行在调整相关产品定价策略时面临更大的复杂性。

三、下一步应采取的应对措施

修订后的22号准则对金融资产分类计量和减值的新规定，将直接影响商业银行的资产结构、风险策略、资本管理和业绩评价等，做好准则执行准备，对促进金融市场健康发展、实现金融体系稳定具有重要意义。

（一）做好执行准备，改进完善业务管理

向修订后的22号准则过渡将是个系统工程，需要商业银行投入大量资源来实现IT系统、内部控制、会计政策、风险管理等方面的诸多改变。鉴于修订后的22号准则将于2018年1月1日起在境内外同时上市的企业以及在境外上市并采用国际财务报告准则或企业会计准则编制财务报告的企业施行，距现在仅有半年时间，相关的商业银行有必要立即启动准则实施项目，需要落实的工作包括：一是组织专业人员深入研究并充分理解新准则的要求；二是评估新要求对关键业绩指标、资本监管的影响；三是评估现有数据收集、内部控制以及信息系统与新准则的差距，结合各银行实际情况来选择“无须投入过多成本和努力即可获得的”预期信用损失的方法；四是在以上工作基础上制定减少负面影响的过渡计划，分阶段落实实施工作。

（二）加强政策协调，促进金融体系稳健发展

金融资产分类计量方式的调整和减值的新规定，不仅会对商业银行资产负债的

规模结构，以及权益和损益产生影响，对资本充足率、贷款减值拨备等监管指标的计算也将产生影响。因此，对于监管机构来说，要从关注金融体系整体稳定角度出发，做好监管政策与新准则的协调，及时评估会计准则变化对监管指标计算的影响，组织开展压力测试，了解不同环境下运用修订后的22号准则对金融企业行为、财务状况和监管政策等的影响，做好促进金融体系稳健发展的应对准备；还要考虑市场发育程度不同的环境中运用公允价值会计的问题，不断推进以利率、汇率市场化为基础的金融改革，为修订后的22号准则实施创造有利的会计环境。对于会计准则制定部门来说，则要充分考虑国内商业银行会计实践情况，对金融工具这类复杂度较高的准则制定更加易于执行的指南，还要发展高水平的第三方估值机构，提升公允价值应用水平，以提高准则执行的一致性及披露信息的可比性。

参考文献

［1］财政部．关于印发修订《企业会计准则第22号——金融工具确认和计量》的通知（财会［2017］7号）．http：//kjs. mof. gov. cn/.

［2］任咏梅．对实施IFRS9金融工具分类计量影响分析［J］．金融会计，2015（3）.

［3］刘亚干．国际财务报告准则第9号：金融工具（分类与计量）评析［J］．金融会计，2015（3）.

［4］王婕，林桂娥．金融工具国际会计准则变革及其对银行业的影响［J］．金融论坛，2015（2）.

［5］方合英．关于金融工具分类和计量的思考［J］．金融会计，2015（3）.

［6］王立鹏，梁达明，戴易瑞．金融工具分类与计量的最新发展［J］．金融会计，2015（3）.

银行理财飞单的监管与风险防范

——银行是否应为员工“私售”行为买单？

周丹妮[①]

摘要：近年由于经济增长速度放缓，银行业内多次发生客户经理私售理财产品的案例，频频爆出私售信托公司和投资公司的理财产品违约的消息，由此出现了很多客户和银行之间的纠纷，投资者的本金无法得到保障，投资者认为银行应依法承担责任，而银行方面则认为这是员工的个人行为，应由员工个人承担民事和刑事责任。消费者的合法权益受到损害的同时也降低了银行的信誉度，影响了银行业的有序健康发展。本文将着重研究银行是否应对员工的私售行为承担责任这一主要问题，并在此基础上，讨论如何防范私售行为引发的纠纷与风险。

关键词：私售理财，责任分配，风险防范

银行员工“飞单”销售理财产品，虽然这种产品的销售未经银行的同意，是一种私下的销售行为，但客户是基于对银行员工的私人信任关系及一定的银行信誉因素，购买其推荐的理财产品。且客户对银行员工推荐其购买的理财产品基本不了解，他们关注的只有收益率，并据此作出是否购买的决定。产品到期，未发生兑付危机，没有投资人的投诉举报，“飞单”问题难以显现。但是，一旦第三方发生违约或亏损，产品存在到期兑付风险时，投资者最关心的莫过于谁来承担损失，他们顾不上投资风险是由“买者自负”的，即使是合法、合规代销的理财产品，银行作为中介机构也不提供代偿。他们认定是银行员工向他们推荐了理财产品，并在银行工作场所签订了产品合同，银行理所应当地成为了客户追索的目标，极易产生法律纠纷，为银行带来声誉和资金风险。

商业银行固有的盈利性使得银行在开展个人理财业务时往往侧重关注销售数量

① 作者简介：周丹妮，现供职于交通银行北京市分行。

和盈利水平，忽略了银行本身可能面临的法律风险和应当承担的义务和责任。这是目前银行理财产品问题频出、银行与客户之间的理财纠纷频发的一个重要原因。为了促进银行个人理财业务的健康持续发展，保证银行机构的稳健经营和投资者的合法权益，有必要对个人理财业务中银行面临的法律风险及其防范进行深入分析。本文以银行员工的私售行为为切入点展开讨论。

一、个人理财业务及法律风险的界定

（一）银行个人理财业务

根据我国银监会2005年颁布的《商业银行个人理财业务监督管理暂行办法》的规定，个人理财业务是指商业银行为个人客户提供的财务分析、财务规划、投资顾问、资产管理等专业化服务活动。商业银行个人委托理财业务按照管理运作方式的不同，分为理财顾问服务和综合理财服务。

在理财顾问服务中，银行根据客户的资金情况和投资需求为客户提供理财规划、投资方案，是一种专业咨询服务，银行可以获取服务费用但不直接参与客户的投资决策，不实际操控客户资金，因而客户的收益和风险均由其自行享有和承担，很少出现银行承担法律风险的问题。而综合理财服务是以理财顾问服务为基础，客户接受银行的专业建议和意见，银行接受客户的委托，按照双方签订的理财协议对客户的资金进行管理和投资的业务活动，投资收益与风险由客户或客户与银行按照约定方式承担。由于银行需要通过理财产品的销售实际掌握客户的资金并对其进行管理和投资，这一服务活动往往给银行带来很多潜在的法律风险。

（二）银行个人理财业务的法律风险

所谓风险，是指发生危险及带来损失的可能性。法律风险是由于法律上的原因而带来的风险。按照巴塞尔资本协议Ⅲ的规定，法律风险是银行面临的主要风险之一，它包括但不限于因监管措施和解决民商事争议而支付的罚款、罚金或者惩罚性赔偿所导致的风险敞口。

商业银行发行个人理财产品、开展个人理财业务应当遵守相关的法律原则和立法规定。在整个过程中，因为无法满足法律规定或违反法律要求，导致法律纠纷和法律处罚的产生，进而给商业银行造成负面法律后果、带来经济损失的可能性，即为银行个人理财业务的法律风险。

二、银行与员工对投资者赔偿责任的分配

投资者从理财产品代理销售方的员工手中购买理财产品，却因为产品开发方的问题遭受损失。投资者在向理财产品代理销售方要求承担责任以后，理财产品代理销售方能否向“飞单”员工追偿，如何进行责任追究，下文将分类进行详细的论述。

（一）银行直接对投资者承担责任

尽管银行一直对外表示“飞单”是员工的个人行为，但通常而言理财产品代理销售方与产品开发者承担连带责任，投资者一般认为与自己进行签订理财产品销售协议的是理财产品代理销售方，那么也应由其承担赔偿责任。投资者选择向理财产品代理销售方要求承担责任以后，理财产品代理销售方需直接向投资者作出赔偿。法理基础如下：

1. 职务行为

首先要讨论的是，在银行完全知情，并且授权其员工进行理财产品销售而致使消费者遭受损失的情况下产生的民事责任的分配问题。根据商业银行与其职员之间的法律关系分析银行承担责任的法律原因。

《民法通则》第43条①，《民通意见》第五十八条②都规定了企业法人对其工作人员对外实施的职务行为，承担民事责任。从法条中可以看出，法人要做出行为，必须由其法定代表人和其他工作人员代表企业法人或受法定代表人的授权来完成。如果法人的法定代表人和工作人员对外实施了职务上的不法行为，法人也要为此行为负责。

在某银行“飞单”事件中，投资者称他们之所以踊跃购买该系列理财产品，是因为看到的一份理财产品客户详细名单上，该银行领导名字赫然在列。此外，投资者还提出了颇多证据证明“飞单”行为不仅仅是客户经理个人所为，至少支行上下均参与了这一销售业务。涉案员工并非“私自”销售该理财产品，而是代表银行在进行销售，完全属于职务行为。

由此，若能够证明员工的行为系其代表银行所为的职务行为，并且最终该行为导致投资者出现重大的经济损失，那么表明银行方面对此有疏忽、过失或者不当行

① 企业法人对他的法定代表人和其他工作人员的经营活动，承担民事责任。

② 企业法人的法定代表人和其他工作人员，以法人名义从事的经营活动，给他人造成经济损失的，企业法人应当承担民事责任。

为，应当据此对投资者的损失承担与其过错相应的赔偿责任。

2. 表见代理

案件中“飞单”员工的行为能否构成表见代理呢？根据一些投资者的说法，该员工是银行职员，而投资者购买理财产品签署协议又多在银行进行，投资款通过银行流转，符合表见代理的特征。

表见代理是广义的无权代理，虽为无权代理，但却跟无权代理有不一样的法律后果，因为表见代理所产生的法律后果由被代理人承担。设立表见代理制度，既考虑了对善意第三人的信赖利益与交易安全之保护，也考虑了对本人利益的适当兼顾。因此，表见代理的适用应当受到相应的限制，必须具备一定的构成要件。《合同法》第四十九条[①]对表见代理作出了规定，根据此条之精神以及相应的司法实践，表见代理应具备的构成要件主要有：

第一，表见代理人不具有代理权。此构成要件是指表见代理人并不具备本人授予的代理权，却实施了代理行为。“如果代理人实际上拥有代理权，将属于有权代理，不发生表见代理问题。此所谓无代理权，指为代理行为当时无代理权或对于所实施的代理行为无代理权。至于该无权代理人此前是否曾经拥有代理权，或当时是否有实施其他法律行为的代理权，均非所问。”[②] 代理人被授予的代理权的范围，理论上属于代理人与被代理人这一对关系，第三人对此很难了解清楚，第三人只要基于善意与有代理权的代理人发生了法律关系，而代理人是超出自己代理权限所为的行为，那么就构成了表见代理。

第二，存在该无权代理人有代理权的假象，也可以称为存在“外表授权”。如果无权代理人以被代理人名义实施法律行为时，不存在任何本人授予无权代理人代理权之外表或假象，即无外表授权，那么这就构成了广义的无权代理，而不发生表见代理问题。而在实际生活中，很多无权代理人原本拥有合法有效的代理权，但后来因为某种原因代理权消灭或被撤销，无权代理人仍然在代理本人从事一定的行为，即代理权消灭后的表见代理。还有代理人得到授权，并且在为代理行为时并未因某种原因丧失代理权，只不过他超越了他被授予代理的事项范围，这就是通常所说的越权的表见代理。还有代理人自始无代理权的情形，如被代理人曾经表明授予代理人一定的代理权，但并未实际授予代理人代理权，称为因本人明示或默示的表见代理。以上就构成了所谓的外表授权。举例来说，无权代理人可以提供本人的授权委托书，不管这份委托书是否为本人授予代理人的，但该委托书已经能够使相对人相

---

① 行为人没有代理权、超越代理权或者代理权终止后以被代理人名义订立合同，相对人有理由相信行为人有代理权的，该代理行为有效。

② 梁慧星．民法总论［M］．第4版．北京：法律出版社，2011：241.

信代理人拥有代理权，这份授权委托书就是使该代理成为表见代理的“外表授权”。①

第三，就相对人主观状态而言必须为善意。即表见代理人以本人名义对外实施行为时，相对人对表见代理人实际上不具有代理权是不知情的。也就是说相对人能够提出信赖无权代理人的正当理由。《合同法》第49条“相对人有理由相信行为人有代理权的”中的“有理由”应当解释为相对人“有正当理由”。

第四，相对人与无权代理人做出法律行为，此为表见代理成立的第四项条件。也就是说，即便相对人有正当理由信赖该无权代理人的代理权，但最后双方之间并没有建立法律关系，或者说他们双方没做出一定的行为，那么也就不涉及表见代理问题。相对人必须基于信赖与无权代理人发生了法律行为才会涉及到表见代理问题。

在具备了上述四项要件以后，相对人便可以基于表见代理，向被代理人主张履行相应的义务，以达到代理的效果。在诸多“飞单”事件中，我们也可以从表见代理的角度去理解银行员工与银行的关系，员工也可以理解成是银行对外办理业务的一个代理人，员工和银行是一种代理与被代理的关系，作为代理人的员工根据银行的意思表示对外做出一定的法律行为，行为的后果由银行承担。

总的来说，如果具备了上述四项构成要件，那么在银行员工与其所在银行之间就构成表见代理。在进行民事活动时，民法仅仅要求相对人尽到普通的注意义务，并没有承担高风险的义务，投资者们在选择购买具体某一种理财产品的时候，并不能知悉员工与银行之间并无代理销售关系。从外部来看，银行员工销售理财产品的时间、地点的销售条件均符合有关规定，投资者有充足的理由信任相关员工。那么，构成表见代理以后，银行员工作为无权代理人的代理行为便生效，而银行作为被代理人，就要承担代理人与投资者签订的理财产品销售协议的后果。所以在表见代理成立的情况下，该员工构成表见代理人，根据合同法及民法的有关规定，其代理行为有效，银行就应当承担因此给投资者带来的损失。

发生表见代理以后，银行如何向员工追偿？如果是有权代理中，那么权利义务关系明确，员工的被授权范围和内容在授权中有明确说明，如果发生了纠纷，银行与员工只需要按照约定处理即可。但如果是表见代理，因为不存在有预见性的事前约定，而且银行可以声称对员工行为不知情，算是“受害者”，但却还要承担相应的法律后果。所以这其中就要涉及到员工对银行的损失赔偿问题。对此银行如何向员工追偿，是银行和员工之间的事情了，关于这一点将会在后面谈到。

---

① 梁慧星．民法总论［M］．第4版．北京：法律出版社，2011：241.

（二）银行与员工承担连带责任

上述内容介绍的是银行对投资者直接承担责任的情况，那么银行和员工会不会对投资者承担连带责任呢？理论上，员工在实施职务行为或单位指派的其他工作时有不恰当的行为，是不当职务行为，对这种行为的民事责任如何分配，有三种学说。第一是行为人单独负民事责任说，这种学说认为行为人的行为应当被视为个人行为，主张由行为人完全承担后果。第二是行为人无民事责任说，该观点认为行为人只要是在执行职务，那么不管行为的性质如何，统一看作是单位行为，法律后果归于单位，由单位承担。第三种是行为人负连带责任说，该说认为即使是不当职务行为，也应属于职务行为，那么行为人所在单位就要承担责任，但行为人本身也存在过错，因此该说主张，行为人和单位一起对第三人承担连带责任。

《民法通则》第四十三条规定公司对其员工的经营活动要承担责任。《最高法院关于审理侵权人身损害赔偿案件适用法律若干问题的解释》第九条规定公司的工作人员如果是因为执行职务导致他人损害，就由公司承担民事责任。可见此前我国法律采的是行为人无民事责任说，并没有规定员工与银行承担连带责任。但是，为了防范员工道德风险，切实保障第三人的合法利益，对银行与员工要求连带责任已成为当务之急。

“飞单”事件中员工私售亦有可能与银行承担连带责任，理由如下：

首先，两起“飞单”事件的涉案员工均为其所属商业银行的正式职工，并且都是银行的销售人员，而销售行为均发生在银行内部，投资者信任私售人员的前提，是其银行员工的身份，同时有银行信用甚至国家信用作担保。上文也提到员工的行为构成表见代理，且投资者为善意，并且根据各方证据，投资者没有理由相信员工的行为不是职务行为，银行也没有办法证明其员工仅凭一己之言而没有利用职务便利，影响投资者作出是否购买产品的决定。

其次，涉案银行对员工的行为疏于管理，监控严密的银行竟然没有发现员工的私售行为以及诈骗行为，银行存在明显的过错，应当承担相应的责任。虽然涉案的员工已经受到相应的刑事追究，但是这并不能替代银行方面相应的民事责任。这样的判例并不少见，曾经也有国内知名银行因员工存款诈骗行为而被判与员工承担连带责任。

虽然《公司法》中没有规定员工与公司的连带责任，但是员工在公司中很容易利用从事职务行为之便，行违法违规之事，所以应当给出判定员工是否承担连带责任的主客观条件，其一如果员工从事职务行为的时候故意或重大过失给第三人造成损失，那么主观条件符合；其二如果该员工的行为违法违规或违反公司章程，造成了投资者的损害，那么，该员工便要与银行承担连带责任。

（三）员工对责任的最终承担

接下来要探讨的是虽然银行对外承担了相应的责任，但就银行内部来说，事实上是私售员工擅自接受第三方委托，并在银行全然不知的情况下利用银行的场所以及在银行营业时间销售理财产品，导致赔偿责任的产生，此时银行可否向员工进行追偿。

员工承担责任的法理基础就在于发生了损害就应当有相应的赔偿。按照责任自负的理论，造成损害的一方自然应承担赔偿责任。但在实际情况中，问题并不是仅凭责任自负就可以解决的。在劳动法律关系中，用人单位一般为法人，劳动者相对于用人单位来说其在经济上处于弱势地位。劳动者受雇于用人单位，为的是得到一份工作，能够获得维持生计的收入来源，经济实力没法与用人单位相提并论。如果将大额的赔偿责任强加在本来就处于弱势地位的劳动者身上，这种做法显然有失公平。“如果将赔偿责任加之于用人单位，虽然可以促使用人单位采取预防损害发生的措施，如慎重选择劳动者，经常对劳动者进行培训和监督等，有利于维护社会的安全。但是如果劳动者故意侵犯用人单位的利益，损失还是由用人单位来承担，对于用人单位而言，同样是不公正的。”①

因此，权衡之后，法律对员工承担责任做了以下一些规定，例如《劳动法》第一百零二条规定的是劳动者违反相应义务给公司造成损失的，要承担赔偿责任。

另外，法人虽然是拟制的“人”，但是其各项民事活动还是通过其各个机关实现的，并且最终都由自然人去实现。由于自然人作为公司机关与其自身自然人角色相冲突，自然人很可能利用自己的公司机关角色损害公司或第三人利益。“尤其是损害第三人之利益时，因越过了公司法人人格这一屏障，使其更易逃脱第三人之民事责任追究。这样，公司机关成员因己之过错损害第三人利益，却可以以公司法人人格此一挡箭牌护己之身，与法律之公平是不容的。”②

所以在特定的情况下，员工对投资者需要承担民事责任。

三、银行理财飞单的风险防范

银行员工私售飞单曝光后，监管部门反应迅速，近年来从银行、员工、投资人、

① 论用人单位对劳动者的损害赔偿请求权［EB/OL］.（2011－06－03）http：//www.lawtime.cn/info/laodong/ldzyln/20110603103473.html.

② 徐以祥，宋耀斌．公司法人机关成员对第三人之民事责任研究［J］．河北法学，1999（5），36.

制度、法规等多方面、多角度入手对飞单进行严厉打击和切实防范，但从实际效果来看，仍然还未能完全杜绝飞单的发生。在此，着重从银行内部管理的角度，讨论分析如何防范员工私售飞单行为。

（一）账户监管

账户监管的防范思路是认为无论何种飞单，投资人均须通过其银行账户将资金划转至管理人或融资方，如果能够加强对账户的监管，能够及时识别哪些账户中的划账行为可能涉嫌飞单，那就能够对防范飞单起到很好的作用。

而如何通过账户监管工作防范飞单，则须结合反洗钱的工作原理和方法，通过分析飞单下划款的金额、时间、笔数、收款方式、划款方式等特有特征，并将这些特征抽象为飞单账户监测模型，通过监测模型加强对账户的监管。当监测模型认为某一笔或数笔划款可能涉嫌飞单划款时，及时进行提醒，并采取下一步跟进措施。通过设计监测模型加强对账户监管来防范飞单需要较强的反洗钱能力和科技能力，人力和物力资源耗费较大，因此，当前大多数商业银行并未从这一方向出发防范飞单，只有工行、农行等大型商业银行在逐步摸索。

（二）可疑事件报告制度

可疑事件报告制度主要指由划款端的业务经办人员根据经办的划款行为，将其认为可能为飞单划款的行为直接向上一级业务主管部门报告的工作机制。该制度的重点有两个方面，一是划款端业务经办人员对可疑划款行为的把握，即什么样的划款可以被认为是可疑事件，亦即是可疑事件的标准问题；二是由划款业务经办人员直接向上一级业务主管部门报告，这里的上一级业务主管部门并非指该划款业务经办人员的上一级，而是指该经办人员所在机构的上一级机构主管部门，如支行的柜台应直接向分行业务主管部门报告，通过直接报告机制，可有效防止本级部门领导对划款业务经办人员可疑事件报告的不当干预。

可疑事件报告根据划款的端口可以分为三种报告机制，一是柜台、二是自助机、三是网银。在柜台端即是柜员报告机制，当客户通过柜台划款时，对于金额较大，或者柜台认为可能存在飞单行为的划款时，由柜台对客户进行提醒，并于划款后及时将划款信息向上一级主管部门报告。在自助机端，则由大堂经理参照柜员报告机制履行可疑事件报告的职责。在网上银行端，则是通过科技部门设计系统程序，一是在划款前设计弹出框提示飞单风险问题，二是在划款后，由系统自动识别划款行为的可疑性，对于符合可疑标准的，由系统向业务主管部门报告信息进行提醒。

除了上述可疑事件报告的标准和途径外，还可以对柜员和大堂经理设计可疑事件报告的奖惩机制。即对于柜员和大堂经理报告的可疑事件，若最终被证实确属飞单下划款的，给予一定的奖励措施；若对于柜员和大堂经理经办的划款，属应当报告而未报告的，并且最终该笔划款被证实为飞单下的划款的，则对经办柜员和大堂经理采取一定的惩罚措施。通过这一奖惩并举的工作制度，一方面可以给予柜员和大堂经理落实报告制度的动力，另一方面也可以给予其压力，促使其认真对待执行可疑事件报告制度。

（三）采取市场禁入措施

当前私售飞单的银行员工大多是基层客户经理，手中掌握了大量客户信息和业务资源，大多明知其办理的是私售飞单行为，属于违法违规行为，仍然继续肆无忌惮地私售飞单，其主要的一个心理即是认为其掌握了大量资源，若事件在本机构被发现，可以随时到其他金融机构继续开展业务，不会对其收入、工作前景造成任何不利影响。亦即是当前银行业针对飞单这一领域的监管缺乏必要的市场禁入措施。

市场禁入即是指对经证实办理了飞单的银行员工，采取禁止其再次进行金融机构工作的一项制度安排。该项制度安排是一种行业准入打击措施，需要由监管部门“自上而下”地推动。实际上，当前的监管措施中已不乏类似的处罚规则，如《证券市场禁入规定》明确规定，对于发行人、上市公司、证券公司、证券服务机构、证券投资基金管理人、证券投资基金托管人等公司人员违反法律、行政法规或者中国证监会有关规定，情节严重的，中国证监会可以根据情节严重的程度，采取证券市场禁入措施。

由于当前私售飞单行为已开始从银行业蔓延到保险业，而整个业务链条的参与人员更是涵盖了银行、保险、信托、第三方理财、基金、证券等金融行业，因此对相应人员的监管和准入不应仅仅局限于银行，而应扩大到整个金融行业，即对飞单私售人员采取的市场禁入措施，不仅仅局限于银行禁入，而应扩大到整个金融行业禁入，由监管部门制定黑名单，对于纳入黑名单的工作人员，要求在整个金融业内均不得录用。通过这一严厉的准入措施，使私售人员在办理飞单时，不得不认真考虑其工作前景问题，从而使其产生“后顾之忧”，提高违法违规成本。

（四）加强印章管理

从已曝光的飞单来看，大多数投资人在遭遇兑付危机后，都以形成表见代理为由要求银行承担损失赔偿责任。且不说银行代销的理财产品是否应承担损失赔偿责任，投资人主张形成表见代理的要求提示应加强印章管理。

由于投资者认为，其购买飞单下的理财产品是由银行员工推荐，在工作时间，在银行办公场所，在银行柜台办理，因此认为构成法律上的表见代理。但《关于当前形势下审理民商事合同纠纷案件若干问题的指导意见》第十三条的规定，主张表见代理的当事人应当举证证明代理行为存在诸如合同书、公章、印鉴等有权代理的客观表象形式要素，而且应当证明其善意且无过失地相信行为人具有代理权。根据上述规定可以判断，在以合同为交易载体的理财业务中，表见代理须以订立合同为基础，以行为人没有代理权、超越代理权或者代理权终止为基点，以相对人有理由相信且为善意无过失为前提，三者缺一不可。其中，订立存在公章、印鉴等客观表象形式的合同是构成表见代理的必要条件。而在一些飞单的实际案例中，可能是一个支行从支行领导到基层客户经理群体性私售飞单，此类飞单中，可能基于支行领导的各种权限，而导致在私售飞单中的相关文件中加盖了各种各样的支行印章，如柜台业务章甚至支行印章等，导致私售飞单在法律上具备了必要的客观表象形式要素而被认定为形成表见代理，从而给银行带来较大的经济损失和声誉风险。因此，加强印章管理，建议印章专岗制，制定印章使用管理制度，是银行防范此类飞单的必要措施。

业务前沿

我国特殊目的载体发展的现状、问题及政策建议

李艳丽①

摘要：特殊目的载体已成为跨界资产管理和同业业务创新的必备载体，其在加大金融混业经营广度和深度的同时，又引发了跨市场、甚至系统性金融风险的隐患。本文通过实地调研，系统梳理了特殊目的载体发展现状和运作模式，深入分析了其在发展过程中存在的问题和风险，提出了其规范发展的政策建议。

关键词：特殊目的载体　运作模式　跨市场风险隐患

近年来，伴随着我国经济金融发展和技术进步，以跨界资产管理和同业业务创新为代表的金融创新迅猛发展，已成为搅动金融市场、甚至引发系统性金融风险的重要推手。这些金融创新的背后，几乎都不难发现特殊目的载体（SPV）的影子。特殊目的载体已成为创新的必备载体，其在加大金融混业经营广度和深度同时，又引发了跨市场、甚至系统性金融风险的隐患。本文梳理了特殊目的载体发展的现状和运作模式，深入分析了其发展过程中存在的问题和风险，并提出其规范发展的政策建议。

一、特殊目的载体发展现状

（一）发展迅猛，已成为横跨货币市场、债券市场和资本市场的重要力量

正规金融体系的特殊目的载体（SPV）主要包括商业银行理财产品、信托计划、

① 作者简介：李艳丽，现供职于中国人民银行营业管理部。本文为作者个人观点。

证券投资基金、私募计划、证券公司资产管理计划、基金管理公司及子公司资产管理计划、保险业资产管理机构资产管理产品等。近年来，随着金融资产管理业务的迅猛发展，证券公司等非银行金融机构，以及理财产品、信托计划、资管计划等产品都早已进入货币市场、债券市场，在市场交易中所占比重逐渐提高。而商业银行理财资金又通过各种资管计划（SPV）等方式大举进入资本市场，因为规模巨大，已成为资本市场的重要力量；保险资管产品也不甘落后，近来已成为扰动A股市场的不可忽视的力量。

调研显示，资产管理产品的投资范围基本上覆盖了货币市场、债券市场和资本市场，已成为跨市场、跨行业的主力。尽管并非所有的银行理财产品都投入股票市场，但银行理财产品已是股票市场上一支非常重要的力量。

（二）特殊目的载体运作模式：从单一结构到组合层叠结构，且日趋复杂

在中国，SPV广泛运用于资产管理和同业投资领域。尽管资产管理业务有的由单一SPV构成，有的由多个SPV组合层叠构成，但不管多复杂的资产管理业务，都能分解成单一模式的SPV。最简单的SPV结构就是投资者和金融市场（或实体项目）的连接器和中间人，见图1。图1中的金融机构（包括银行）只是SPV的发起、托管、增信等服务中介，理论上的SPV结构可以不包括这些金融机构。从SPV组合模式来看，可以是串联结构，见图2，一个SPV投资于另一个SPV；也可是并联结构，或串联与并联相组合，形成伞形组合结构，见图3。从理论上讲，SPV可随意组合为新的SPV复合。但SPV复合结构越复杂，产品风险透明度越低。

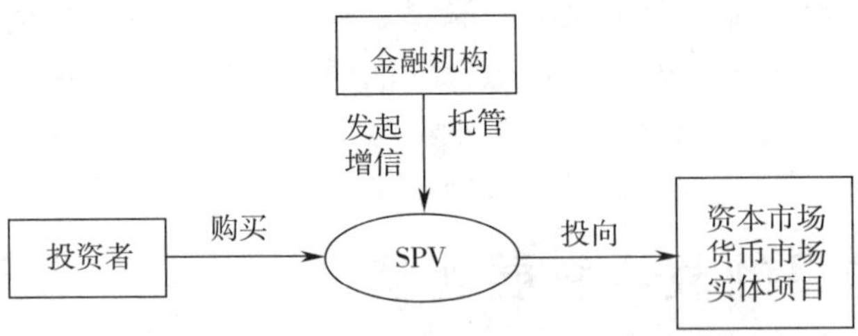

图1 单一结构SPV

说明：金融机构（如：证券公司、保险公司、基金子公司、保险公司等）发起某项资管计划（SPV_1），投资者购买该SPV_1后，其资金运用并未直接投向资本市场或融资市场，而是进一步购买由其他金融机构（如信托公司）发起设立的某项信托计划（SPV_2），由SPV_1串联至SPV_2……再至SPV_n，以同业投资名义投向资本市场或实体项目。

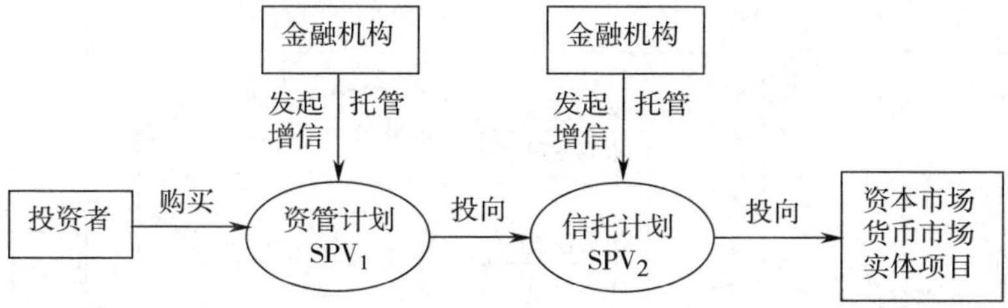

图2 串联式SPV复合

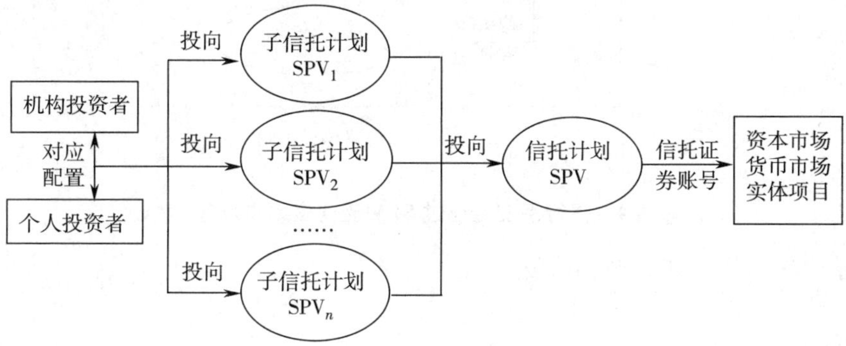

图3 伞形结构的SPV复合

说明：伞形串并联结构：信托公司设立母信托计划SPV和若干子信托计划SPV_n后，机构投资者和个人投资者首先通过优先、劣后配比若干子信托计划SPV_n（SPV相互之间并联），再统一串联至母信托计划SPV，由母信托计划投资到金融市场或实体项目。

（三）打破了金融分业经营限制，已成为跨市场资金流动的主要通道

不论通过简单SPV还是复杂SPV组合，金融机构均欲建立一个投资者风险自负的类直接融资交易链条，在降低金融机构自身风险的同时将资金从投资者配置到金融市场或实体经济。在银行业占主导地位的中国金融体系中，有了SPV工具及组合，银行系资金通往资本市场已无任何障碍，并已成为资本市场的资金主力之一（见图4）。一方面可以提高股市的流动性，改善上市公司资本结构，降低企业杠杆，间接促进实体经济发展，为银行系投资者带来新的盈利途径；另一方面，也基本突破了现行金融分业经营体制，降低了金融市场分割度，拓展了我国金融市场的广度和深度，提高了资源配置效率，客观上为我国深化金融改革奠定了基础。

说明：银行系投资者资金通过层层SPV流向金融市场。金融市场价格波动也会通过价格传导机制将风险层层传导至各种SPV，进而影响金融机构行为，该行为又

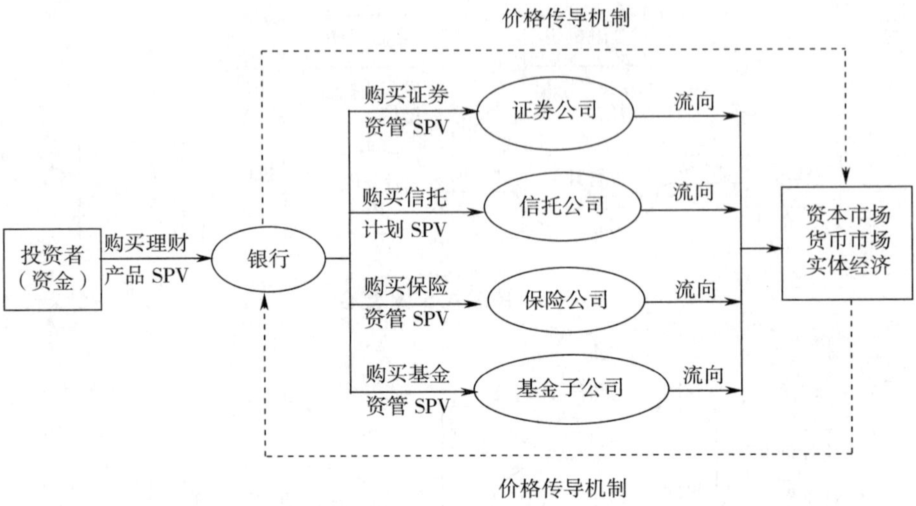

图 4 银行系资金通过 SPV 流向资本市场等

反作用于金融市场，如此循环往复。

二、主要风险和问题

（一）从宏观上看，SPV 在形成一股强大的跨市场、跨行业资金流动的同时，加大并加快了风险在不同金融市场间的横向传递，易引发系统性金融风险

不难看出，SPV 打破了信贷市场、股票市场、债券市场和保险市场的界限，也打通了分业经营的自然风险防火墙，扩大了跨行业风险暴露和敞口，加大并加快了风险在市场间的横向传递，对现行分业监管形成了严峻挑战。由于金额巨大，整体上已形成一股强大资金交易潜流。各类金融资产管理产品组合的 SPV 数量越多，交易结构越复杂，产品风险透明度越低，信息不对称问题越突出。一旦市场上出现偶发风险事件，SPV 资金的集体单向趋同流动，极易引发恐慌性抛售，对市场造成致命性打击，形成系统性金融风险。2015 年 6 ~ 7 月中国资本市场行情巨幅震荡形成的系统性风险，SPV 的传导作用不容忽视。

（二）从微观上看，SPV 与金融机构、SPV 相互之间破产风险未进行有效隔离

尽管在法律上或名义上，金融机构与 SPV 是风险隔离的，但在实践中，金融机

构作为 SPV 的项目管理人，或者向其提供了管理、流动性（包括合约规定和合约未规定但实际提供的）支持（如通道业务），使银行对 SPV 的实际风险敞口（包括合约列明的风险和未列明的声誉风险、法律风险等）并不是零，甚至是风险非常巨大。调研显示，2014 年初到 2015 年 7 末，某银行累计向其资产管理业务拆出资金 2 300多亿元。虽然依规定应对符合条件的 SPV 采取并表管理，但在主要上市金融机构年报中，我们并未发现金融机构将 SPV 纳入本行合并报表中。

（三）SPV 设立随意、监管不足等问题较多

虽然监管机构对 SPV 产品采取了登记或备案制，但基本流于形式。实际上，SPV 是一个不需要工商税务审批、设立和关闭非常容易的市场主体，已成为金融机构随意控制的市场僵尸主体，只要需要，金融机构几乎可以任意设立。由于分业监管，各行业监管部门在监管政策尺度上难免存在差异，存在明显的监管套利现象，使监管整体效率大打折扣。例如银监会虽然要求理财产品单独核算、独立报表，要求破产风险隔离，不得相互交易，不得与管理人、托管人交易，但从调查来看，理财产品的报表只是理论上的统计报表，并未实现账表证基础上的会计报表和财务报告；资金池、资产池现象普遍存在，相互交易、与管理人交易明显、频繁。由于交易结构层叠，已经很难从资产端穿透识别资金来源，反之亦然。这打破了长期以来我国金融市场体系赖以建立的实名制基础，在出现操纵市场现象时很难找到操纵人。

（四）SPV 的法律地位和主体地位均未明确，极易造成纠纷和消费者投诉，法律风险突出

SPV 可以在银行开户，也可以在证券公司开户（银行间债券市场开户、股票账户开户），也就是既可以进行资金收付，也可以买卖股票债券，已事实上成为一个金融市场交易主体。从监管部门的规定来看，要求其单独核算，所以在理论上 SPV 也应是一个会计主体。但在我国民法里，并没有将 SPV 视为独立的民事主体，税法上也没有将 SPV 视为独立税收主体。所以当出现法律纠纷时，SPV 只能分解成原来的单个主体，分别承担责任，即视同 SPV 主体不存在。这种实践和法律的冲突，极易造成当事人之间的纠纷，一旦出现巨额亏损，必然出现刚性兑付，或投资者围堵金融机构的群体性事件。

三、政策建议

考虑到 SPV 问题牵涉主体多且复杂，具有系统性影响，治理难度极大，不可能

靠一两个部门、一两项监管政策就能奏效，需从长计议，从小处着手，先易后难，从微观到宏观，按照由监管行政规制逐渐上升到信托立法规范的思路进行系统治理。

（一）建立SPV准入制度，强化日常监管

在现有登记和备案制度的基础上，建议建立全国统一登记标准的SPV登记制度，明确登记必备要素；对交叉层叠的复杂SPV群产品实行监管审查制，设置层数限制，一般不得超过两层；明确产品违约后各方责任；杜绝随意设立SPV产品、特别是结构复杂的SPV产品。

日常监管应比照准金融机构管理，建立在实时记账基础上的账表证会计核算制度，确保每个SPV都是一个真正独立自负盈亏的会计主体；不同产品之间不得交易、不得相互间调节收益；加强信息披露制度，投资者可实时查询资产端类别、金额和盈亏情况；对被投资人也可知悉或查询其资金来源端、实际投资人情况。

（二）建立破产风险隔离制度，有风险敞口的SPV应视同子公司进行并表管理，真实反映金融机构所担风险

建立破产风险隔离制度，一是保证管理人与SPV风险隔离，发起设立时应保证真实出售；二是保证SPV之间相互破产隔离。对于层叠交叉的SPV组合，必须界定破产风险责任，凡不能清楚界定的，由发起SPV机构或管理人承担剩余风险兜底责任，否则不得设立。对于金融机构有实际风险敞口的，应当借鉴危机后国际监管改革趋势，将金融机构拥有实际风险敞口的各类SPV纳入综合并表监管的范围，识别并动态监测各类SPV的风险状况和对银行集团的影响。对于可以量化的风险敞口，应计提相应的拨备、资本和流动性储备，对于不能量化的风险，也应纳入全面的风险管理体系，动态监测和报告，并确保总体风险处于集团的整体战略和风险偏好范围之内。

（三）改革并完善我国金融监管体制，建立覆盖各金融行业的SPV统一风险监测体系，及时发现并化解系统性金融风险

2015年股灾的一个重要原因就是，没有建立统一的金融统计体系，特别是没有建立统一的SPV统计体系。我们认为，现行的统计标准还不能满足宏观审慎监管要求。建议要求金融机构上报SPV全要素信息，按穿透原则上报资金来源端（含投资者情况）、中间环节交易全要素（包括涉及主体、金额、价格、期限等要素）、资金使用端情况（含实际用资人情况、融资项目主要情况、风险情况），以便金融管理部门分析了解潜在资金动能态势，把握宏观风险情况，及时采取早期应对措施，防

范和化解系统金融风险。

（四）尽快修订完善信托法，为破产隔离提供法律基础

应当说，SPV 不具有法律主体资格，就无法独立承担民事责任，所谓的真实出售和破产隔离就不可能在法律上实现。考虑到我国 SPV 主要依托于信托关系，建议从制定特别法的角度，重新修订完善信托法，特别是要明确信托 SPV 主体地位，明确 SPV 设立条件、经营范围、信息披露义务、与其他民事主体法律关系、破产隔离和法律责任等要素，为真实出售、破产隔离建立法律基础。

参考文献

［1］中央结算公司，中国银行业理财市场年度报告（2015 年）［OL］. www.chinawealth.com.cn.

［2］王健．特殊目的公司法律制度研究［M］．北京：法律出版社，2009（11）.

［3］洪艳蓉．SPV 设立模式的“中国之行”［J］．金融法苑，2003（3）.

［4］中国证券监督管理委员会甘肃监管局课题组．证券公司集合资产管理业务发展研究［J］．甘肃金融，2015（3）.

［5］徐春月，马菲菲．融资租赁公司船舶资产证券化运作分析［J］．交通财会，2015（3）.

［6］吴太泉．资产证券化中特殊目的载体的法律研究［D］．重庆：西南政法大学，2007.

在工业4.0时代下推进银行集约化运营的研究

李建民　朱继红　王建熙　李　彦
张　洁　贾建悦　宋永强　岳　超[①]

摘要： 自2007年工行开始逐步实施运营集约化改革，大大提升了全行运营效率，有力推动了网点渠道转型。随着移动互联网时代的到来，银行集约化运营也面临着如何继续应对快速变化的客户需求、如何突破运营效率提升瓶颈的挑战。近年来，在制造业兴起的工业4.0，其内涵是互联、集成、大数据与定制化，这些恰好代表了银行运营集约化的未来格局。因此，银行的集约化运营应该充分吸收工业4.0的理念，通过拓展受理渠道、制定新的运营标准、不断应用新技术、实施供应链管理等措施，建立智能化、集约化运营体系，同时建设与之配套的信息共享与风险管理机制、新的人才培养机制，从而真正提升银行面对未来市场的竞争力。

关键词： 工业4.0　银行　集约化运营

集约化运营是过去十年银行运营模式的一大变革，它提升了银行运营的标准化水平，提高了运营效率，加强了运营风险管理水平，对推动银行的经营转型发挥了重大作用。随着移动互联网时代的到来，大量新技术、新理念不断涌现，新的社会变革与工业革命已经到来，随之外部市场竞争环境与客户需求日新月异，银行的集约化运营面临着如何突破运营效率的极限，如何满足千变万化的客户需求，如何继续推动银行经营转型发展的重大挑战。

---

① 作者简介：李建民、朱继红、王建熙、李彦、张洁、贾建悦、宋永强、岳超，现均供职于中国工商银行北京市分行。

一、工业4.0与银行集约化运营

（一）工业4.0的内涵

众所周知，人类社会已经完成了三次工业革命，第一次是机械化，以蒸汽机的发明使用为代表；第二次是电气化，以电的广泛应用为代表；第三次是自动化，以计算机的发明使用为代表。而工业4.0，则是在信息技术不断发展的背景下，对第四次工业革命的设想，其核心内涵是：

互联：工业4.0的核心是连接，要把设备、生产线、工厂、供应商、产品和客户紧密地联系在一起。

集成：工业4.0要在企业内部实现生产管理系统、财务管理系统、客户管理系统、产品研发系统等所有信息系统的无缝集成，最终实现企业级的信息共享和业务协同。

大数据：工业4.0连接产品数据、设备数据、研发数据、工业链数据、运营数据、管理数据、销售数据、消费者数据，并充分挖掘数据的价值用于企业的生产与管理。

定制化：工业4.0将真正实现C2B（客户到商户）模式，企业形成高度灵活、个性化、智能化的产品与服务的生产模式，快速响应客户多层次的定制化需求。

（二）工行业务运营集约化现状

为了进一步提升运营效率与安全，经过十几年的发展，工行北京分行形成了以三大中心（业务集中处理中心、业务营运中心、运行风险监控中心）为载体，涵盖账务、实物、风险监控三大类业务的集约化运行体系。在账务集约化运营上，实现了网点的对公和个人非实时业务的“网点全面受理、中心集中处理”的处理模式，实现了网点柜面业务合规性、完整性审核的远程集中，从而大大提升了柜面业务办理的效率，强化了风险管理。在实物集约化运营上，实现了网点现金、ATM加钞、贵金属和凭证配送的区域集中运营，提升了全行的物流周转速度，降低了运营成本。在风险监控集约化运营上，实现了事后监督由支行到分行的集中，从事后复核型向智能识别型转变。同时配合凭证档案、反洗钱与对账的集中管理，全面搭建了高效安全的风险集中管控体系。

（三）工业4.0是银行集约化管理升级的必然要求

在移动互联网飞速发展的信息化浪潮下，在我国经济下行压力尚存及金融改革的持续推进下，以“服务网点、实现批量业务集中化处理”为特征的传统银行集约化运营模式面临着客户需求越来越难以满足，运营效率的提升无法突破极限的双重挑战。而借助工业 4.0 时代发展的东风，使传统的银行集约化“工厂模式”向“智能模式”转变，具有很强的现实意义：

1. 突破客户需求响应速度的极限。新的市场环境下，客户对需求的响应速度越来越苛刻，传统以工厂化为特点的集约化运营模式，面临传统效率提升工具边际效益递减的困局，运营响应速度的天花板已经到来。而工业 4.0 的智能化、网络化特征，将提升整个银行运营体系的自动化程度，改变人工操作低效率和高风险并存的现状，能够大幅度提高运营体系的运行效率。

2. 满足银行产品服务定制化的要求。随着消费市场的升级，客户对银行产品和服务需求也将更具专业性和个性化，传统以运营效率优先、标准化运营为主的集约化模式，面临着传统标准化业务量逐步萎缩，而客户个性化需求无法满足的困境。而“工业 4.0”将给银行集约化流程带来极大的自由度与灵活性，新的运营体系能够让每个客户、每个产品、每项服务实现个性化的灵活响应、柔性配置，快速满足客户的动态化个性化的需求。

3. 突破业务运营成本控制的瓶颈。随着我国人力成本与各类生产要素成本的不断上升，以资源投入扩大集约化运营规模的传统模式已经难以为继。而“工业 4.0”的“智能化生产”将给银行集约化带来全新的生产模式，大幅度提高银行资源配置的有效性，减少简单操作的人力资源占用，从而节约资金，降低银行运营成本和供应链成本。

二、工业 4.0 下的银行集约化运营格局

银行集约化运营实现工业 4.0 升级，就是要将工业 4.0 四大内涵充分应用到业务集约化运营中，形成互联、集成、大数据、定制化的全新集约化运营格局，从而充分满足日益复杂的客户需求，快速提升多样化的产品体验，有力强化运营风险管理。

（一）互联的集约化

工业 4.0 的银行集约化运营将实现运营过程中从客户端到银行端的所有要素的互联互通，为快速采集业务数据、实时动态调整运营模式创造条件。

1. 运营硬件的互联：工业 4.0 的运营集约化，所有运营使用的设备、物品和空间，包括自助机具、现金清点设备、柜面终端、钞箱、款箱、车辆、库房都将通过

无处不在的网络连接在一起，一方面所有硬件的状态、位置、库存等信息可以通过这个网络快速汇集，为参考决策和管理提供依据；另一方面，加工完成的数据分析模型与各类业务指令，可以实时通过这个网络传输到所有的设备，让其智能快速根据客户的需求自动进行调整。简而言之，互联互通的设备将拥有智慧，成为智能设备，主动满足客户的各类业务需求。

2. 运营人员的互联：工业4.0时代，所有参与运营的人员，包括领导者、管理者、销售人员、操作人员、风险控制人员也都将连接在一起。各类的信息，包括业务产品的信息、业务培训的信息、风险提示的信息、营销推荐的信息都将快速、高效、有针对性地通过这个连接传达到所有的运营人员。同时，所有人员行为数据，包括业务习惯、工作量、工作技能也将能够通过这个连接而汇集，从而对人员评价、技能提升、差错分析提供依据。

（二）集成的集约化

在实现各个子系统信息化的基础上，工业4.0模式下的业务集约化，趋向所有子系统的整合、集成，彻底解决之前多系统间的无法联动和信息不共享的问题。

1. 纵向集成：将实现业务集约化运营流程中，从客户端到银行端涉及的所有子系统的集成，使渠道交互系统、网点需求管理系统、业务作业系统、会计核算系统、档案管理系统、事后风控系统等运营链条上所有的平台将互联互通，信息无缝共享，从而实现对客户需求的最快速的响应，同时减少所有运营环节的重复作业，实现真正的精益运营。

2. 横向集成：将实现业务集约化运营流程中，业务集约化平台与外部平行管理平台的高度集成和对接，包括营销管理平台、财务管理平台、风险识别平台、供应链管理平台。所有平台中资源达到充分共享，实现运营过程中的信息流、资金流、物流的无缝链接，营销活动、财务管理、风险管理和运营行为的有机协同。

（三）大数据的集约化

在工业4.0时代，大数据将成为业务集约化管理的核心工具。业务集约化的数据将更加多样化、数据分析的办法将更加多元化，其应用价值也更大。

1. 数据种类更多样化：工业4.0时代，银行业务集约化运营中不仅可以收集大量的客户账户和资金收付交易等结构化数据，可以收集大量通过物联网收集的设备状态位置数据，还可以收集人员之间的社交数据，甚至还拥有存在于银行的客服音频、网点视频、网上银行、电子商城等客户的非结构化数据。这些形成了银行业务集约化大数据分析的数据来源和基础。

2. 数据分析方法更精准：将进一步使用回归、决策树和聚类分析等高级数据工具，用于分析运营效率、质量与运营要素的相关关系；应用最新的ASTER分析非结构化的文本数据，从而从大量工单数据中提炼影响客户需求的主要因素；应用时间序列分析模型更合理的预测业务量，从而为人员配置及资源管理提供参考。

3. 数据的应用范围更广泛：大数据运营就是要充分挖掘数据的价值，因此工业4.0的银行集约化的大数据运营，将不仅仅用于提升运营效率和质量，还可以用于分析客户交易习惯和偏好，支持产品营销与服务；用于分析运营要素的财务成本变动关系，支持压降可量化的财务成本；用于生成客户的资金网络、交易网络，通过揭示客户之间的关系，对高风险的行为进行预警。

（四）定制化的集约化

在工业4.0时代，业务集约化不仅仅要满足批量客户的标准化需求，还要满足VIP客户的个性化需求，甚至还要满足不同客户群的群体需求。因此，定制化运营将成为集约化运营的一种常态。

1. 深度定制：从产品开发设计阶段即考虑客户的个性化要求，主要针对最优质的重点集团客户、私人银行客户，定制的内容涵盖根据客户量身定做的现金管理方案、投资理财方案等。深度定制的业务运营集约化必须以专业化运作团队为支持核心，能够根据客户需求的差异迅速给出业务流程的解决方案。

2. 分层定制：将部分具备同样特征的客户需求进行聚集汇合，形成针对特定分层群体的定制模式。此模式可以针对银行的同一行业的客户（比如IT企业），或者同一地区客户具有共性的个性化需求。要实现分层定制需求，就是要实现集约化运营的“小批量个性化生产”，要求其运营体系能否迅速地根据客户的分层制定差异化的运营方式，高效又准确地完成小批量客户的特定需求。

3. 模块定制：将整个产品按属性划分为几个不同的模块，针对每个模块按客户要求进行定制化。模块定制主要用于产品设计比较复杂、灵活性比较强的产品，比如个人贷款、个人理财服务等。要实现集约化运营的模块定制，业务集约化处理平台必须具有高度的灵活性，具有将模块定制需求分解为流水线作业的能力，从而通过标准化流程满足定制化客户的需求。

三、工行集约化运营实施工业4.0的路径

毫无疑问，工业4.0的业务集约化的前景是极其美好的，互联、集成、大数据与定制化，不仅能够最大限度地顺应瞬息万变的市场竞争，而且能够实现内部运营

的高度自动化与智能化。然而要实现业务集约化的工业 4.0 的升级换代，无疑我们还有很多事情要做。

（一）构造快捷的全渠道受理体系

工业 4.0 要求实现银行与客户的连接，满足客户任何时候、任何地点、任何方式购买产品和接受服务的需求。而渠道作为客户与银行的接触点，也是集约化运营体系与客户的接触点，必须缩短与客户的距离，提升客户与银行接触环节的体验。

1. 全面扩展集约化运营的受理渠道。随着客户业务办理渠道的日益多样化，集约化运营体系必须突破目前主要面对柜面渠道的运营模式，进一步拓展业务受理渠道：一方面，要对接工行线上渠道，确保客户需求可以通过手机银行、网络银行、融 e 联进入集约化运营体系。另一方面，要对接各类业务场景，比如可以通过接入微校园、购物 APP、大型购物网站、生活社区、商圈等可能产生金融需求的场所，使客户在生活场景中可以快速向集约化运营体系发出指令。

2. 进一步提升集约化受理渠道体验。实现集约化运营体系业务受理的快捷简单，是最直接提升客户体验和柜员体验的方式。在柜面渠道，必须简化柜员操作，通过应用自动识别技术，快速地根据扫描的凭证自动识别业务类型，同时针对主要的退回原因增加业务预检查，尽可能将余额不足、支付密码错的问题揭示在受理环节，避免客户多次往返；在线上渠道，对各类业务申请要实现提交界面的极简化，要能够全程跟踪指令的处理过程，要在关键环节通过短信、融 e 联、微信渠道及时告知客户。

（二）建设定制化需求服务平台

定制化服务是工业 4.0 的特点，为了高效率、低成本地满足客户复杂多变的需求，业务集约化运营平台必须通过系统改造、流程管理、人员配置建设全新的满足客户个性化需求的定制化服务平台。

1. 建立个性化需求甄别机制。定制化与个性化服务包括指令时效的特殊要求、指令内容的个性化处理、指令反馈信息的定制化等，而业务集约化运营体系必须首先将这些个性化定制化的需求从标准化需求中甄别出来，这需要建立贵宾客户的白名单机制，通过签订协议的方式在客户协议管理系统标识客户的特殊需求。

2. 建立个性化分层服务团队。个性化需求因客户而异，对专业技能、沟通技巧要求更高，因此，根据客户需求层次的不同配置不同的服务团队，包括建立境外客户服务团队、重点客户服务团队、中小企业重点需求服务团队等。后续需要根据社会经济以及银行推广业务重点的变化，动态地建立专属服务团队，从而满足金融市场竞争的要求。

3. 建立个性化服务流程。在集约化处理流程设计上，应该为个性化服务建立特殊的处理机制：首先，在队列上给予一定差异性，可以根据客户响应速度的不同区别对待，对于VIP服务队列，能够从普通队列中分离出来优先处理；其次，在处理过程中建立更多与客户交互的渠道，当客户指令出现异常，不再简单地退回网点，可以通过电话、融e联等方式及时与客户进行双向沟通。

（三）制定业务集约化运营新标准

根据德国工业4.0的经验，数据的标准化是工业4.0面临的最大挑战，因此，制定标准成为工业4.0战略实施的优先领域。在银行集约化运营，尽快制定顺应工业4.0的业务集约化运营的各类标准，也成为实现工业4.0的前提条件。

1. 制定内部流程的标准：对内的标准是指为了实现银行的互联互通、各个系统的高度集成而制订标准，主要为了运营集约化系统更好地与财务系统、营销系统和风控系统对接，它包括数据接口的标准、数据传输的标准、控制指令的交互方式等。

2. 制定外部服务的标准。对外的标准是指面对客户提供的产品和服务的标准，使客户能够比较容易地理解所接受的产品或服务，并确保客户在不同渠道的交互体验的一致性，包括户界面、身份认证方式、信息反馈机制等方面的规范。

（四）快速应用各类新技术

回顾工业1.0、2.0、3.0走过的百年历程，产业革命的前提首先是技术革命。因此，要实现银行业务集约化工业4.0，首先必须快速将最新的技术应用到实际运营中去。

1. 物联网技术：物联网技术无疑是工业4.0的基石，只有将集约化运营中涉及的设备、物品连接在一起，充分采集到大量的数据，并有效对设备进行双向控制。首先，是各类传感器的广泛应用，随着传感器的种类越来越丰富和成本越来越低，因此集约化运营中可以大量使用各类传感器，比如在集约化库房（包括现金库、凭证库、档案库）管理中配备温度感应、红外感应、距离感应、亮度感应、空气质量感应、活体感应等，可以从更多维度实时监控库房的状态，确保库房的防火、防潮、防盗等安全。其次是电子标签技术的应用，通过给流转中的物品（现金、贵金属、重要物品、票据、重要空白凭证）在流转中贴上RFID这样的“电子标签”，再与无处不在的射频传感器结合在一起，所有物品的流转都将有迹可查，与传统的通过人工清点、交接方式相比，其效率和安全性都大幅提升。最后是微型的无线互联技术，目前世界上最小的WIFI模块和3G通信模块已经可以比硬币还要小，可以部署到自助设备、清分机、点钞机、手持终端，使之通过WIFI和3G网络具备了双向的数据传输能力，为设备的数据采集和远程控制提供便利。

2. 人工智能：未来的几年以大数据为基础，具有神经网络学习能力的人工智能技术无疑最有可能取代部分人工重复性作业。以图像识别技术为例，facebook公司的图像识别技术已经能够快速识别一张照片中的各类物品、文字，并可以通过大量学习银行业务的案例提升准确度后，将其应用到业务集约化运营的文字录入、凭证审核，完全有可能彻底取代人工录入和审核，其规范度和稳定性也将大大超过人工。又比如语音识别和自动翻译技术，类似苹果Siri、微软小娜，其准确度已经在90%以上，那么从某种意义上说电脑已经可以读懂人类的文字和语言，如果将其应用到业务集约化处理中心，那就意味着系统无须人工干预可以直接受理客户的文字或者语音指令，是客户体验的一次革命。

（五）实施互联集成的供应链管理

供应链是企业从采购原材料开始到实现产品配送到消费者整个过程中一个由供应商、制造商、分销商、零售商直到最终用户所连成的整体功能网链结构。业务集约化的供应链，包括业务运营涉及的供应商，例如外包供应商、设备供应商和业务用品供应商，也包括业务处理中心本身，即实物物流中心或者账务处理中心，还包括集约化服务的对象，网点或者最终客户。业务集约化实施的供应链管理包括以下几个内容。

1. 建立供应链网络。必须打破目前供应商管理、集约化运营管理、网点运营管理、客户管理各自为战的局面，通过网络将其全部连接在一起，并实现其各自管理系统的信息交互，从而在所有供应链环节，形成一个可以信息双向传递、数据充分共享的供应链网络，从而为实施供应链管理创造条件。

2. 实现供应链要素流转的联动。供应链管理中的流转要素主要包括物流、人流、资金流与信息流。在旧的集约化运营模式下，四个要素的流转各自独立或者关联很少，这无疑带来成本上升和效率降低，甚至隐藏了风险隐患。而供应链管理，需要通过系统集成，实现四流的深度关联，信息流是基础，物流和人流根据信息流的流转而联动流转，而所有这三个要素的流转，最终都能体现为资金流的变化。三者的深度融合，同时又互相制约，从而解决了效率提升和风险管理的矛盾。

3. 建立供应链的快速反应机制。业务集约化的供应链，必须能够快速地应外部客户的信息输入，并迅速调整业务运营来满足外部客户需求，而这关键在于要素的管理。对于有型的商品，比如贵金属、银行卡、密码器与现金，集约化运营必须以客户需求的预测为基础，做好品类的采购与库存管理，从而实现客户需求与库存成本的平衡。对于无形的服务，包括咨询、业务办理、理财顾问、投资、融资等，需要基于大数据精确预测客户需求从而做好人员配置，同时建立快速弹性工作机制，提升员工的综合素质，从而以最小的人力资源投入满足客户需求的峰值。

（六）提升信息共享和大数据运营水平

大数据是工业4.0的核心内容，也是实现客户需求精准定位、内部作业自动化和智能化的关键手段。而要提升业务集约化的大数据运营水平，其根本是做好与其他系统的整合，提升集约化运营的信息共享水平。

1. 集约运营数据与营销管理数据共享整合：业务集约化运营数据中，蕴含着大量的客户交易行为数据，包括客户交易渠道偏好、交易频率、资金流向、交易对手信息。要充分利用这些数据，建立完善和有效的数据模型，研究分析出客户的行为习惯，并将这些结果与营销管理系统进行整合，依托工行运营平台的强大数据信息支持以及信息挖掘技术，实现更精确的客户营销。

2. 集约运营数据与财务管理数据共享整合：银行的任何经营活动，归根到底必须体现为财务数据，业务集约化也不例外。要充分利用集约化运营的数据，根据数据快速准确地测算运营财务成本，并通过与财务系统的联动，从而实现集约化运营的内部成本核算的精细化；同时，要建立集约化的收益测算机制，根据内部定价机制，对标准化产品和个性化产品进行差异化定价，真正体现出集约化运营的价值，并将数据反馈给财务管理系统，实现对业务部门各类产品运营成本的真实体现。

（七）加强集约化信息安全与风险管理水平

在实施工业4.0过程中，一方面，业务集约化可以通过新技术、新工具提升自身运营的风险管理水平；另一方面，新技术新流程的应用也将带来的新风险，特别是大数据运营带来的信息安全等问题。

1. 提升反应速度，实现精确风险管理。传统的风险控制手段主要通过事后检查发现风险点和存在的问题来进行纠正和制定管理办法。而随着Hadoop等分布式数据处理技术的应用，数据分析速度的大大提升，使得风险识别由事后向事前转移成为可能。同时，通过数据模式绘制的资金网络、担保网络，业务风险识别能力也大大提升，从简单识别资金异动到真正甄别关联企业。以此为基础，可以建立业务集约化办理过程的事中悬停和熔断处理机制，根据实时识别出来的风险等级，对需要审慎处理的业务进行悬停提示，对于高风险业务直接进行熔断处理。

2. 加强分级信息安全管理机制。对于客户信息安全的保护，一直是维护银行声誉的根基所在，因此，在充分利用数据价值的前提下，确保各类数据的安全是重中之重。在业务处理环节，对于涉及客户关键隐私明细数据的，应在不影响业务处理的条件下，对敏感字段进行屏蔽或者转码处理，对于无法屏蔽的，可以通过业务分解的方式，防止信息的整体暴露。在数据分析环节，应注重对客户分类的群体特征进行分析，避免针对个体分析，从而充分保护客户隐私。在数据发布环节，应建立严密的审批制度，并由信息安全专家进行审查，保证数据外部披露时确保信息安全。

（八）推动人才培养与组织变革

在工业4.0的框架下，新技术、新流程和新理念的引入，必然对业务集约化运营的人员素质要求、劳动组合方式产生巨大的影响。因此，业务集约化运营的人员管理与组织管理必须通过变革和创新来适应这种变化。

1. 建立新的人才地图和碎片化的学习机制。工业4.0所代表的高度自动化、智能化，意味着机器对简单、重复操作的替代，甚至人工智能的出现已经开始可以替代部分专业人员。这既有助于员工从繁重、机械的工作中解脱出来，同时也意味着现有的员工必须转型以适应新的工作岗位。同时，面工业4.0所代表的大数据、定制化，对于所需人才也提出了新的要求，除具有扎实的相关业务能力、沟通能力外，还应当具有数据分析能力及项目管理能力。为了适应这种人才转型的需求，需要搭建全新的人才地图，构建员工胜任能力模型和学习路径，创新培训方法，充分利用移动工具、社交化工具，利用碎片时间完成业务培训。

2. 建立创新型组织。为了保证对客户需求的快速反应，并最大限度地实现业务创新，对于集约化运营体系中的管理层、专家层的组织形态要进行创新，打破传统的科层限制，实现“团队式管理”，打造一支可以灵活响应客户需求跨业务线的专家团队，同时建立与之配套的考核机制，充分激励员工的主观能动性和创造性，通过员工的专业化服务与创新型管理，实现对客户服务的最大价值。

3. 建立共享运营机构。要在现有的三大集约化中心的基础上，通过管理一体化、人员的综合化、系统负载均衡，实现业务在各个中心的共享，提升业务的灾备与应急能力，并提升内部资源的利用效率。要突破北京地区业务处理中心仅处理本地区业务的限制，通过内部计价机制，既实现北京运营资源在全国的共享，也可以充分利用外地的运营资源满足北京地区的需求，从而实现与外部运营资源的整合和共享。

四、总结

工行传统的集约化运营面临着如何高效满足金融市场快速变化和如何进一步突

破运营效率和质量极限的双重挑战，而以“互联、集成、大数据、定制化”为代表的工业4.0作为未来生产力和社会变革的发展方向，将引导传统集约化运营突破瓶颈进入工业4.0时代。工行可以通过不断拓展集约化受理渠道、建立个性化服务平台、制定新的集约化运营标准、应用各类新技术和实施互联集成的供应链管理，打造一个高效、安全、智能、灵活的银行集约化大运营平台，从而快速响应客户需求、迅速适应产品创新、深度挖掘运营潜力，大大推动统一运营格局的形成，为银行经营发展提供更多动力。

参考文献

[1] 埃里克·施密特. 重新定义公司——谷歌是如何运营的 [M]. 北京：中信出版社，2015.

[2] 原擒龙. 推动集约化改革向纵深发展 [J]. 中国外汇，2016 (10).

[3] 安筱鹏. 工业4.0——为什么？是什么？如何看 [J]. 中国信息化，2015 (2).

[4] 谷澍. 强化安全运营　推进改革创新　为全行转型发展创造新价值 [J]. 中国城市金融，2016 (2).

人民币汇率波动与跨境资本流动研究

梁少锋[①]

摘要：本文分析了人民币汇率波动及中国跨境资本流动的历史趋势，以1998—2016年季度国际收支平衡表中的资本及金融账户主要项目与实际有效汇率指数建立VAR模型，得出人民币汇率波动显著影响直接投资、资本账户差额，同时直接投资、证券投资、其他投资对人民币汇率波动也影响显著。此外，不断增大的净误差与遗漏项目对人民币汇率波动的影响值得关注。

关键词：汇率波动　跨境资本流动　VAR

近年来，人民币汇率波动与跨境资本流动被广泛关注。2008年金融危机后，受发达国家量化宽松货币政策影响，人民币汇率不断走低，短期跨境资金流入规模显著；而2014年尤其是2015年8·11汇改后，人民币汇率升值压力空前，跨境资本流出压力巨大。人民币汇率与跨境资本流动孰因孰果，相互影响关系如何是本文研究的主要方向。

一、文献综述

学者对汇率波动与跨境资金流动存在较多的研究，主要可以分为三类：一是对跨境资金进行分类与汇率进行研究：如李建军（2005年）通过三种方式计算地下资金规模，与汇率进行回归分析，得出汇率与地下资金息息相关的结论，汇率变化越大，地下流动资金规模越显著。田静（2016年）通过对我国汇率制度改革历史及各项目跨境资金规模变动的分析，得出汇率通过多种因素影响我国跨境资金规模的结论。高宏伟（2014年）以国际收支平衡表中资金的借贷方将跨境资金流动划分为流入方、流出方，通过HP滤波和VAR分析方法，得出跨境资金流入对汇率变化更敏

① 作者简介：梁少锋，现供职于中国人民银行营业管理部。

感的结论。二是区分汇率与汇率预期对跨境资金的影响：如中国人民银行济南分行经常项目管理处课题组（2012 年）通过将汇率预期指标引入宏观经济分析模型，得出人民币汇率的预期与经常项下跨境资金流动存在协整关系的结论。田拓、马勇（2013 年）介绍了跨境资金流动波动率的三种统计方法，以人民币汇率预期与波动率进行简单回归，得出人民币汇率预期与跨境资金波动率呈负相关关系的结论，并通过 VAR 模型得出人民币汇率中间价波动程度与短期跨境资金波动率互为因果关系的结论。吴彬、金海平（2015 年）以人民币实际有效汇率、短期资本流动、人民币兑美元即、远期汇差、境内外利差四个变量建立 VAR 模型，得出人民币即期、远期汇差对短期跨境资本的流动影响更为深远，方差分解显示可以解释 30.9% 的短期跨境资本变动。三是不单独选择汇率，将其作为众多因素中的一个分析与跨境资金流动的相互影响：如任薇君、陈刚（2013 年）通过实证分析得出跨境资金流动的波动与进出口状况、人民币汇率存在长期稳定关系，跨境资金流动与汇率呈正相关关系。王海龙（2013 年）认为中国的跨境资金受中外利差的影响，表现出初始流入、加速流入和波段性增长三个阶段，进而对我国的汇率政策造成巨大压力。张晶晶、刘凌（2014 年）通过 SVAR 模型得出美国货币供应量的变化对我国汇率传导机制影响明显。姚兴素（2017 年）通过 VAR 模型、格兰杰因果关系检验、脉冲相应函数和方差分解等方法，对我国跨境资金流动的影响因素进行了分析，结果发现境内外汇差是造成我国短期跨境资金流动的重要因素。

综观以上研究成果可以发现，研究主要集中对跨境资金的研究，而非跨境资本流动，且早期开展人民币汇率与跨境资金流动的研究时，受汇率体制影响，官方汇率是否可以代替市场汇率研究其与跨境资本流动关系值得商榷，而后期将汇率作为众多变量中的一个进行分析，存在受其他变量影响的可能，研究结果是否科学需要进一步确定。

二、模型选择

（一）中国汇率制度改革及人民币汇率波动情况

我国共进行了三次重大的汇率制度改革，分别为：1994 年 1 月 1 日将双重汇率并轨，实现了以市场供求为基础有管理的浮动汇率制度，此阶段汇率制度为盯紧美元；2005 年 7 月 21 日，汇率制度改革以市场供求为基础、参考一篮子货币进行调节，有管理的浮动汇率制度；2015 年 8 月 11 日，完善人民币汇率中间价格形成机制，并延长外汇交易时间，扩大交易主体范围。

除三次重大汇率体制改革外，我国还对外汇市场进行了多次积极干预，尤其是1997年亚洲金融危机及2008年次贷危机爆发后。1997—1999年亚洲危机爆发后，我国主动收窄汇率浮动区间，坚守人民币贬值底线，通过央行干预，在事实上将汇率固定为1美元兑8.28人民币；2008年7月至2010年6月，次贷危机爆发后，为稳定国内经济，将美元兑人民币汇率固定在1:6.83。除这两个阶段特殊时期外，外汇干预主要为调整汇率波动幅度，逐渐增强市场在价格形成中的作用，尤其是在人民币逐步实现跨境结算并于2016年10月加入SDR后，人民币供求关系越来越市场化，汇率更加科学地反映出外汇市场状况。

我国自2005年7月第二次汇改后，汇率波动性显著增强，2014年1月14日，汇率中间价下探到最低点（6.0930）；2015年8月11日，“8·11”汇改后汇率面临较大的升值压力，时刻逼近7.0（见图1）。

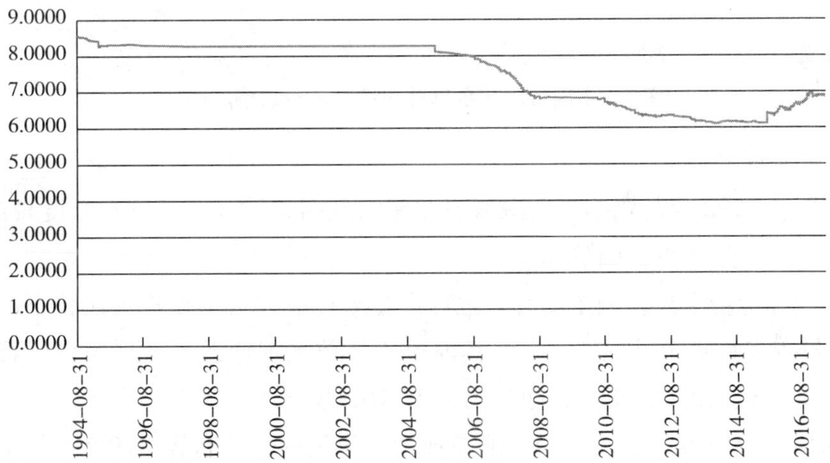

数据来源：国家外汇管理局。

图1 中国人民币汇率波动情况图

（二）中国跨境资本流动情况

为更为直观地测度跨境资本流动状况，将储备资产从资本与金融项目中剔除，此时中国国际收支平衡表确实在大部分年份表现为双顺差态势。本文主要以资本及金融项目为对象考察中国跨境资本流动形势，即主要包括直接投资、证券投资、其他投资及资本账户。此外，按照部分学者研究观点，国际收支平衡表中的误差与遗漏项目包含地下资金，能够反映地下资本流动情况，因而也将其纳入本文分析范围。1982—2016年中国跨境资本流动趋势情况见图2。

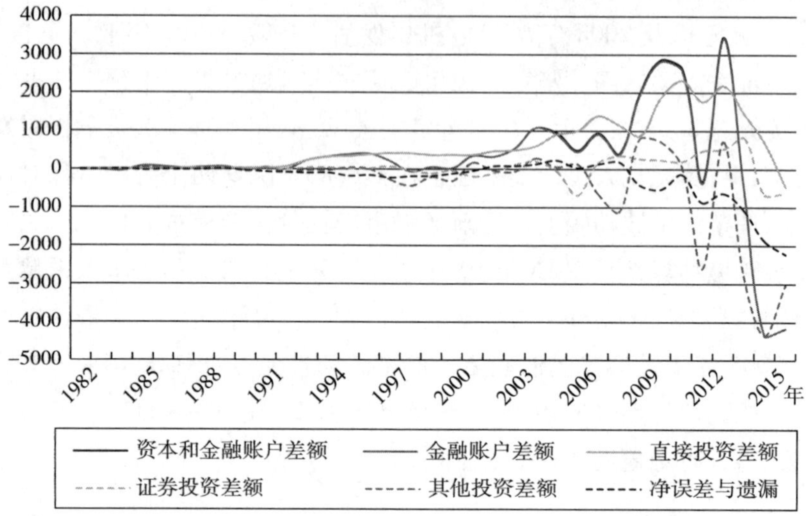

数据来源：国家外汇管理局。

图 2　中国资本与金融账户逆差及构成情况图

图 2 可以看出：

1. 我国自 1992 年起资本与金融账户差额出现明显波动，且波动幅度日趋放大，1994 年汇改后此趋势更为明显；

2. 资本和金融账户差额主要有金融账户差额构成，资本账户占比较小；直接投资与证券投资多数年份呈现顺差，而其他投资多数呈现逆差；从规模情况看，其他投资项下近 3 年流出增长迅速，净流出达 10 163 亿美元。

3. 2014—2016 年，资本与金融账户连续三年呈现逆差态势，即资本与金融账户持续出现资金净流出。

4. 2016 年，直接投资 35 年来首次出现逆差，即对外直接投资首次超过外商直接投资。

5. 从跨境资金规模看，1997—1999 年，得益于外商直接投资与其他对外直接投资的同时增长，资本与金融项目跨境资金差额幅度收窄；而 2008—2010 年，随着发达国家量化宽松货币政策的实施，外商直接投资显著增加，资本与金融项目逆差增长明显。

6. 净误差与遗漏项目不断扩大，自 2014 年起，该项目净流出已成为中国资本外流的主要组成部分，2014—2016 年该项目共计净流出 5 192 亿美元，远远超过直接投资及证券投资两项之和，是资本及金融账户净流出规模的一半以上。

（三）实证分析

1. 变量选取及数据采集

为提高人民币汇率分析的科学性，本文选取经过本国与所选国家间相对价格水平或成本指标调整国的汇率，即实际有效汇率指数作为汇率指标（EXCHANGE）；此外，选取资本账户差额（CAPITAL）、直接投资差额（DIRECT）、证券投资差额（STOCK）、其他投资差额（OTHER）、净误差与遗漏项目（OMISSION）作为跨境资本流动的主要部分。由于VAR模型能够考察数据间的相互关系，而不需要以数据间经济关系做支撑，因而本文采用VAR模型进行分析。

为提高模型近似的精准度，减少特殊时期（两次金融危机的特殊汇率政策）对整个模型的影响，以及鉴于数据的可得性，本文选取的样本时期为1998—2016年的季度数据。变量及数据采集结果见表1：

表1　　变量及数据采集表

变量名称	变量代码	单位	变量名称	变量代码	单位
实际有效汇率指数	EXCHANGE	100	证券投资差额	STOCK	亿美元
资本账户差额	CAPITAL	亿美元	其他投资差额	OTHER	亿美元
直接投资差额	DIRECT	亿美元	净误差与遗漏	OMISSION	亿美元

数据来源：Wind数据库。

2. 单位根检验

为避免伪回归的发生，对所有变量进行ADF单位根检验，经检验，EXCHANGE、CAPITAL及DIRECT存在单位根，但其一阶差分均为平稳序列，结果见表2。

表2　　单位根检验结果

向量代码	向量名称	T统计量	相伴概率	平稳/不平稳
EXCHANGE	实际有效汇率指数	-2.1792	0.4937	不平稳
E（EXCHANGE）	实际有效汇率指数波动	-6.2383	0.0000***	平稳
CAPITAL	资本账户差额	-2.0652	0.2592	不平稳
C（CAPITAL）	资本账户差额波动	-9.3416	0.0000***	平稳
DIRECT	直接投资差额	-2.3492	0.1617	不平稳
D（DIRECT）	直接投资差额波动	-3.6923	0.0062***	平稳
STOCK	证券投资差额	-4.7336	0.0002***	平稳
OTHER	其他投资差额	-4.2489	0.0011***	平稳
OMISSION	净误差与遗漏	-7.2249	0.0000***	平稳

注：*、**、***分别表示10%、5%、1%的显著性。

3. 建立VAR模型并检验模型稳定性

由E（EXCHANGE）、D（DIRECT）、C（CAPITAL）、STOCK、OTHER、OMISSION建立VAR模型，根据AIC原则选择最佳滞后期数，模型显示最佳滞后期为3，因而建立VAR（3）（见表3）。

表3 最佳滞后期检验结果

Lag	LogL	LR	FPE	AIC	SC	HQ
0	-2102.296	NA	2.25e+20	63.88775	64.08681	63.96641
1	-2021.924	143.6948	5.88e+19	62.54316	63.93658*	63.09376*
2	-1977.695	71.03520	4.71e+19	62.29378	64.88155	63.31633
3	-1926.724	72.59417*	3.20e+19*	61.84013*	65.62226	63.33463
4	-1893.241	41.60026	3.97e+19	61.91640	66.89289	63.88285
5	-1856.464	39.00624	4.93e+19	61.89285	68.06369	64.33124
6	-1819.994	32.04907	7.24e+19	61.87862	69.24382	64.78896

注：*为最佳滞后期。

对VAR（3）进行稳定性检验，单位根检验结果显示模型存在12个单位根的倒模均位于单位圆内，说明该模型为稳定性模型（见图3）。

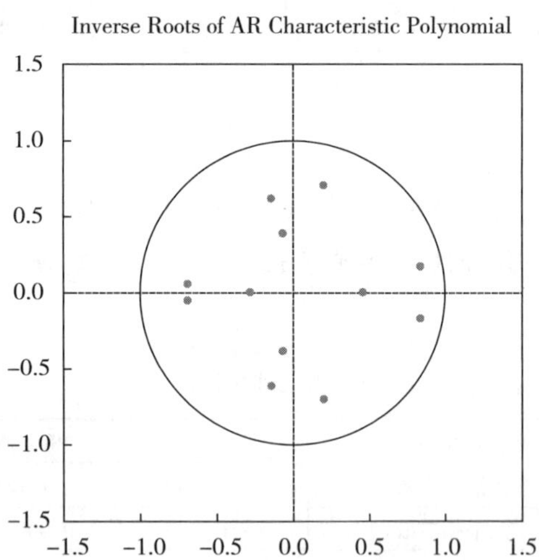

图3 VAR模型单位根检验

4. 格兰杰因果关系检验

格兰杰因果关系检验结果（见表4）显示，汇率波动与直接投资差额互为格兰杰因果关系，汇率波动是资本账户差额的单方面格兰杰原因，而其他投资差额、证券投资差额、误差与遗漏均为汇率波动的单方面格兰杰原因。

表 4　　　　　　格兰杰因果关系检验结果

原假设	F统计量	相伴概率	是否接受原假设
D（CAPITAL）不是D（EXCHANGE）的格兰杰原因	0. 1335	0. 9397	是
D（EXCHANGE）不是D（CAPITAL）的格兰杰原因	3. 4237	0. 0225**	否
D（DIRECT）不是D（EXCHANGE）的格兰杰原因	6. 8365	0. 0004***	否
D（EXCHANGE）不是D（DIRECT）的格兰杰原因	4. 0622	0. 0104**	否
OTHER不是D（EXCHANGE）的格兰杰原因	3. 2655	0. 0268**	否
D（EXCHANGE）不是OTHER的格兰杰原因	1. 8671	0. 1439	是
STOCK不是D（EXCHANGE）的格兰杰原因	3. 5001	0. 0203**	否
D（EXCHANGE）不是STOCK的格兰杰原因	0. 7536	0. 5242	是
OMISSION不是D（EXCHANGE）的格兰杰原因	4. 9604	0. 0037***	否
D（EXCHANGE）不是OMISSION的格兰杰原因	0. 0020	0. 9999	是

注：*、**、***分别表示10%、5%、1%的显著性。

5. 脉冲响应函数

脉冲响应函数显示，当受到D（EXCHANGE）一个标准差的正向冲击时，D（DIRECT）、D（CAPITAL）都于当期出现一个负的脉冲响应，均于10期内出现2次反弹后才逐步消失。当受到D（DIRECT）、STOCK一个单位标准差的正向冲击时，D（EXCHANGE）均会先产生同方向的脉冲响应，后以不同的路径消失，而对OTHER、OMISSION的正向冲击于当期先出现反方向的脉冲响应（见图4）。

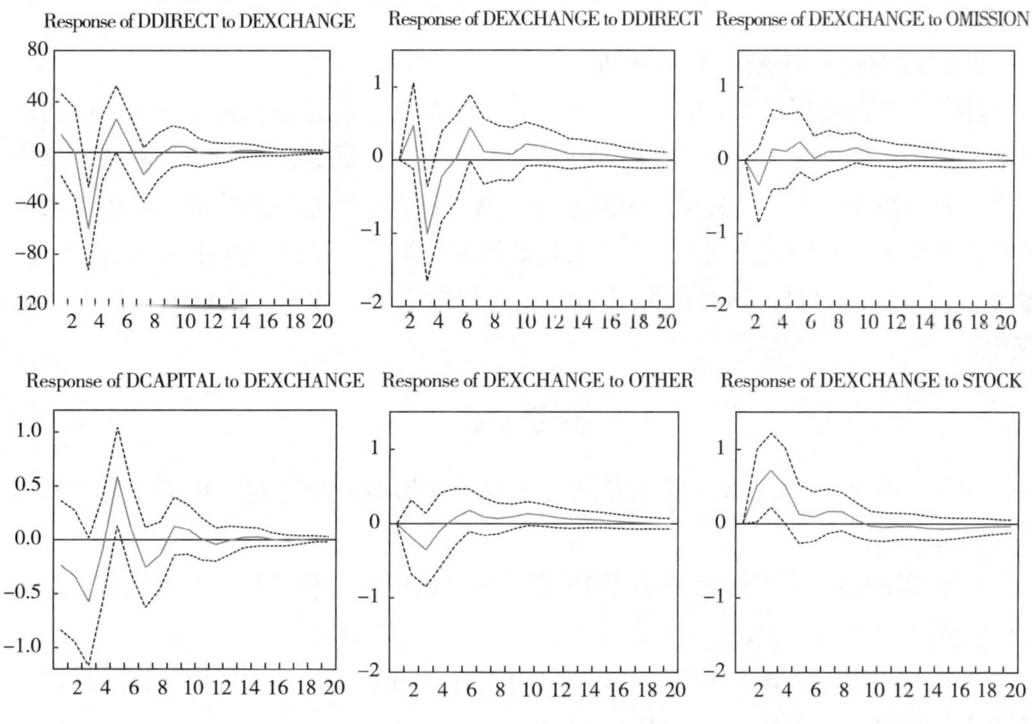

图 4　脉冲响应函数

三、结论及建议

（一）结论

模型分析结果显示，汇率波动能显著影响直接投资差额、资本账户差额，即汇率升值在短期时间内会降低直接投资差额、资本账户差额。同时，直接投资差额、证券投资差额、其他投资差额、误差与遗漏均能够影响汇率波动，但在短期时间内，直接投资差额、证券投资差额对汇率波动是正向影响，而其他投资差额、误差与遗漏为反向影响。

（二）建议

1. 协调资本项目政策与人民币汇率在短期内的影响关系

虽然从长期看，人民币汇率波动与各项跨境资本流动的相互影响将趋于平衡，但短期内，汇率波动对直接投资差额、资本账户差额影响显著，而除资本账户规模较小外，其余各项目均会对汇率波动产生影响。因而在指定招商引资、对外投资、证券投资等相关政策时，要做好与短期内人民币汇率波动的协调工作，减少汇率波动的政策性影响。

2. 关注净误差与遗漏项目的构成

净误差与遗漏项目本为统计国际收支数据中的误差与遗漏项目，平衡一国的国际收支账表，但国际上各个国家均存在该项目不断增大的趋势，部分学者认为该项目含有地下资金的存在。我国的净误差与遗漏项目存在明显趋势特征，越来越大的规模显著降低了我国国际收支平衡表其他数据的科学性。建议加强对该项目的关注，减少误差与遗漏项目，同时加大对非法资金打击力度，减少该项目中的地下资金规模。

参考文献

［1］李建军．地下金融规模及其对宏观经济影响分析［J］．中国金融，2005（4）：27－30.

［2］田静．汇率市场化对我国跨境资金流动的影响分析［J］．金融经济，2016（2）：157－159.

［3］张晶晶，刘凌．美国货币政策对中国汇率和利率传导的实证研究［J］．上海金融，2014（1）：52－56，117.

[4] 高宏伟．跨境资金短期流动的阶段性驱动因素解读［J］．经济问题探索，2014（12）：151－156，185.

[5] 吴彬，金海平．利率和汇率市场化改革对我国短期跨境资金流动的影响［J］．华北金融，2015（1）：56－59.

[6] 中国人民银行济南分行经常项目管理处课题组，于正红．人民币汇率预期对经常项下跨境资金流动的影响［J］．金融发展研究，2012（12）：20－24.

[7] 田拓，马勇．中国的短期跨境资金流动——波动性测度及影响因素分析［J］．金融研究，2013（12）：87－99.

[8] 任薇君，陈刚．跨境资金波动与人民币汇率、进出口及其价格变化的关系研究［J］．金融理论与实践，2013（4）：52－55.

[9] 王海龙．汇率、利率影响跨境资金流动分析［J］．中国外汇，2013（9）：66－67.

[10] 姚兴素．我国短期跨境资金流动影响因素分析［J］．吉林金融研究，2017（3）：6－14，56.

非银行信息共享过程中个人征信主体权益保护探析

佟军廷[①]

摘要： 非银行信息采集工作是人民银行完善金融信用信息数据库信息种类，全面反映和展示信息主体信用全貌的重要措施。本文从个人征信主体权益保护角度，以一起非银行异议处理案例为例，分析非银行信息采集过程中存在的问题，提出相关对策建议。

关键词： 非银行信息　征信主体　权益保护

2006年征信系统运行以来，人民银行总行在做好银行类信用信息整合的基础上，积极推动人民银行分支机构开展非银行信用信息采集工作，加强与政府相关部门沟通协调，实现多类非银行信息纳入征信系统，更加全面地展示了信息主体信用状况，在帮助授信机构防范信用风险，提高政府部门行政执法效率，增强信息主体信用意识方面发挥了积极推动作用，逐步构建了"一处违法，处处受限"的信用监管框架。

在党的十八届三中、四中全会精神，以及《社会信用体系建设规划纲要(2014—2020年)》等一系列会议及制度安排下，政府部门间更加认同建立协同监管和联合惩戒机制，有效促进了非银行信息的共享，人民银行总行与法院、环保部门等相继签订了信息共享合作备忘录。同时，2013年《征信业管理条例》（以下简称《条例》）的颁布实施，解决了我国征信业发展中无法可依的问题，尤其强调了对个人信息主体的权益保护。而当前个人非银行信息共享过程中由于权利保护机制不健全等问题，致使信息主体权益受损，亟待规范和完善。为此，本文以一起个人非银行信息异议处理案例为例，分析研究非银行信息共享中存在的问题，探讨针对性解

---

① 作者简介：佟军廷（1985—），供职于中国人民银行克拉玛依市中心支行。

决方法，提出非银行信息共享过程中加强个人征信主体权益保护的建议。

一、一起法院强制执行信息异议处理案例

2013 年，中国人民银行征信中心与最高人民法院执行局签署合作备忘录，明确将失信被执行人名单信息纳入金融信用信息基础数据库。由于最高人民法院向征信中心报送信息周期长，导致信息主体个人信用报告中强制执行信息更新不及时，影响到信息主体在金融机构办理信贷业务，以及其他经济行为，引发个人信息主体争议。

如市民刘某 2016 年 9 月 21 日前来人民银行查询其个人信用报告，其中展示刘某在克拉玛依市乌尔禾区人民法院有一条被列入失信被执行人名单的强制执行信息。经工作人员核实，该案实际已于 2016 年 6 月 20 日结案，刘某按要求履行了全部职责，并持有克拉玛依市中级人民法院出具的结案证明。工作人员通过查询“全国法院被执行人信息查询”网，也未发现刘某存在强制执行信息。说明刘某强制执行信息在法院端已经更新，但由于信息未报送至征信中心，导致该条信息在金融信用信息基础数据库中未及时更新，致使刘某在这期间在金融机构贷款受阻。为此，刘某向人民银行提出异议申请，工作人员因征信系统无法勾选非银行异议而不能进行异议登记，只能对当事人进行安抚，劝其督促法院及时向征信中心报送更新报文。几经周折，刘某强制执行信息在 2016 年 10 月才在个人信用报告中被删除，整个信息更新时长近 5 个月之久。

上述案例中，当事人所在地人民银行和法院都掌握刘某所提出的异议的真实情况，但无法对刘某在征信系统的信息进行更新。人民银行征信中心和最高人民法院直接负责法院强制信息的采集，未与基层人民银行和法院建立纵横交错的非银行信息异议处理渠道，致使当事人异议申请受阻。

二、非银行信息共享中存在的问题

（一）信息更新不及时是诱发异议主因

为尽快建立覆盖全社会的征信系统，形成大而统一的信用信息数据共享格局，在非银行信息采集阶段，信用信息共享部门间更加注重信息采集，依托征信系统威慑力优先满足自身业务需要及部门利益，忽视了对信息主体的权益保护。在建立数据共享合作关系时，对于数据采集一般按照天、周、月等频次更新，除按天更新的

数据以外，其他频度都易造成数据更新周期过长。同时，对合作协议中数据报送条款执行落实不到位，碍于部门间权益，得过且过，缺少权力部门监督，造成数据报送拖沓也是数据更新不及时的重要原因。伴随信用报告的广泛应用，给信息主体造成的非正常限制和不便较多，极易引发信息主体提出异议和投诉。在实践中，因非银行信息提出的异议申请中，大多都因信息更新不及时而造成。

（二）非银行信息异议处理渠道不畅通

依据《条例》第二十五条："信息主体认为征信机构采集、保存、提供的信息存在错误、遗漏的，有权向征信机构或者信息提供者提出异议，要求更正"。征信中心与最高院之间虽然建立了信息采集共享机制，但两个部门间以及部门内部没有建立有效的异议处理机制，无相关实施细则。基层人民银行在受理信息主体法院强制信息异议申请时，无法通过征信系统在个人信用报告中勾选"强制执行记录"信息，只能通过文字描述方式确定异议事项。征信中心在收到异议申请时，无法通过异议管理系统向信息提供者发送异议协查。一般都是通过电话、函的方式请求信息提供者对异议事项进行协查和处理，异议管理系统不能有效记录异议处理完整过程，各部门处理过程不宜记录和跟踪，容易发生异议超期处理及出现责任难以划分问题。

（三）信息主体维权救助机制不健全

异议处理和个人声明业务是保护信息主体合法权益重要措施。然而，信息主体对信用报告中非银行信息产生异议时，一方面，不明确该向哪个部门提出异议；另一方面，信息采集部门和信息提供者内部处理机制不健全，不能有效解决信息主体提出的异议申请。如案例中刘某向征信中心客服400－810－886提出异议，得到的答复是只能等待信息更新；向本地法院提出异议，被告知业务系统已经做了更新。同时，人民银行在征信系统中受理信息主体个人声明业务时，无法勾选"强制执行记录"信息，导致信息主体所要声明的业务信息无法准确定位。

（四）非银行信息展示方式不明确

依据《条例》第十六条："征信机构对个人不良信息的保存期限，自不良行为或者事件终止之日起为5年；超过5年的，应当予以删除"。在个人信用报告中，信息主体在履行完法院强制执行信息责任后，采取直接将案件信息屏蔽的方式进行处理，与《条例》保留5年的规定相违背。同时，在个人信用报告中法院强制执行记录以案件状态被"列入失信被执行人名单"方式展示，未标明具体案号，信息使用者难以定位具体是哪个案件。在个人征信系统不能及时更新数据的情况下，信息使用者也无法通过查询“全国法院被执行人信息查询”网，确定信息主体强制执行记录最新的案件状态。

（五）非银行信息应用缺乏统一标准

人民银行征信系统经过多年发展，已成为商业银行信贷审批的重要工具，各商业银行也对信用报告中银行类信息形成了自己的评判标准，银行间差异较小。而对于非银行信息，目前商业银行缺乏相应的应用标准，信贷人员主观评价和判断随意性较大。在实践中，当信息主体信用报告中存在非银行负面信息时，部分商业银行会直接以此为由拒绝个人的信贷申请。一些商业银行不注重信用报告与原始资料间的比较分析，如案例中刘某即使提供了法院出具的结案证明，也不予采信，从而拒贷，造成社会公众对征信系统信息更新不及时抱有较大抵触情绪。

三、对策建议

（一）建立完善的非银行信息采集更新机制

在建立部门间非银行信用信息共享合作时，在保障双方利益的基础上，更应从保护个人信息主体权益角度出发，建立完善非银行信息采集、更新以及责任追究机制，明确双方非银行信息具体的报送部门以及联系人等。通过严格的制度约束和落实，督促相关部门及责任人尽职尽责按时报送非银行信用数据，尽可能地提高信息更新频率，减少因信息更新不及时而造成的异议申请。同时，国家层面应建立第三方监督管理机制，对于建立信用信息合作共享的部门执行情况进行监督，联席会议成员单位间在建立信用信息共享机制时也应主动向信用体系牵头部门进行备案。

（二）建立互联互通的异议处理协调机制

从《社会信用体系建设规划纲要（2014—2020）》及当前形势分析，非银行信息采集仍将是人民银行今后一段时期内的重要工作内容，部门间信用信息共享大势所趋。所以，应尽早建立跨部门间异议处理机制，以减少因此而发生的异议投诉或纠纷。应尽快在互联网端建立与非银行信息提供部门之间互联互通的异议处理系统，保证个人信息主体在向征信机构或者信息提供者提出异议时，异议登记信息能在征信机构和信息提供者之间正常流转，并通过系统自动记录异议处理的每一个环节及最新进展情况，在异议处理过程中督促各方按照各自职责，在规定时限内有序处理异议申请业务。

（三）进一步完善征信系统异议处理系统

一是征信中心对金融信用信息基础数据库中异议管理模块功能进一步完善，使基层人民银行在受理异议申请和个人声明业务时，能在系统中对信用报告中“公共信息”内容进行勾选和定位。二是在征信中心和最高院之间异议处理机制还不完善的情况下，允许基层人民银行根据法院出具的结案证明，以及通过“全国法院被执行人信息查询”网进行复核后，将该条记录进行标记，并可上传相关结案证明的电子版，说明该强制执行信息已执行完毕，待最高人民法院核实相关异议信息后，对该异议内容进行修改，加快异议处理效率。

（四）明确非银行信息的展示期限及方式

对个人信息主体产生负面影响的非银行信息亦属于不良信息。应按照《条例》中对“自不良行为或者事件终止之日起为 5 年”的保存期限要求进行展示，但应及时更新非银行信息的最新状态或进展情况。同时，在个人信用报告中应尽可能完整的展示各类非银行信息，以便于信用报告使用者更容易判定和使用非银行信息。

基于构建促进我国节能减排金融支持体系的研究

张大龙[①]

摘要：金融是现代经济的核心，促进节能减排离不开金融的支持。本文通过分析我国金融支持节能减排面临的主要瓶颈问题，以此探讨如何有效构建促进节能减排金融支持体系的相关对策建议。

关键词：节能减排；金融支持体系；产业结构调整

我国在“十三五”规划中提出单位能耗降低、主要污染物排放总量减少的工作目标，实现这一目标需要综合运用产业、财政、税收、金融政策。金融作为现代经济的核心，构建一个与我国经济金融发展阶段和节能减排现状相适应的促进节能减排的金融支持体系，对于促进我国节能减排、加快产业结构调整和保持经济持续增长具有十分重要的意义。2015 年 9 月，在中共中央、国务院印发的《生态文明体制改革总体方案》中，中国首次明确了建立中国绿色金融体系的顶层设计。2016 年 3 月，全国人大通过的《“十三五”规划纲要》明确提出要“建立绿色金融体系，发展绿色信贷、绿色债券，设立绿色发展基金”。2016 年 9 月，中国人民银行、财政部、国家发改委、环境保护部、中国银监会、中国证券会、中国保监会联合印发了《关于构建绿色金融体系的指导意见》，明确指出构建绿色金融体系，不仅有助于加快我国经济向绿色化转型，也有利于促进环保、新能源、节能等领域的技术进步，加快培育新的经济增长点，提升经济增长潜力。构建绿色金融体系已经上升为中国的国家战略。当前，金融在支持节能减排中的力度日益加大，金融服务中的环境约束日益加强，金融支持节能减排政策效应逐步体现，社会各界对节能减排促进产业结构调整的前景趋于乐观。中国银行业协会 2016 年 6 月 24 日发布的《2015 年度中

① 作者简介：张大龙，现供职于国家外汇管理局盐城市中心支局。

国银行业社会责任报告》显示，截至2015年底，我国银行业金融机构绿色信贷余额8.08万亿元，占我国全部信贷余额的10%左右，其中，21家主要银行业金融机构绿色信贷余额达7.01万亿元，较年初增长16.42%。据测算，上述贷款所支持项目预计可节约标准煤2.21亿吨，节约水7.56亿吨，减排二氧化碳当量5.5亿吨、二氧化硫484.96万吨、化学需氧量355.23万吨、氮氧化物227万吨、氨氮38.43万吨。但是金融支持节能减排中的一些问题仍应引起关注。

一、金融支持节能减排面临的主要瓶颈问题

1. 与地方政府的博弈制约金融支持节能减排政策的落实。金融机构是通过开展绿色信贷业务来贯彻落实节能减排政策的。大多数省（市、区）的几大支柱产业，往往是国家重点调控的“两高一资”行业，也是节能减排重点控制的行业。但由于这些高污染、高能耗行业企业是地方GDP和财政税收增长的顶梁柱，所以在现行经济发展体制下，倘若环保部门和地方政府采取一些措施，可能会进一步加大银行项目贷款评估和管理难度。如地方政府为了短期利益，对这些企业实行保护性政策，通过发放《临时排污许可证》为企业获取贷款大开方便之门，地方政府的这种保护性政策在一定程度上制约了绿色信贷工作的开展，给金融机构控制或削减这些企业信贷加大了难度。

2. 金融机构服务地方节能减排的主动性仍显不足。一是部分基层银行对总行指导表现出过强的依赖性，“等”“靠”意识较强。信贷执行过程中计划色彩较强，市场机制的效应未能充分体现，导致本地金融机构在支持节能减排的工作中一直处于比较被动的地位。二是相关制度建设没有跟上。首先，对项目环境风险的评估，金融机构主要依靠当地环保部门的环评信息，内部缺少相关的专业分析人员，对项目节能减排情况难以全程跟进。其次，目前关于“绿色信贷”的标准多为综合性、原则性的，缺少具体的指导目录和环境风险评级标准等，内部实施细则有待完善，影响项目操作。最后，缺少新兴产业授信项目的制度创新。一些公益性环保项目，由于无法提供可接受的抵质押物而使贷款条件受限；部分创新型节能减排项目尚未经过成熟市场的考验，银行贷款风险评估难度较大。

3. 对环境和社会风险的承受能力不足。随着我国环境保护和节能降耗力度加大，环境风险日益成为信贷活动当中最主要的风险之一。《绿色信贷指引》也要求银行业金融机构应当有效识别、计量、监测、控制信贷业务中环境和社会风险。但是目前银行业金融机构对于环境和社会风险的认识能力、管理能力和管理技术差别非常大，个别金融机构承担环境和社会风险的能力还比较弱。比如，一些小金融机

构由于一个高污染、高耗能的企业关闭，可能会导致单体机构的风险。

4. 节能减排规模尚还偏小。长期以来，受传统产业结构制约，商业银行形成了以制造业客户为主体的“高碳型”贷款客户结构。这一点在大型商业银行表现得尤为明显。商业银行短期内如大幅度减少这类客户贷款，势必影响营业收入，因而这种客户结构占主导地位的现状恐怕还要维持一段时间，这在客观上影响了绿色信贷规模的扩张。节能环保企业和项目大多科技含量较高，投资周期较长，预期效益不太理想，也影响了商业银行的贷款积极性。特别是中小企业，没有抵押品，也找不到担保，贷款可得性更低。尽管近两年节能减排信贷方面贷款增加较多，但是与经济转型的要求相比，还有相当大的差距，新增节能减排信贷数量在年度贷款增量中所占比重仍然较低。截至目前，我国采纳“赤道原则”的仅兴业银行一家。统计数据显示，截至2016年6月末，国内21家主要银行机构在全部贷款余额中节能减排贷款仅占9%。

5. 企业利益驱动影响绿色信贷的发展。“绿色信贷”的直接作用对象是企业，通过经济手段迫使企业将污染成本内部化，使企业事前自愿减少污染，而不是事后再治理污染。当前，大多数企业认为节能减排需耗费大量资金，成本高，效益又很难在短期内显现，而违规排放的违法处罚力度不大，企业环境污染成本较低，成本外部化现象比较严重，导致企业进行节能减排改造的热情不高或者不愿投入更多资金进行节能减排技改，存在着利益博弈现象，直接影响到金融机构对节能环保项目的信贷投放。

6. 缺乏节能减排贷款的风险补偿机制。缺乏节能减排贷款风险补偿机制及由此带来的风险收益不匹配是商业银行对节能减排融资望而却步的主要原因。一般而言提高贷款利率、对贷款进行担保、补贴或者保险等可以有效地降低或转移节能减排贷款的风险。但是目前我国设立的中国绿色节能减排投资基金相对于庞大的节能减排资金需求而言显得微不足道，各保险机构也没有设计合适的节能减排相关险种，同时政府也缺乏“绿色信贷”的其他激励机制——从而阻碍了商业银行开展绿色信贷业务的积极性。二是存在节能减排贷款的信息不对称。目前我国尚未将企业节能减排信息纳入中国人民银行企业信用信息基础数据库，商业银行难以获得企业节能减排的第一手资料——大部分信息由企业提供，所以在项目评估、筛选、监督等绿色信贷业务各步骤中均可能面临着信息失真问题。同时，由于缺乏熟悉节能减排和金融业务的复合型人才，商业银行难以开发出与节能减排信贷相适应的金融产品，从而在很大程度上也影响了商业银行支持节能减排的推进。

7. 缺乏健全有效的“绿色资本市场”准入、交易、退出机制。绿色资本市场机制可以分为市场准入、市场交易和市场退出三种。目前我国绿色资本市场的机制建设刚刚启动，缺乏有效的制度安排。以股票市场为例，在市场准入机制方面，目前我国的股票市场节能减排准入机制尚未成熟，上市公司节能减排监管依然缺乏，导致某些“双高”企业或利用投资者资金继续扩大污染，或在成功融资后不兑现环保承诺，环境事故与环境违法行为屡屡发生。市场交易机制主要是通过上市公司披露节能减排信息，促使高污染、高排放行业、企业和产品遵循相关节能减排标准。目前我国上市公司对自身环境信息的披露还很不到位。据了解，每年的上市公司年报中，仅有限的公司进行了环境信息披露且绝大多数披露都是定性描述，有用环境信息量小，一些受到环境行政处罚的公司也未及时披露。在市场退出机制方面，目前我国尚未制定完善的有关上市公司在节能减排方面退市的标准、方式和条件。

8. 节能减排专业人才数量不足。节能减排信贷业务涉及对贷款企业环保信息的判断、环境风险的评估和贷款产品的定价，这些都是专业性、技术性很强的工作，需要环保技术和信贷业务兼通的复合型专业人才来承担。但是银行这方面的人才严重缺乏。银行每年招聘新员工，也大多招收金融、财会专业的毕业生而排斥产业领域的专业人才。这是商业银行人才队伍建设中的一个误区。缺少从专业技术角度对绿色信贷业务进行可行性评估和风险识别、量化的专业人员，也是制约节能减排信贷发展的一个因素。

二、促进金融支持节能减排的对策建议

1. 建立为节能减排服务的政策性金融机构。政策性金融支持节能减排是先导。政策性金融机构通过为节能减排项目提供长期、低利率的信贷资金和相关金融服务，弱化金融资本的逐利性，降低金融风险以达到诱导商业性金融跟进的目的。支持节能减排的政策性金融机构主要包括政策性银行机构、政策性担保机构、政策性保险机构三类，分别为节能减排项目提供政策性信贷资金、政策性担保、政策性保险服务。这些政策性金融机构由政府设立或控股，资金来源以政府资金为主，并通过立法明确其相应的法律地位、权利义务、经营宗旨、经营目标和业务范围等相关重要事项，与商业性金融机构各司其职、各尽其责、各展其长。

2. 制定金融支持节能减排政策，实施低碳金融路线图。一是加强央行与金融监管当局在落实国家节能减排政策上的协调，按照国家的整体部署共同研究金融支持节能减排的配套性政策，制定相关具体措施。二是按照各自的职责分工引导金融机构开展投融资活动和金融创新，央行和金融监部门应当充分发挥金融政策决策者和金融监管者的职能，利用货币政策、利率、信贷的杠杆指导作用，引导商业银行在信贷项目选择、准入、审批各环节将企业的减排、环保作为投放的依据，建立科学

的项目评估标准、风险预防体系，把节能减排、资源循环利用等指标纳入贷款审批体系。三是引导和鼓励金融机构开展金融创新，发挥金融部门在国民经济发展中所具有的融通资金、聚集资金和配置资金的重要桥梁作用，适应节能减排的需要。

3. 建立金融协调机制，研究和探索创新途径。围绕节能减排，开展金融创新既是贯彻国家转变经济增长方式，发展绿色经济的需要，也是金融业自身发展的需要，经济的发展离不开金融的支持，低碳经济的发展又为金融创新带来契机。在金融创新过程中首先应当创新金融合作机制，建立合作平台，一是建立以一行三会主导下的金融协调联席会议制度，二是建立以省级地方政府联合央行、金融监管部门为主导的联席会议制度，统筹研究金融支持涉及国家发展的战略性政策规划，制定配套的导向性政策。其次是共同组建研究机构或依托政策性研究组织，做好理论创新与实践创新的研究。定期举办高级别专家论坛，吸收、梳理国内外金融业在支持循环经济，开展金融创新方面的成功尝试和先进经验，研究创造具有中国特色的低碳金融理论体系，指导金融支持节能减排在我国的具体实践，抢占市场规则的制定权、话语权和主动权。第三是创新模式，深化金融支持循环经济的试点工作，促进加快产业结构调整。

4. 建立地方政府绿色 GDP 核算体系，强化社会舆论监督。从国际上看，政府部门行为的调整和约束、银行与各级政府的共识是信贷政策有效支持节能减排的首要前提。所以，政府应将节能减排各项指标纳入地方官员的绩效考核指标体系，建立地方政府绿色 GDP 核算体系。实施绿色信贷政策与区域产业政策有机结合，促进地方政府调整优化经济结构，鼓励企业通过自主创新和技术进步抓好节能减排工作，为金融支持节能减排扫清障碍。同时，制定切实可行的明确金融机构和实体经济社会责任的相关法规，明确金融机构和企业的社会责任、执行与监督、奖励与惩罚等细节，规定金融机构和企业的权利与义务。健全征询公众意见和企业社会责任报告的信息披露制度。详细编制企业社会报告，向公众披露环境和社会政策等具体内容，强化社会舆论监督。

5. 完善激励机制，提高金融支持节能减排力度。从政府的角度来看，一是制定一系列条例、标准和优惠政策，鼓励银行、基金公司、保险公司等金融机构提高自身的环境责任，增强保护环境的积极性；二是制定相关的法律、法规，推动适合国情的环境金融产品逐步兴起和蓬勃发展；三是在加大对节能减排项目投资的同时，对金融信贷支持节能减排拨出一定专项资金进行贴息，或研究出台对机构和个人投资者投资绿色债券、绿色基金的税收优惠政策，鼓励金融产品创新。从金融业自身来看，金融业应制定与环境相关的金融政策，并积极构建与之相适应的管理机构和制度、行动计划和监督程序，定期向外界发布环境评估报告。从具体业务来看，应建立绿色信贷决策制度，在对项目进行贷款之前，引入环境因素系数，从源头控制污染，促进产业结构调整，实现经济和社会的可持续发展。

6. 加快复合型人才培养和中介机构建设。培养出既熟悉节能减排又掌握金融知识的复合型人才是金融机构进行与节能减排相关金融创新的基础，同时也为金融机构将节能减排贷款的风险控制在适当范围内提供保障。此外，大量提供包括资信评估、技术咨询、财务顾问、法律顾问等服务在内的中介机构的存在和有效运作，可以降低金融机构的信息不对称，架通企业和金融机构的桥梁，推进绿色信贷进程。

7. 完善和创新多层次的融资渠道。一是支持承担国家重点节能工程项目的企业多渠道筹措节能减排资金，包括支持企业以发行企业债券、配股、募集新股等形式筹集资金。二是支持和培育一批具有技术创新，效益增长的循环经济发展项目的中小公司上市，包括在创业板市场的上市，控制高耗能、高污染企业在股票市场上的直接融资。三是探讨保险业为节能减排项目提供个性化、差异化保险支持的可行性，推进产业健康发展。四是创新融资方式，在国家层面建立经济发展中涉及国家战略性安排的产业投资基金，包括尝试设立理论界正在积极热议的“碳券基金”、考虑允许省级政府发行地方债券等途径来获得合理投资于高效益的节能减排项目和技术资金支持，同时为节能减排项目提供信贷担保和履约担保。五是加强国际间的融资合作，节能减排本身具有的广泛性决定了必须加强国际合作，包括技术与融资的合作，着力探讨发展以国家信誉担保的融资工具。

参考文献

[1] 常新建．关于节能减排与金融支持有关问题的思考［J］．华北金融．2008（11）．

[2] 郝洁．绿色金融促进节能减排问题研究［J］．河北金融．2010（05）．

[3] 邓平，戴胜利，邓明然，陶庆先．促进节能减排的金融支持体系研究［J］．武汉理工大学学报．2010（04）．

[4] 姜勇．金融支持节能减排的对策选择［J］．西部金融．2010（04）．

[5] 刘尚荣．生态文明建设与金融支持［J］．青海金融．2008（06）．

互联网

Fintech 对商业银行业务发展的影响探析

郝　瑛[①]

摘要：在供给侧结构改革大背景下，面对“互联网金融”逐渐向 Fintech（金融科技）升级换代态势，商业银行主动参与、积极应对，不断增强技术投入和能力创新，区块链、大数据、物联网、虚拟现实（VR）、深度人工智能等技术正在加速融入支付、借贷、零售银行、保险、财富管理、交易结算的各个环节与领域，借以进一步提升金融效率、改善金融服务，切实发挥金融支持实体经济方面的聚合效应。

关键词：Fintech　银行　互联网金融

2016 年，商业银行继续坚持创新驱动战略，坚持金融科技引领，不断加快综合化经营步伐，深度融合互联网思维，打造线上线下一体化服务体系，推进传统业务互联网化和新型互联网金融业务创新发展，倾斜资源聚焦核心业务和重点产品，以特色化产品为突破口，努力提升竞争优势。

一、互联网金融战略生态圈进一步升级完善

经过不懈努力，银行正逐步以金融为核心，结合应用场景，满足并挖掘客户需求，将客户的日常生活紧紧地捆绑在银行的产品和服务周围，由内向外，构建“金融 + 生活”的互联网金融战略生态圈。

（一）一站式综合金融服务门户日益成熟

多家商业银行正在以综合、智慧、开放的设计理念，推出覆盖贯通金融服务、

---

① 作者简介：郝瑛，现供职于中国人民银行营业管理部。

电子商务、社交生活的一站式综合金融门户，为用户提供更加全面的金融产品与服务。基于账户管理、设备支持的全面改造优化、用户在新的金融门户下通过一键登录，即可在不同业务平台进行操作，高效便捷地找到自己所需要的产品与服务；特别是当前多家金融门户系统加载了海量智能问答，用户可以通过门户进行实时咨询，得到及时、全面、有用的反馈。以工商银行为例，其互联网金融品牌 e - ICBC 不断升级发展，已构筑起以“融 e 联”移动金融信息服务平台、“融 e 行”金融产品和服务综合平台、“融 e 购”电商平台和网络融资中心为主体的“三平台一中心”体系，其互联网金融的业务规模、客户数和活跃度持续提升。2016 年，“融 e 行”开放式网银平台的客户达 2.15 亿户，“融 e 购”电商平台的交易额达 6 814 亿元，“融 e 联”即时通讯平台的注册客户约 3 000 万户。另据统计，当前国内主流银行非柜面业务交易笔数迁徙率达到 95%，一些先进股份制银行的理财产品线上化销售率达到 85% 以上。

（二）场景化、差异化服务特色继续凸显

商业银行依托不同的要素禀赋和资源优势，针对不同地域、不同特性、不同需求的分类客户，提供个性化定制服务与场景应用。如中国银行打造以“中银 E 出国”为特色的互联网金融应用场景，依托中国银行海外机构、国际业务的传统优势，通过手机 App，将购汇、结汇等与出国相关的服务整合到一个平台上，未来还将在线上实现签证服务、签证费等业务。再如部分银行以旅游景区支行为切入点，围绕游客需求提供景区门票取票、景区实景播放、扫码打印照片、邮寄明信片、手机充电、儿童娱乐、母婴休息等贴心服务，同时积极推进覆盖旅行者衣、食、住、用、行的线下商圈建设，打造“金融 + 商业”的生态环境，为客户提供无处不在、随手可得、无缝衔接的金融及非金融服务。

（三）社区金融移动平台业务开拓不断深入

“智能化社区”正在成为中高端社区发展的方向和趋势，社区金融业务成为各家银行、特别是城商行争先布局的新市场。商业银行利用互联网技术构建智能社区的线上线下互通模式，由物业、银行、小区住户、小区商圈共同组成综合服务平台。依托社区移动金融服务平台系列产品，商业银行可以形成社区服务、日常消费、邻里社交为一体的社区生活闭环，打造出具有本地特色的社区金融一体化服务模式，增强社区居民和商户的粘合度，将社区金融打造成为新的业务增长点，也成为银行深度经营客户，跨界进入移动互联网金融的创新之举。以获得《银行家》杂志“十佳互联网金融创新”奖的西安银行“慧管家”社区移动平台为例，就能为社区居民

提供费用缴纳、家庭报修、订餐订水、社区团购、周边商家优惠活动、社区活动、便民资讯、投资理财等一系列服务，将社区周边的各类商户整合在一起，使客户足不出户即可享受到社区特惠和配送上门等便捷贴心服务。

二、商业银行互联网信贷业务，依托大数据技术快速发展

当前，商业银行在大数据技术的支撑下，以全流程在线、全自动审批、信用融资、长尾覆盖为主要特征，积极发展互联网信贷业务，意在风险可控条件下实现小微、个贷服务发展。对贷款需求较小、信息较为透明、具备一定标准化特征的信贷服务，商业银行运用互联网平台与大数据风险控制技术手段开展信贷投放。从实际效果来看，互联网信贷服务可以提升客户融资可得性，降低客户融资成本，给客户带来“随时、随地、一键即贷”的良好体验（见表 1）。更多智能手段对人工操作的替代，有助于商业银行节约人力资本占用和提升业务开展效率。例如工商银行于 2015 年试点设立网络融资中心和个人信用消费金融中心，2016 年全面推行互联网信贷业务运营，业务总规模已超过 6 000 亿元。

表 1　　商业银行互联网信贷产品一览

	依托手机银行、网上银行		依托自有网上商城	依托第三方平台
代表产品	“橙 E 贷”（平安银行）	“网乐贷”（民生银行）	“善 E 融”（建设银行）	“沃易购”（交通银行）
主要作法	通过企业网银向产业链客户批量自动地提供网络信贷业务	以个人网银发放“一次审批，循环使用”的网络贷款	为自有网上商城消费客户提供分期消费还款的融资服务	依托第三方平台，在线发放、随借随还的流动资金贷款业务

（一）加快搭建夯实大数据库基础

商业银行加快整合自有资金数据、挖掘客户行为信息，通过资金流水与消费记录掌握个人、企业等申贷主体的资金来源与变化情况。此外，商业银行注重从外部引入多维度数据，如税务、工商、社保等经营资料；建设包含企业失信、涉案诉讼、污染等在内的防欺诈数据单元；与产业链平台、电商龙头、行业数据公司等平台等开展协作，获取企业的库存规模、回款周期等数据。

（二）将大数据技术运用于贷前审查

依托大数据库，部分商业银行在信贷审批和信用评估方面，将传统经验与数

据驱动相结合，积极研发互联网贷款的专属信用评分与决策引擎，自动匹配响应授信额度及利率，相比传统的人工审批模式，提升了决策科学性和准确度。也有商业银行经由第三方大数据服务机构，在线受理小微企业贷款申请，在第三方进行大数据信用额度测算和风险评估基础上，完成客户准入、核查审批、放款入账等工作。

（三）将大数据技术运用在贷后管理

商业银行或第三方数据公司通过匹配数目众多的预警指标和规则，定期或不定期对授信初测阶段的数据信息进行更新和分析，对放贷客户进行监测、提示、预警，实现贷后风险管理的实时动态调整，对最终预警客户及时有效采取风险处置措施。

三、公司业务互联网化，借助物联网等技术逐步探索发力

随着工业 4.0 和产业互联网、物联网的迅速发展，商业银行在互联网金融领域布局的触角已不再限于零售业务，服务产业互联网正在成为亮点。工业 4.0 以垂直产业链的网络化平台为核心，汇集生产与交易的流量及数据。银行尝试与客户共同搭建基于工业 4.0 的产业互联网平台，帮助传统企业客户向互联网迁移；再在平台上加入金融服务，通过业务交互、资源整合和系统对接，为企业集团及下属子公司采购提供“一触即达”的配套融资服务，第一时间向符合融资条件的供应商推送融资额度，全程不落地在线办理贷款申请、合同签订及贷款发放，到期后为借款人自动还款。

以平安银行开展物联网金融试点为例，平安银行的物联网金融是通过物联网技术，给予动产以不动产的属性，变革供应链金融模式，目前代表性产品就是钢材仓单质押贷款。此前钢贸融资爆发大量风险，例如虚开仓单、恶意抽逃存货、重复质押等骗贷行为导致行业信用急剧恶化。平安银行引入物联网传感设备和智能监管系统，通过条形码、重力传感器、视频定位、3D 扫描等技术，实时采集货物的各种信息，传输至仓单管理平台，进而生成仓单，并对仓单进行锁定，锁定后货物就经过授权方可操作。物联网技术使得仓单项下的实物被特定化，仓单甚至还可以绑定实物的三维空间坐标，使得仓单具备唯一性和排他性，从而有效解决现行仓单中存在的虚开仓单或重复开单等问题。在此基础上，可以提升仓单的信用度，实现仓单高效流通和贷款的证券化。

四、银行卡支付业务，借助生物识别等技术加快革新

一段时间以来，支付宝、微信依托其巨大的用户流量入口占据了远程支付市场大半份额。互联网支付公司携海量的用户辅以免费低价和大数据等增值服务，大举进军支付市场，银行传统支付业务面临极大的挑战。如表 2 所示，在产品的用户体验和使用场景这两个关键点上，银行卡产品无论是在场景的丰富性还是产品的用户体验方面都与支付宝和微信存在差距。

表 2　　银行卡、支付宝、微信支付比较一览

场景	支付宝	微信	银行卡
线上支付	免登录指纹支付、密码支付、短信验证支付	免登录指纹支付、密码支付、短信验证支付	认证支付：卡号、CVN2、有效期、支付密码、短信验证码 快捷支付：用户名、登录密码、短信验证码
线下支付	扫码支付	扫码支付	TSM 空中发卡产品（发卡量少，线下、线上未实现联动）
P2P 转账	通过手机号定位	通过微信好友账号定位	通过卡号定位，且目前还没有成熟的无卡转账产品
增值服务	大数据服务为商户提供用户行为分析功能	基于社交数据开展小额信贷、理财服务、精准营销	探索阶段

为了补足支付市场中丢失的优势，商业银行利用金融 IC 卡普及发行契机，在整合网络支付、手机支付、移动支付等全系列产品功能的基础上，运用互联网思维、打造金融生态系统、围绕客户体验尝试融合二维码、NFC、人脸识别等各种技术，不断推出覆盖线上线下全场景的全新支付产品组合。例如光大银行与银联合作推出的“云闪付”，客户使用具有 NFC 功能的手机开通该业务后，拿手机靠近 POS 终端闪付标识，输入信用卡密码就能轻松付款，享受开通方便、支付便捷、交易安全的消费体验。招商银行将“刷脸”技术引入支付产品，通过视频连接远程银行、人脸识别辅助核实身份，实现 20 万 ~ 100 万元大额转账业务的办理，提升用户体验。下一步，银行卡会充分发挥支付主体视网膜、虹膜、声纹甚至皮下芯片等生物体征，给客户更加便捷、安全、简约的支付体验。

移动支付趋势下银行卡业务创新研究

刘　竞[①]

一、引言

近年来，我国银行卡市场规模稳步增长，应用领域持续扩大，银行卡对扩大消费、方便生产生活、减少商业流通成本、发展普惠金融等方面的积极作用日益显著。随着受理环境日趋成熟，金融 IC 卡与小额消费领域、社会公共服务和城市信息化建设的融合应用初具成效，交通、零售、校园、医院等行业应用实践方兴未艾。银行卡信息技术的快速变革、电子商务的蓬勃发展和市场需求的日益丰富催生了银行卡市场的新思维、新业态和新模式。

随着我国步入移动互联网时代，据中国互联网络信息中心发布的《中国互联网络发展状况统计报告》（第 34 次）显示，目前手机网民规模已超过 P C 用户。各银行机构和支付机构加快手机端无卡支付布局，不断优化手机客户端的功能与服务，推出了基于智能安全芯片的手机近场和远程支付产品，并通过整合网络理财、行业应用、便民支付和小额信贷等业务提升综合服务水平，力求使其成为客户支付渠道与付款账户的首要选择。

在经济新常态和供给侧改革背景下，银行卡作为零售支付领域的重要支付工具，将面临更加广阔的发展前景。国民收入的稳步增长、居民对电子支付手段接受度的日益提升、网络信息技术与金融产业的深度融合以及产业市场化机制的不断完善，为银行卡市场的持续发展创造了良好的环境。

与此同时，银行卡市场发展还面临一些挑战和困难，有些深层次问题和矛盾仍有待解决，部分风险隐患正在显现，各方关系尚需理顺。一是互联网时代下银行卡支付服务行业面临转型的挑战。随着支付产业的市场化发展和技术进步的不断加快，

① 作者简介：刘竞，现供职于中国银联北京服务部。

零售支付工具将更加个性化、多样化。如何立足现有市场，在产品与服务日益丰富的零售支付市场中找准定位，在“ 无卡 ”支付变革中把握支付创新的趋势，是有关各方面临的重要课题。在加快银行卡与其他支付方式、支付渠道叠加应用的同时，不断拓展银行卡服务的内涵和外延，保持对客户的黏性，才能实现可持续发展。二是在新的行业格局下如何构建银行卡市场的生态平衡。近年来，伴随着新的主体进入银行卡市场，原有市场格局已被打破，不同主体之间的合作关系和利益平衡也越来越复杂，部分业务领域出现了一些短期性问题。随着银行卡清算市场的开放，银行卡市场格局将进一步重构，只有各方明确定位，求同存异，加强合作，才能形成良性的市场竞争秩序，谋求共同发展。

二、国内外研究现状

国内学者主要研究了移动支付的产业链和商业模式。这些研究基本涉及了以下几个内容：介绍移动支付的发展现状，所采取的技术方式，探讨国外新技术手段在中国应用的可能性；分析移动支付的行业环境，根据影响移动支付各力量的博弈来探讨支付行业的发展前景；分类探讨行业发展的商业模式，通过比较各模式的优劣势为移动支付的发展提供建议；阐述支付产业链各方的相互关系和发展策略。在研究方法上面，国内学者主要采取了产业链分析模型、博弈论理论、波特五力模型等理论方式，其中实证分析运用比较少。根据支付方式的不同，国内学者将移动支付分为远程支付和近场支付两种实现手段。综合比较产业链各方的实力和影响力，将移动支付商业模式进行细分。其中李宏涛（2009 年）提出的细分方式比较靠近实际情况。他将移动支付分为四种不同的商业模式：W 电信运营商为主体的模式，× × 银行和银行卡等银行体系为主体的模式，第三方支付企业为主体的模式以及银行和运营商合作的模式。在进一步研究国内支付环境，政府支持力度、政策，产业链各方实力及整个信用体系的建设下，作者认为适合中国移动支付发展的商业模式是银行体系加电信运营商的方式。宋颖等人于 2011 年系统研究了国外移动支付发展状况，分析了国外的支付实现方式和商业模式，在此基础上对国内支付行业做出了全面思考，论证移动支付在国内的发展前景和新技术实施的可行性。高伟从（2010 年）运用超边际分析理论及博弈论对移动支付的趋势进行了分析研究，他认为移动支付业务的发展将削弱传统金融中介支付的市场份额，迫使传统金融行业改变组织结构和拓展新业务，并提出移动支付的未来是支付新力量和商业银行进行合作的发展模式。国外学者关于移动支付行业的实证研究较多，对消费者的支付使用意向和使用行为进行了深入探索，并且具体探讨了移动支付发展的新技术应用。TomiDawberg对近几年的移动支付研究成果进行了梳理，有利于国内学者更好地了解国外移动支付的发展现状。

三、移动支付的发展及冲击

移动互联网使未来世界的一切被重新想像，国内外的产业巨头正积极将业务领域由传统产业、互联网向移动互联网扩展，传统商务模式也在向移动互联网迁移，以个人为中心、线上线下商业融合的大趋势基本确立。"随身"及"渠道"两个特点，决定了移动互联网与PC互联网的根本差异。用户日常行为因移动互联网形成了几个鲜明的特性。

（一）移动支付快速发展

移动支付为我们带来了全新的支付体验，从线上到线下、从有卡到无卡、从远程到近场，应用场景不断丰富，支付体验持续提升。目前，市场的支付方式已呈多元化趋势，市场参与的主体不仅有银行，还有第三方支付公司；业务展现的形式不仅有消费支付，还有智慧城市生活。可见，移动支付已经不仅是一种支付方式，更是"互联网+"时代的重要标志，已逐步成为时尚的代言，展现了消费者积极向上的生活态度。

一是用户和商户由互联网向移动互联网迁移。截至2016年6月末，我国手机网民规模达5.94亿，手机支付、手机网购、手机旅行预订用户规模增长迅速，持续向移动端迁移互联网用户向移动互联网迁移已成定局，未来随着手机智能终端占比不断提升，移动互联网孕育着庞大的市场机会。

二是移动支付成为各类新型商业模式发展的基础和推动力，迎来爆发式增长。移动金融、移动商务、线上线下一体化营销等领域涌现了许多创新的商业模式，其中的支付环节完成了各种服务的交易闭环。同时，支付技术的演进又为移动互联网创新服务，尤其是大数据服务，提供了基础能力，并直接推动各类创新服务的发展，可以围绕着支付向金融服务或数据增值服务延伸出生态系统。

三是金融IC卡的大力推广，为移动支付发展打下了良好基础。截至2015年末，全国金融IC卡累计发卡量为14.46亿张，银行卡支持非直接受理（即"闪付"）的POS终端已超过570万台。金融IC卡同样使用智能卡技术，为移动支付发展在受理环境、用户教育等方面打下了良好的基础。

四是用户体验成为移动支付产品竞争力、争夺客户黏性的关键。用户体验是移动支付产品重要的核心竞争力。作为移动支付服务商，需要专注于自身核心服务和功能，将产品体验做到极致，并以迭代开发的方式适应不断变化的用户需求和竞争环境，并利用用户基本全天候手机不离身的特征，充分挖掘、嵌入各类应用场景。

（二）移动支付带来新的市场变化

对持卡人来说，移动支付的场景正日益丰富，无论是线下刷门票、刷地铁、刷公交、在超市和商场用手机购物，还是刷二维码支付出租车费用，以及用手机在网上购物，移动支付作为一种新兴的应用正在越来越多地出现在我们的生活中，持卡人开始快速接受并拥抱这种变化。首先是对支付产品流程/服务的信息化、电子化，用户在手机上一键可以触达，完成所有支付过程；其次是对产品用户体验提出更高的要求，希望注册、开通、使用的过程更简单，快捷、安全；再次是支付功能不再作为用户关注的核心，而是成为各种营销、社交服务的附属，使得持卡人在不经意间完成支付过程；最后是对场景结合支付的接受度更高，例如移动打车、订餐应用等。

对商户来说，移动支付进一步拉近了商户和持卡人的距离，特别是让人们的消费习惯变得“有据可循”。用户的每一次消费都会产生数据，包括商家信息、商品信息、消费地点、消费时间等。借助大数据分析工具对海量数据进行分析，可了解用户的消费习惯和消费喜好，帮助商家适时给用户推荐更合适的商品，大幅提高交易达成率。商户通常会要求产品的学习成本低、开通流程简便；除基础支付功能外，还能满足营销、引流、数据统计的需求；三是线上大商户热衷于直接提供金融支付业务，完成整个交易的闭环；线下商户也开始积极投入资源，向线上拓展，适应持卡人全面的支付受理需求。

对银行等机构来说，互联网信息技术的开放性和共享性大大降低了信息不对称性，消费者移动支付习惯的逐渐养成使传统金融支付业务透明度和用户参与度大幅提升，资金信息中介功能得到强化，金融中介门槛降低。这必将对银行支付业务形成替代效应，弱化银行的支付功能，进而改变银行与客户的关系和支付、信用体系。为此，机构业务经营也在开始向“移动”化转变，打造全新的“轻经营”模式，不再是物理网点和人员的扩张，而是借助移动互联网开展金融服务，真正变成“您身边的银行”。发卡机构要求能适应互联网发展节奏，提高发卡效率，方便拓展和留住客户，同时还能兼容现有受理市场。收单机构希望提供能够与第三方竞争的收单产品，提供简化商户入网手续，便于叠加银行自有应用的解决方案，同时也希望在风控、规则、差错层面得到支持。

（三）移动支付引发新的市场竞争

2013 年中国移动支付市场进入爆发式增长阶段，总体交易规模突破 13010 亿元，同比增长率高达800.3%。基于移动互联网的新型移动支付，如手机钱包客户端、应用内支付、手机刷卡器、二维码支付、NFC近场支付等新型的移动支付方式发展迅速。国内主要的互联网公司纷纷进军移动支付领域，市场主体增加，移动支付市场竞争更趋激烈。在移动支付领域，远程支付市场已牢牢被支付宝、财付通等互联网公司占据。从2014年开始，支付宝和微信开始积极拓展移动支付线下使用场景，大力布局线上线下一体化的O2O模式。目前，支付宝钱包的声波支付、扫码支付已经进入了便利店、百货商场和自助售货机等应用场景；微信推出了“面对面收钱”和升级的“转账给朋友”功能，并正在利用二维码等方式进行线下支付应用的布局。互联网支付公司携海量的用户规模大举进军线下支付市场，银行卡在线下POS收单市场领域的传统优势将会受到越来越强的挑战。

表1 银行卡移动支付业务竞品分析

场景	支付宝	微信	银行卡
线上支付	免登录指纹支付、密码支付、短信验证支付	免登录指纹支付、密码支付、短信验证支付	认证支付：卡号、CVN2、有效期、支付密码、短信验证码 快捷支付：用户名、登录密码、短信验证码
线下支付	扫码支付	扫码支付	TSM空中发卡产品（发卡量少，线下、线上未实现联动）
P2P转账	通过手机号定位	通过微信好友账号定位	通过卡号定位，且目前还没有成熟的无卡转账产品
增值服务	大数据服务为商户提供用户行为分析功能	基于社交数据开展小额信贷、理财服务、精准营销	探索阶段

在产品的用户体验和使用场景这两个关键点上，银行卡与支付宝、微信支付产品对比如下：银行卡产品无论是在场景的丰富性还是产品的用户体验方面都与支付宝和微信存在差距。在线上支付领域，支付宝和微信基本只需要指纹验证一步就能够完成支付，反观银行卡的产品需要输入的要素众多，原因是因为银行的通道和业务规则限制了我们产品的设计空间，与银行紧密合作的优势不但没有得到体现，反而对银行卡移动支付产品发展存在一定的抑制作用。对照支付宝、微信，我们可以发现：

一是互联网公司挖掘场景甚至创造场景的能力值得借鉴，善于抓住细分场景的用户痛点，针对日常生活中人与商家、人与人之间资金流转需求，经过挖掘包装，形成了转账、缴费、当面付、亲密付、红包等有吸引力的产品。

二是支付宝从基础支付向小额贷款、理财、征信等其他金融业务领域延伸，充分运用风控、大数据、云计算等新技术，已经构建出一个价值链条完备有序的产业生态。

三是支付宝作为一家互联网公司，其很多创新都是对传统规则、既有模式的冲撞或突破，并屡获成功。从这一点来看，银行卡的产品创新机制有必要尝试进一步突破。

四、银行卡移动支付产品的创新模式构建

针对移动支付的市场需求痛点，银行卡组织不断保持对移动互联网产品和服务趋势跟踪，以持卡人为中心，从银行、收单机构、商户等多角度积极分析，寻找产品和服务的机会，立足银行卡自身优势和银行卡支付产业的特点，持续进行自身技术与产品的创新完善，创新研发线上线下一体的随身支付工具，在发卡端建设了TSM平台、HCE云端支付平台，用户端采用了NFC全手机、NFC－SIM卡、HCE＋Token等产品形态，逐步形成近场支付和远程支付融合统一的产品系列。总的来看，正逐步形成以金融IC卡挥卡闪付为起点和基础、以全手机产品为载体、以二维码支付等为补充，以可穿戴产品为特色的，较为完整的移动支付产品创新体系与模式。

（一）以金融IC卡挥卡闪付为创新基础

金融IC卡又称为芯片银行卡，是以芯片作为介质的银行卡。芯片卡容量大，可以存储密钥、数字证书、指纹等信息，其工作原理类似于微型计算机，能够同时处理多种功能，为持卡人提供一卡多用的便利。自2009年至2015年，伴随着金融IC卡政策推动和受理环境不断完善，金融IC卡自推行以来，一直保持高速增长态势，截至2014年，发卡量已突破10亿张，IC卡多应用在医疗卫生、公共交通、文化教育等领域形成规模，应用场景不断丰富和完善，金融IC卡和现代金融的融合也给支付产品各方创造新的发展机遇。目前，人民银行正在通过政策引导和市场推动，促进移动金融与金融IC卡的融合。在继承现有金融IC卡行业多应用的基础上，充分发挥移动金融线上线下相融合的特点，积极探索手机信贷、电子现金、医疗健康、公共交通等移动金融应用，推动多行业、跨部门的信息共享。移动金融服务转变为以金融IC卡芯片的有卡交易方式，将使现有的线上金融从纯客户端加密模式向基于硬件加密模式转变，提升线上移动金融应用的安全性。

（二）以手机pay类产品为创新载体

1. 不断开发基于SE的TSM移动支付产品

基于SE（安全单元）的TSM产品，是市场非常关注、认可度很高的移动支付

产品。银行卡 TSM（可信服务管理）平台在基于智能卡的移动支付场景中，为智能卡空中发卡及多应用管理提供业务、技术和安全保障，实现卡片发行方、应用提供方和 TSM 服务方互联互信。依托发卡端 TSM 平台的能力，通过联合银行卡发卡行、手机厂商、移动通信运营商，共同发展基于 eSE（嵌入式安全单元）和 SWP－SIM 卡等多种方式的手机支付产品。在银行合作方面，银行卡 TSM 平台的合作银行已经超过 100 家。

2. 加快研制 HCE 云端支付产品

一直以来，NFC 移动支付都面临产业链过长，不同产业互相制约的问题。Google 从 Android4.4 版本开始支持的 HCE 技术（Hosted Card Emulation，即主机卡模拟技术）允许非接终端直接访问内置在 NFC 手机的手机银行、数字钱包等客户端中支付应用，使支付应用的发行摆脱安全载体的制约。经过对 HCE 技术的研究，结合 HCE 和 Token 技术研发的银行卡“云端支付”产品，帮助发卡行推出可快速实施、快速发展用户的移动支付服务，为用户提供便捷、安全的申卡服务和支付体验。银行卡云端支付平台为发卡行提供云端支付卡的发行、卡片生命周期管理、交易凭证发行与更新等服务，通过接入银行卡云端支付平台，发卡行可降低开发成本，缩短实施周期，加快移动支付业务的落地。

（三）以二维码扫码支付产品为创新补充

2014 年初，支付宝在经过前期条码收银、条码支付、声波支付的探索后开始大力发展二维码支付，并聚焦于连锁超市和便利店、自动售货机、出租车等小额便民领域，用户的移动 APP 及扫码使用习惯逐渐得到培养，商户对扫码支付的接受程度经历了可要可不要→不要白不要（费用减免、营销补贴）→必须要的几个阶段。为了抓住二维码扫码这一创新支付产品市场，利用银行卡转接清算的基础服务功能，组织各银行在移动创新支付领域形成新的同盟格局，银行卡二维码支付于 2016 年 7 月全面启动。目前，全国先后有 30 余家银行采用银行卡标准发码，并将于 2017 年第二季度前相继投产；全国大小商户累计 200 余万家已经支持受理银行卡二维码主扫、被扫双向模式交易。预计年内将有不少于 9 000 万客户加入到该产品的积极用户队伍当中。

银行卡自有 APP（如银行卡钱包或银行卡云闪付 APP）是发展银行卡二维码支付的重要参与力量，其发展策略及用户体验相对可控，未来有较大完善空间。银行卡在产品建设初期充分利用自有 APP，与积分、优惠等增值服务绑定，形成服务叠加效果，通过营销等手段尽快形成一定用户规模，并逐步改进产品体验。由于二维码支付目前在国内市场有微信、支付宝等强有力竞争对手，银行卡二维码产品属于后来进入者，为了顺利进入市场，并尽快提升份额，银行卡在产品设计中，除了基本的支付功能，还在 APP 中，与合作银行进行资源捆绑和组装，如嵌入转账、缴费、充值、还款、代付、代收、票务等，同时配套退货、统计等服务功能，创造和满足各种场景，促使银行卡二维码成为持卡客户常用的首要 APP 用户，并培养其习惯性消费。

五、结论及建议

面对银行卡市场开放和转型发展的重要机遇，中国银行业应主动适应市场发展新常态，推动建立统一透明、有序规范、公平竞争的市场环境，以提升支付的安全与便捷为目标，以保障消费者的合法权益为准绳，进一步提升银行卡对便利社会支付、拉动消费、促进实体经济发展的作用。

身处信息技术和电子商务飞速发展的时代浪潮中，中国银行卡应当创新发展，加快电子信息渠道建设，全面推广金融 I C 卡应用，不断拓展无卡支付的技术实现方式、业务功能和商业模式，特别是基于移动支付的无卡应用，加快对新技术的标准化研究和探索实施。要以客户为中心开展业务创新，在保障安全的同时最大化满足客户需求，立足客户角度提升操作便捷性和细节服务质量，不断增强客户体验。同时，随着支付服务需求日益多元化、个性化，有关各方要积极寻找“蓝海”市场，基于细分领域和专业分工培养自身核心竞争力，形成优势互补、分层竞争的市场格局。

商业银行线上线下渠道一体化转型探讨

金　晶[①]

摘要：商业银行线下渠道的转型与升级将是今后一段时间商业银行需面对的重要挑战，本文将重点探讨基于线上线下一体化的线下渠道转型和升级。通过考察工商银行、中国银行、交通银行和招商银行的线下渠道建设和发展情况可以发现，目前较为成熟的大型商业银行对物理网点和自助银行的建设持审慎发展的态度，大型商业银行的物理网点数量保持相对稳定，股份制商业银行物理网点数量保持增长，自助银行数量保持一定增长，智能化网点的数量大规模增长，线下渠道建设的转型初见成效。

关键词：商业银行　互联网　渠道

一、商业银行渠道发展现状

（一）线下渠道发展现状

商业银行线下渠道主要由物理网点和自助银行构成，线下渠道是商业银行历史最为悠久也是发展最为成熟的渠道。在个性化和差异化金融需求不断发展的今天，线下渠道，尤其是物理网点仍然是商业银行服务客户、打造品牌营销力等最为重要的渠道。

目前，线下渠道扩张一方面受到监管机构的严格控制，另一方面受到银行利润率下降对成本投入较大的物理网点严控投资成本的影响，线下渠道特别是物理网点大规模快速增长的时期已经结束。伴随客户行为模式转变、营销服务模式转型等因

① 作者简介：金晶，现供职于交通银行北京市分行。

素的影响，线下渠道已经进入布局优化和转型升级的发展阶段。该阶段将要求商业银行对线下渠道资源进行认真的梳理，加强精细化管理，按照转型调整和分类建设的思路进行精细化发展转型，并逐步向线下渠道智能化的方向进行过渡。四大行线下网点情况见表1。

表1　四大行物理网点情况

银行	物理网点数量	较上年增长	其中智能化网点数量	自助银行数量	自助银行增长率
工商银行	16 429	-303	10 000	29 385	1. 18%
中国银行	10 651	-36	5 281	14 444	2. 84%
交通银行	3 285（含普惠605）	144	—	3 603	-6. 17%
招商银行	1 672	97	—	3 495	9. 15%

数据来源：根据银行年报和公开资料整理。

（二）线上渠道发展现状

1. 网上银行和手机银行

中国商业银行从1998年开始建设线上渠道，银行的官方网站作为最初始的线上渠道，最初其职能仅是作为企业形象宣传和发布信息的渠道。从2000年开始，商业银行开始逐步建设网上银行渠道体系，将大量银行业务搬到网上银行渠道进行交易和处理。2004年左右，商业银行开始从WAP版手机银行起步，逐步建立手机银行产品线。从2009年开始，商业银行开始发力基于移动互联网的手机银行渠道体系，建设基于移动APP的线上渠道，线上渠道进入移动互联网时代。目前全部商业银行都已建成自己的网上银行和手机银行渠道体系，并不断创新和优化，展现互联网金融和移动金融服务的创新魅力。伴随微信等社交网络工具的兴起，目前大部分商业银行都尝试建设微信银行等新型线上渠道，提供便捷的查询类和资讯类基础服务，满足客户随时随地的服务和业务需求。

通过考察多家商业银行的电子银行渠道数据可以看出，伴随商业银行线上渠道不断完善和优化，线上渠道正在逐步取代传统线下渠道，成为用户主要的交易渠道，有效分流了线下渠道的压力。目前，商业银行超过90%的业务可以通过线上渠道完成，电子银行业务分流率（替代率）持续增加，客户电子渠道使用习惯得到有效培育，电子渠道客户活跃度和忠诚度持续提升（见表2）。

表2　四大行手机银行和电子银行情况

银行	手机银行用户数（亿）	个人网银用户数（亿）	电子银行分流率（%）	电子银行分流率增幅（%）
工商银行	2.5（融e行）		92.00	1.80
中国银行	0.94	1.34	90.74	2.77
交通银行	0.5	1.23	91.42	3.29
招商银行	0.42	0.2（专业版）	—	—

数据来源：根据银行年报和公开资料整理。

2. 直销银行

互联网金融和移动金融的飞速发展，使线上渠道对线下渠道的替代效应越来越强，物理网点渠道的地位将进一步受到挑战。国内多家商业银行纷纷试水直销银行，尝试以“零”物理网点的“虚拟”银行作为新型银行渠道模式。

截至2016年末，共有50家直销银行上线运营，推出了其直销银行品牌和专属APP应用，包括工商银行、民生银行、浦发银行、光大银行、华夏银行、平安银行、北京银行等传统商业银行。

直销银行以移动端APP作为主渠道，承载的产品主要以理财、信贷和生活服务为主，在渠道功能上较传统手机银行有较大的精简，但通过功能聚焦着重满足用户最关注的核心需求，减少中间环节，缩短了用户与银行之间的距离。同时在客户体验上，直销银行的移动APP使用较为方便快捷，注重客户体验和交互设计。

直销银行的主要客户群体为25~40岁，大学本科以上学历，中等收入的白领人群和小康收入的中产人群。在客户群体获取上，直销银行在发展初期主要是通过所属银行现有客户的直接转化快速扩张用户规模，同时加强外部合作，引入与第三方渠道商户，特别是第三方支付机构进行账户层面的合作，联合进行直销银行账户的线上和线下推广工作，未来直销银行将成为吸引行外客户、有效拓展零售客户规模的有效渠道。

（三）线上线下渠道融合发展现状

伴随信息技术的不断发展，金融产品和服务的获取渠道已经得到了极大丰富，传统银行的客户黏性正在逐步下降。单纯发展线下渠道或是线上渠道已经不能满足银行业务发展对渠道支撑能力的要求。因此，目前商业银行正在通过多种途径探索线上线下渠道的融合与发展，利用两者的差异化竞争优势，更好地支撑银行业务的发展。线上线下渠道互为补充，一方面，商业银行将线下渠道积累的用户引导到线上，将成为线上业务推介和客户群获取平台，并利用线下渠道网络优势弥补线上渠道的面对面服务功能缺失；另一方面，商业银行利用线上渠道拓展线下渠道的营销服务宣传和推介的覆盖面，是丰富和完善线下业务体验的重要方式。

1. 建设智能网点，将线上渠道元素融入网点营销服务

从智能银行网点的建设情况来看，商业银行线上线下渠道的建设在向互相融合的方向发展，例如，在智慧网点铺设智能设备，便于客户体验商业银行的线上渠道和产品；在手机银行等线上渠道增加网点预约排号等功能，实现线上线下渠道联动。此外，商业银行正在探索在物理网点引入电子化和网络化的元素，一方面将线上渠道的互动营销元素融入网点的日常营销服务之中，另一方面增加营销触点，将线上渠道的客户吸引至线下渠道，提供更丰富的金融增值服务。将银行网点由单纯的交易场所转变为服务和营销场所，应是商业银行网点转型发展的重要内容。

2. 建设O2O平台，拓展线下渠道营销服务入口

目前，部分商业银行如工商银行、招商银行和光大银行都在线下网点渠道实现WIFI服务的全覆盖。在通过WIFI服务满足基础的移动金融服务如手机银行等渠道接入的同时，商业银行正在探索通过增加新型渠道入口，围绕网点搭建O2O生活平台，给线下网点配备移动端的O2O营销与服务，通过增加商品销售、社区活动、生活服务等增值服务，有效激发线下渠道的营销活力和拓展线下渠道的服务范围，促进线下渠道与线上渠道有机融合互通和实时联动营销。在具体营销模式上，主要包括二维码营销、互动大屏营销等方式，直接在线下渠道布设线上渠道入口，充分利用线下渠道客流量为线上渠道引流，借鉴互联网创业模式，丰富网点服务内容和对象，使本行和他行客户在网点均可以享受金融产品和非金融服务。

二、商业银行渠道发展存在问题

根据上述商业银行渠道发展的现状以及在实际生产运营中的归纳和总结，可以将目前商业银行渠道建设中存在的问题归纳为以下几个方面，线上线下一体化渠道转型将重点针对这几个问题探讨可能的解决方案。

（一）客户选择与渠道发展脱节

首先，伴随移动互联网的深入发展，客户越来越倾向通过电子渠道进行交易和接受服务。然而，商业银行对线上渠道的建设力度不足，大部分商业银行仍将线上渠道作为传统渠道的补充和延伸，对线上渠道建设的重视程度和规划高度不够，需要将线上渠道作为一个功能完整的渠道进行重点建设，加快健全线上渠道的获客、维客等渠道功能。

此外，伴随电子商务对实体商业的替代作用增强，传统商业模式发生变化，城

市商圈动态调整速度加快，城市总体规划也在不断调整，线下渠道客户来源和结构分布在不断动态变化。然而受到机构建设监管要求严格、房屋租赁时间较长、固定投资成本较高等因素制约，商业银行的线下渠道的调整难度较大，时效性不高。因此，线下渠道覆盖范围和结构规划往往难以跟上客户布局变化发展的步伐，需要进一步通过增加网点规划的科学性和前瞻性，以及通过“关停调优”等方式提升线下渠道产能和提高结构优化效率。

（二）产品与渠道错位

商业银行对渠道和产品的适配性需要进一步优化提升。首先，商业银行各渠道承载的产品基本无差别，同质化严重，缺少将最合适的产品通过最合适的方式呈现给客户的渠道架构和与之相配套的产品体系。从用户角度出发，银行的多元渠道体系应当具备能够提供在不同场景使用不同渠道获得不同业务体验的能力。

同时，商业银行目前存在渠道与产品错配导致的效能低下问题，低效益的产品如转账、取现等柜面业务大量占用高成本的人工渠道。因此，综合考虑渠道的成本因素，商业银行应当主动将高效益的产品和高效益的渠道匹配，主动将低效益的产品向低成本的渠道迁移。这就要求商业银行采用新型智能设备等手段，替代柜员人工业务办理，将高成本的人工服务渠道向高效益的金融产品销售转移。

最后，商业银行的渠道创新能力有待提升。线上线下渠道一体化要求商业银行不断创新产品在渠道上不同的呈现方式，尝试通过线上线下渠道协同，提供跨渠道的产品和服务，丰富渠道承载产品形式，创新客户使用体验，发挥不同渠道联动的优势，为客户提供更好的渠道体验，满足客户多元化的特色需求。

（三）营销与渠道偏移

受传统银行业强势地位的影响，传统商业银行的渠道体系以服务和业务办理为主，其营销能力相对较弱，且不同渠道间的营销能力差距较大。商业银行需要通过主动转型，增强各渠道的营销服务能力，增加营销资源配置，做好营销指引和考核激励，这是解决银行业务增长乏力、收入利润下降的重要措施之一。

首先，银行线下渠道的营销服务能力受到成本控制因素影响，在人员规模一定的前提下，营销服务人员的数量难以满足业务发展需求。银行需要通过渠道结构优化，通过智能设备提高柜面业务替代率，压降营运条线等后台工作人员数量，将其扩充到一线营销服务的队伍，激发线下渠道营销活力，并通过考核激励等方式，激发线下渠道营销的动力。

其次，目前银行线下渠道的营销服务覆盖范围基本集中在物理网点内部，以等客上门为主，仅有部分外拓式营销。在实施线上线下渠道一体化后，可以依托“标准网点 + 社区银行”的网点集群模式，以点带面，主动走出物理网点，深入社区，将营销服务范围扩展到网点集群覆盖的区域，有效强化营销服务外拓的能力，提升渠道的营销服务广度和深度。

最后，目前商业银行线上渠道是用户交易的主渠道，承载了超过80%以上的业务量，但其营销与服务的功能较弱，与其业务量不成正比。因此，需要通过线上渠道的功能优化，增加主动营销功能，提升线上渠道的营销服务能力。

（四）战略发展与渠道建设不匹配

综合以上几个问题，可以归结为渠道建设的核心原因是伴随客户、产品和营销的变化，线上渠道和线下渠道的定位没有发生根本性的变化，制约了产品和服务经过渠道的增值变得更具吸引力和可用性这一渠道建设的核心目标。从线下渠道和线上渠道作为客户交易的渠道转变为：线下渠道作为零售的营销服务的主渠道，线上渠道作为交易的主渠道和批发的营销服务主渠道。

三、渠道一体化转型的目标与趋势

（一）线上线下渠道一体化转型的背景

伴随互联网金融的快速发展，传统银行零售业务的客源和利润都不断被蚕食。同时，由于银行业内竞争加剧，利率市场化将导致银行业整体利润水平大幅下降，商业银行对经营效能的要求将不断提升，重度依赖渠道能力的零售业务在银行业务中占比不断上升。与此同时，伴随国内经济环境和运营成本不断攀升，渠道建设已经成为商业银行投资支出的最重要项目之一。因此，渠道资源能否实现有效回报将决定银行的整体绩效水平，而提升网点渠道整体投资回报率以及经营效率将成为各家商业银行关注的核心问题。从国外银行的实践来看，利率市场化后银行将会更积极地进行网点布局和数量调整，网点分类建设，以及不同银行对线上渠道和线下渠道的差异化定位和发展策略等情况都会出现。

（二）线上线下渠道一体化转型的趋势

1. 线下渠道去功能化与智能化转型

线下渠道将重新进行功能定位，传统的以柜台业务受理为主的运营模式将不再适用当前的发展情况，线下渠道的转型将以去功能化为契机，转型成为以营销服务为主，以交易为辅的高效益渠道。线下渠道的交易功能将大规模向线上渠道转移，并由智能设备统一承接，实现线下渠道以营销服务功能为主的发展目标。

2. 线下渠道分类建设与精细化管理

线下渠道将转变千篇一律的面貌，通过区分多种类型的网点类型，实现“做大做综合，做小做特色”的发展目标。一方面，通过发展金融旗舰店，打造综合化服务和一站式服务的标杆，作为商业银行的综合实力的集中体现。另一方面，发力建设社区银行，以服务区域生活、商业中心为目标，建设快捷、便利的轻型银行服务场所。作为银行服务的延伸，社区银行将承担起未来零售业务市场开拓的重任。站在银行的业务经营角度，社区银行的发展将成为银行改变传统业务模式，从后台走向前端，实现从“坐商”走向“行商”的重要一步。

3. 线上渠道发展直销银行作为个人资金中转中心

虽然目前直销银行的业务规模在整体零售业务中的占比还很小，但是直销银行以其方便快捷的特性，可以有效联接个人资金的多个来源和各种投资去向，其作为个人资金中转中心的功能正在逐步显现。同时，直销银行采用全电子化服务，采用新型风险控制技术，具备更多的灵活性和自主性，将成为商业银行与互联网金融直面竞争的最有力的武器。因此，商业银行必须重视直销银行的发展，做好直销银行渠道的与手机银行等其他线上渠道的整体规划，使其能够错位发展，面向不同的用户群体，充分发挥各自的优势，满足不同的客户需求，搭建更加丰富高效的线上渠道体系。

（三）线上线下一体化转型的目标

为加快渠道创新和改革，构建竞争发展的新优势，渠道线上线下一体化转型的目标主要是：（1）获客，推进以客户为中心的业务流程和管理方式改革，着力构建新型客户关系，推动渠道获客能力的有效提升。（2）增值，通过线上线下一体化转型，使得银行的产品和服务经过渠道的增值变得更具吸引力和可用性，能更好地满足用户的需求，提升整体营销服务的满意度，推动渠道营销服务能力的有效提升。（3）盈利，降低渠道建设成本和获客成本，发掘新的营销模式带来的利润增长点，通过提升服务增加高价值客户回报，推动渠道整体效能的有效提升。

四、渠道一体化转型的策略与实施

渠道一体化转型不能一蹴而就，需要根据商业银行按照自身的特点、定位认真梳理渠道现状，确定渠道一体化转型需要解决的问题，以交通银行北京市分行的渠道发展为例，按照以下几个方向探索渠道线上线下一体化转型。

（一）建立总体渠道规划和分类建设的框架

1. 科学合理进行渠道规划

做好渠道建设三至五年滚动规划，从全局出发，结合分行整体业务发展方向进行科学合理的渠道规划，着力调整线下渠道布局，优化线上渠道产品，创新线上线下一体化转型的业务模式。

对于调整线下渠道布局，需要引入渠道效能评价模型，多维度对线下渠道进行效能预估和综合考评，做到线下渠道规划和建设具备一定的理论依据，并根据客观环境和现实经营情况和进行动态调整。渠道效能维度主要包括以下几个方面：（1）客观环境，主要考察网点所在区域的经济发展情况、交通状况和客户流量等。（2）经营情况，主要考察网点经营成本、存款规模、客户规模、非利息净收入、经营利润等。（3）发展潜力，主要考察网点所在区域未来规划、客户增幅情况、资产管理规模增幅情况等。在渠道建设三至五年滚动规划中，将效能评价结论作为渠道建设和调整的工作重点。依据渠道效能评价模型，动态调整渠道布局，使渠道规划匹配整体业务发展趋势。

对线上渠道建设，一方面加强对分行特色业务的整体规划和布局，另一方面加快分行线上渠道推广落地工作，有效提升渠道营销服务能力。对线上线下渠道一体化建设，从长远规划入手，重点规划与社区银行的联动模式，探索智能交互屏、网点二维码等渠道创新产品。

2. 渠道分类有序建设

对线下渠道重新进行功能定位的调整，并以此为基础做好渠道分类的工作，从“支行—网点”的二维管理结构向“一级支行—二级支行—普惠网点”和“专业支行—特色支行—普惠网点”的多元化管理结构迁移。针对每种类型的渠道，制定相应的建设规范和资源配置规范。根据渠道评估效能做好网点类型调整工作，并做好各类型间的调整和储备，使得各类型网点能上能下，处于良性竞争的态势。此外，在渠道分类建设中，严控渠道建设标准，依据核准的网点可配备的各项资源，切实抓好续租装修压降等工作，为渠道分类有序建设打下坚实的基础。

3. 渠道后评估与反馈机制

为动态评价渠道效能，掌握渠道营销服务成果，科学有效地进行渠道建设和调整，需要建立渠道后评估和反馈机制。一方面，收集大量渠道相关数据和信息，动态跟踪渠道建设后的效能，包括服务能力、盈利能力等方面，作为评价渠道建设的标准。另一方面，综合考察渠道后评估结果与实际经验发展状况，不断修正效能评价模型的指标体系和计分方法，形成良好的决策闭环。此外，建立畅通有效的反馈机制，多方面收集网点建设评价和意见，特别是来自经营管理一线的意见和建议，不断优化渠道效能评估的方法。

（二）线下渠道智能化建设和新型服务模式转型

进行渠道线上线下一体化转型首先需要进行线下渠道基础建设的转型和服务能力的提升。从硬件上进行智能化建设，从软件上进行新型服务模式转型，两者形成合力，完成线下渠道的整体转型和升级。

1. 网点智能化建设

网点智能化建设是网点转型的基本要求，是新型服务模式转型的前提和基础。线下渠道智能化建设从网点装修设计入手，建立全行的统一规范和标准，根据网点的规模、效益、位置、定位等要素，核定网点智能化硬件配置标准。根据网点的实际经营要求，设计特色化的智能化改造方案，在空间优化、布局调整、机具布放等方面满足网点智能化的要求。智能化的改造方案主要包括提高智能设备普及率和使用率、适量降低高柜数量、设置半自助服务区等方面的内容。通过增设包括智能柜台、手持终端在内的丰富智能设备，加强智能设备对网点运营的支撑作用。

2. 新型服务模式转型

新型服务模式转型是探索压降营运人员，提升网点营销服务效率的重要探索方式。新型服务模式转型要求网点针对自身的实际情况，结合新配备的智能设备，重新梳理零售业务流程，将常规业务打造成可以通过自助和半自助方式办理的业务，实现以客户自助操作为主，厅堂服务人员指导为辅的服务模式，并将该模式固化在日常的运营流程之中。转变传统营销服务模式的效果依赖销售人员的个人能力，具有较大的差异性的状况。新型营销服务模式依托高效的系统和规范的业务流程，有章可循，效果可控，将在有效释放人力资源，提升服务效率，改进客户体验等方面具有显著成效。

（三）线上渠道营销服务能力提升

目前线上渠道以交易实现为主，线上渠道营销服务能力的提升具有较大空间。线上渠道营销服务能力的提升首先要重构渠道设计思路，转变以交易为中心的模式，向客户呈现以客户为中心的渠道产品。线上渠道的功能需要围绕客户的金融和非金融需求，将银行基础的交易包装成实现客户需求的解决方案，重点实现便捷、高效、个性化的需求，提升客户使用体验和感知。其次，线上渠道通过场景化的高频互动增强与客户的黏性，主动寻找和触发与客户的触点，重点推动目标客户积极参与，并通过持续性营销活动，以优惠、积分等形式，培养客户的使用习惯，融入客户的日常生活习惯，提升客户的活跃度和贡献度。

此外，银行线上渠道已成为具备客户资源稳定、交易规模较大和访问频次较高等特性的大型流量入口，但这部分流量属于尚未挖掘的金矿。一方面可以通过这部分数据进行客户行为分析和个性化营销的数据挖掘，为银行内部的客户关系管理和营销服务能力提升提供支撑；另一方面可与其他互联网企业合作共赢，尝试线上渠道的流量经营和变现工作，深入挖掘这部分流量数据的潜在价值。

（四）O2O一体化营销模式探索

1. 搭建O2O营销服务平台

为满足客户多元化的生活服务需求，增加银行网点与客户的营销触点，做好非金融产品的营销服务，可以尝试通过统一搭建O2O营销服务平台，依托微信、网点互动大屏等形式，形成线上线下可以联动的营销通道。在O2O营销服务平台引入银行网点周边的非金融服务，包括小区物业、餐饮超市等与客户日常生活密切相关的商户，通过银行O2O平台与客户进行线上线下的互动和拓展服务范围。

2. O2O营销服务平台与社区银行协同发展

社区银行作为商业银行未来拓展零售客户线下渠道的重要组成部分，需要通过引入O2O平台服务丰富其业务内容和服务范围，为社区银行吸引客户、提高经营能力提供有力支撑。而O2O平台吸引商户的入驻和平台自身的运营也离不开社区银行的支持。社区银行作为商业银行深入社区居民日常生活的关键渠道，其对辐射范围内周边的各种类型商户、小区物业、便民服务提供商较为熟悉和了解。O2O平台通过社区银行作为中介，积极引入社区生活服务型商户，打造基于O2O的良好生态圈和用户圈，以保证平台用户和商户规模都稳步增长。因此，社区银行应当格外重视O2O平台对于客户引流和分流的作用，O2O平台也应当格外重视社区银行的营销落地作用，二者互为支撑，协同发展。

（五）全渠道信息整合和服务体系建立

信息整合和统一服务提供能力是实现渠道线上线下一体化的决定性因素之一，通过全渠道信息整合打通渠道间壁垒，使得各渠道间能够进行信息共享和服务接力，形成渠道合力，协同为客户提供一致性的服务。从客户角度来看，客户在与银行进行业务往来时，不会感受到不同渠道间服务能力的明显差异，自始至终是一致的业务流程和交互界面。全渠道信息整合和服务体系建立主要包括以下两个方面：一是统一客户关系管理，实现客户不管通过何种渠道接入，都能将该客户的所有信息、数据和交互内容统一留存和管理，并可在全渠道范围内共享这部分信息；二是搭建渠道统一管理调度和信息推送平台，由该平台进行信息的跨渠道统一推送，从而实现客户接受服务时的无差别体验，实现渠道间的无缝切换。

（六）引入外部资源，增加跨界与合作

在线上线下渠道一体化奠定了信息互通和客户共享的基础之后，可以通过跨界合作的方式引入外部新型推广模式，满足对低成本获客和维客的诉求，成为商业银行下一个零售业务的竞争优势。而渠道建设、产品、管理模式均有可能作为跨界的突破点。在合规的基础前提下，一方面引入强大的外部资源，补足商业银行在市场推广和流量引入方面的不足，另一方面可以充分整合资源，利用银行具有优势地位的实体网点，实现线上线下联动，线上互联网营销配合线下多类型营销活动，形成线上线下客户互相转换的良性局面。